독자의 **1초**를 아껴주는 정성!

—

세상이 아무리 바쁘게 돌아가더라도

책까지 아무렇게나 빨리 만들 수는 없습니다.

인스턴트 식품 같은 책보다는

오래 익힌 술이나 장맛이 밴 책을 만들고 싶습니다.

길벗이지톡은 독자여러분이 우리를 믿는다고 할 때 가장 행복합니다.

나를 아껴주는 어학도서, 길벗이지톡의 책을 만나보십시오.

독자의 1초를 아껴주는 정성을 만나보십시오.

미리 책을 읽고 따라해본 2만 베타테스터 여러분과 무따기 체험단, 길벗스쿨 엄마 2% 기획단,

시나공 평가단, 토익 배틀, 대학생 기자단까지!

믿을 수 있는 책을 함께 만들어주신 독자 여러분께 감사드립니다.

(주)도서출판 길벗 www.gilbut.co.kr

길벗 이지톡 www.gilbut.co.kr

길벗 스쿨 www.gilbutschool.co.kr

KB022405

500만 독자의 선택
무작정 따라하기 영어 시리즈

	말하기 & 듣기			읽기 & 쓰기	발음 & 단어
첫걸음					
초급					

비즈니스					

：QR 코드로 음성 자료 듣는 법：

1
'스마트 폰에서 QR 코드 스캔' 애플리케이션을 다운받아 실행합니다. [앱스토어나 구글 플레이어에서 'QR 코드'로 검색하세요]

2
애플리케이션의 화면과 도서 각 unit 시작 페이지에 있는 QR 코드를 맞춰 스캔합니다.

3
스캔이 되면 '음성 강의 듣기', '예문 mp3 듣기' 선택 화면이 뜹니다.

4
원하는 음성 자료를 터치해서 학습을 시작합니다.

：길벗이지톡 홈페이지에서 자료 받는 법：

1
길벗이지톡 홈페이지(www.gilbut.co.kr) 검색창에서 《일본어 무작정 따라하기 심화편》을 검색합니다.

2
검색 후 나오는 화면에서 해당 도서를 클릭합니다.

3
해당 도서 페이지에서 자료실을 클릭합니다.

4
자료실의 'MP3' 항목에서 다운로드 아이콘을 클릭해 MP3를 다운로드하거나, 실시간 재생 아이콘을 클릭해 바로 들을 수 있습니다.

일본어
무작정
따라하기
심화편

후지이 아사리 지음

길벗
이지:톡

일본어 무작정 따라하기 심화편

The Cakewalk Series - Japanese Conversation Step2

초판 발행 · 2016년 1월 5일
초판 6쇄 발행 · 2021년 12월 30일

지은이 · 후지이 아사리(藤井麻里)
발행인 · 이종원
발행처 · (주)도서출판 길벗
브랜드 · 길벗이지톡
출판사 등록일 · 1990년 12월 24일
주소 · 서울시 마포구 월드컵로 10길 56(서교동)
대표 전화 · 02)332-0931 | **팩스** · 02)323-0586
홈페이지 · www.gilbut.co.kr | **이메일** · eztok@gilbut.co.kr

기획 및 책임 편집 · 오윤희(tahiti01@gilbut.co.kr) | **디자인** · 장기준 | **제작** · 이준호, 손일순, 이진혁
마케팅 · 이수미, 장봉석, 최소영 | **영업관리** · 심선숙 | **독자지원** · 송혜란, 윤정아

편집진행 및 교정 · 정선영 | **표지 일러스트** · 삼식이 | **본문 일러스트** · 양민희 | **전산편집** · 수(秀) 디자인
오디오 녹음 · 와이알미디어 | **CTP 출력 및 인쇄** · 금강인쇄 | **제본** · 금강제본

ISBN 979-11-5924-005-8 03730
(길벗 도서번호 300612)

이 도서의 국립중앙도서관 출판사도서목록(CIP)은 서지정보유통지원시스템 홈페이지(http://seoji.nl.go.kr)와 국가자료공동목록시스템
(http://www.nl.go.kr/kolisnet)에서 이용하실 수 있습니다. (CIP제어번호 : CIP2015034032)

정가 16,000원

독자의 1초까지 아껴주는 정성 길벗출판사
길벗 | IT실용서, IT/일반 수험서, IT전문서, 경제경영서, 취미실용서, 건강실용서, 자녀교육서
더퀘스트 | 인문교양서, 비즈니스서
길벗이지톡 | 어학단행본, 어학수험서
길벗스쿨 | 국어학습서, 수학학습서, 유아학습서, 어학학습서, 어린이교양서, 교과서

페이스북 · www.facebook.com/gilbuteztok
네이버 포스트 · http://post.naver.com/gilbuteztok
유튜브 · https://www.youtube.com/gilbuteztok

송현수 | 35세, 직장인

듣기만 해도 일본어가 머릿속에!

무작정 문법을 외우게끔 하지 않아서 좋았어요. 외우지 않아도 mp3 파일을 듣고 따라 하는 사이 자연스럽게 동사 변화가 외워지던데요? 후지이 선생님의 학습법대로 하다 보면 듣기, 회화, 문법, 어휘가 전부 가능해집니다. '외워라, 외우세요, 외우고 넘어가야 해요'라고 재촉하지 않아도 어느새 내 것이 되는 것, 그게 '일무따'의 마법이죠.

원혜령 | 26세, 교사

일본어를 제대로 배우는 느낌이에요!

일본어를 외국어로 접하는 학습자 입장에서 알기 어려운 미묘한 어감이나 한국인이 많이 하는 실수 등을 자세히 설명해주어서 좋았습니다. 선생님이 바로 옆에서 얘기해 주는 듯한 친근한 설명이라 머릿속에 쏙쏙 들어오더라고요. 외우기 어려워서 자칫 소홀하기 쉬운 〈가타카나 익히기〉 코너, 원서 읽기에 한걸음 더 다가설 수 있게 해주는 〈장문 읽어보기〉 코너 등 일본어 실력을 키우는 데 꼭 필요했던 코너들이 깨알 같이 들어 있어, 일본어를 제대로 배우는 느낌이 듭니다.

박미리 | 27세, 직장인

연습문제가 빵빵해요!

굳이 학원에 다니지 않아도 스스로 시험을 보듯이 공부 내용을 테스트해볼 수 있어 좋았어요. 문제 유형도 다양해서 듣기, 말하기, 쓰기 전 영역을 골고루 확인해볼 수 있는 것도 장점이에요. 문장을 듣고 말해보거나 문장을 만들고 써보면서 전방위로 일본어 실력을 다질 수 있어요.

윤세나 | 31세, 직장인

제 수준에 딱 필요한 책이네요!

《일본어 무작정 따라하기》로 간신히 기초는 뗐는데, 그 다음 단계에서 볼 책을 찾기가 어렵더라고요. 이렇게 내용에 충실하고 제 레벨에서 가장 헷갈리고 어려운 내용들을 다뤄주는 책이 있다는 게 참 감사하네요. 특히 컴퓨터, 쇼핑 등 일상 회화와 밀접한 주제들로 꾸며져 있어 이 책을 한 권 끝내면 실용적으로 써먹을 수 있을 것 같아요!

베타테스트에 참여해주신 모든 분께 감사드립니다.
이 책을 만드는 동안 베타테스터로서 미리 학습해 보고, 여러 가지 좋은 의견을 주셨던
고병조, 김우현, 김채현, 김혜정, 박미리, 송현수, 오은주, 원혜령, 윤세나, 이지은, 전주희 님께 감사 드립니다.

우선 귀부터 열어라!
귀가 열리면
입이 열리고 눈도 열린다!

후지이 선생님이 전하는
이 책의 학습법

거북이로 시작했다가 토끼로 가는 일본어 학습법

외국어 공부는 귀가 열릴 때까지가 가장 시간이 걸리는 법! 귀만 열리면 입이 열리고 눈이 열리는 것은 금방이에요. 그래서 소리학습이 처음에는 학습 진도가 느립니다. 일본어 실력이 느는 속도가 느리다 보니 불안해질 수도 있어요. 그렇지만 저를 믿고 소리학습을 꾸준히 하세요. 이 책까지 제대로 소리학습을 하시면 말하기 듣기는 문제없어질 겁니다. 앞으로는 어휘력과 표현력만 늘리면 되고, 발음 교정이나 듣기 훈련은 따로 할 필요가 없습니다. 읽기 · 쓰기는 말하기 · 듣기가 되면 조금만 연습해도 문제없이 할 수 있게 되니 걱정 안 하셔도 됩니다. 소리학습은 거북이로 시작했다가 토끼로 가는 길이에요. 읽기 · 쓰기부터 공부를 시작한 사람들은 초기에는 굉장히 빠른 속도로 일본어를 배울 수 있습니다. 일본어의 구조가 한국어와 비슷하기 때문에 다른 외국어에 비해 문법을 쉽게 배울 수 있거든요. 하지만 듣기와 발음을 처음부터 신경 쓰지 않으면, 나중에 교정하려고 노력해도 잘 고쳐지지 않는 경우가 많아요. 그리고 읽기 · 쓰기의 수준과 말하기 · 듣기의 수준 차이가 많이 나서 공부가 답답해지기도 합니다. 영어도 읽기 · 쓰기는 어느 정도 되는데 말하기 · 듣기는 영 안 된다는 사람들이 많죠? 읽기 · 쓰기부터 시작하면 결국 토끼로 시작했다가 거북이로 가는 길이에요. 《일본어 무작정 따라하기》로 소리학습을 한 여러분은 앞으로 토끼로 가는 길만 남았으니 걱정 마세요!

한자가 어렵다고요? 먼저 소리로 익히세요!

일본어는 한자가 어렵다는 소리를 많이 들어 보셨죠? 일본어 쓰기 연습을 본격적으로 시작하면 한자가 어렵게 느껴지실 거예요. 사실 일본 사람들도 어렸을 때 한자 공부를 힘들게 합니다. 초등학교에서는 매일 한자 시험을 봐요. 일본 사람들도 어렵게 공부하는 한자인데 외국 사람들이 배우기는 더욱 어려운 것이 당연하죠. 그래도 한국 사람들은 '한자'가 뭔지 아니 그나마 다행이죠! 한자가 뭔지도 모르는 나라가 세상에는 더 많잖아요. 한자 쓰기를 공부하기에 앞서 **어떤 단어가 무슨 뜻인지 먼저 소리로 아는 것이 중요합니다.** 한자는 천천히 익혀 가시면 돼요. 처음에는 한자를 보고 읽을 수 있게, 그 다음에는 쓸 수 있게 차근차근 연습하시면 됩니다. 한자에 신경 써서 공부하다 보면 일본어를 배우려고 시작한 공부가 어느새 한자 공부로 바뀌어 있을 수도 있습니다. 한자 공부가 아니라 일본어 공부를 하셔야죠.

첫걸음, 초급 단계 책들은 대부분 한자 위에 히라가나로 음이 적혀 있습니다. 하지만 ≪일본어 무작정 따라하기≫ 시리즈는 히라가나가 적혀 있지 않아요. 한자 위에 히라가나로 음을 적어 주면 처음에는 쉽게 느껴지겠지만, 거기에 익숙해지면 히라가나가 없는 한자는 읽지 못하게 될 수 있습니다. 조금 불편해도 히라가나가 적혀 있지 않은 책으로 공부해야 한자를 제대로 배울 수 있어요. 처음에는 한자가 나올 때마다 음을 찾아야 하는 번거로움이 있겠지만, 그렇게 연습해야 한자만 봐도 읽을 수 있게 됩니다. **한자도 거북이로 시작했다가 토끼로 가는 방법으로 공부하세요.**

≪일본어 무작정 따라하기≫로 소리학습을 제대로 공부하신 분이라면 이제 일본어 소리가 어느 정도 귀에 익고 쉬운 말은 입에 붙었을 거예요. 그렇다고 아직 쏼라쏼라 하지는 못하시죠? ≪일본어 무작정 따라하기 심화편≫으로 여러분의 듣기와 말하기 실력을 한 단계 높여 보세요. 언어 실력은 천천히 늘다가 어느 날 눈에 띄게 늘 때가 찾아옵니다. 답답하고 불안해서 소리학습을 제대로 못하고 눈으로만 열심히 책을 보셨나요? 아직 늦지 않았어요. 조금 답답하더라도 새로운 과를 공부할 때는 먼저 소리만으로 배워 본 다음에 책을 보세요. 여러분이 좋아하는 일본 여행도 일본 드라마도 일본 만화책도 더 쉽게 즐기게 될 날이 올 겁니다.

자! 이제 일본어 고수가 되기 위한 길로 함께 떠나볼까요!

2016년 1월

후지이 아사리

500만 명의 독자가 선택한 〈무작정 따라하기〉 시리즈는 모든 원고를 독자의 눈에 맞춰 자세하고 친절한 해설로 풀어냈습니다. 또한 저자 음성강의, 예문 mp3 파일 무료 다운로드, 길벗 독자지원 팀 운영 등 더 편하고 쉽게 공부할 수 있도록 아낌없는 서비스를 제공합니다.

1 음성강의

모든 과에 저자 음성강의를 넣었습니다. QR 코드를 스캔해 핵심 내용을 먼저 들어보세요.

2 본 책

쉽고 편하게 배울 수 있도록 단계별로 구성했으며 자세하고 친절한 설명으로 풀어냈습니다.

7 동영상 강의

저자가 직접 알려주는 동영상 강의도 준비했습니다. 혼자서 공부하기 힘들면 동영상 강의를 이용해 보세요.
(유료 서비스 중)

3 예문 mp3

홈페이지에서 mp3 파일을 무료로 다운 받을 수 있습니다. 듣고 따라하다 보면 저절로 말을 할 수 있게 됩니다.

6 홈페이지

공부를 하다 궁금한 점이 생기면 언제든지 홈페이지에 질문을 올리세요. 저자와 길벗 독자지원 팀이 신속하게 답변해 드립니다.

4 소책자

출퇴근 시간에 지하철이나 버스에서 편하게 공부할 수 있도록 훈련용 소책자를 준비했습니다.

5 유튜브 채널

이지톡 유튜브 채널에서 저자 강의와 원어민 음성 파일을 무료로 들을 수 있습니다.

일단 책을 펼치긴 했는데 어떻게 공부를 시작해야 할지 막막하시다고요? 그래서 준비했습니다. 무료로 들을 수 있는 저자의 친절한 강의와 베테랑 원어민 성우가 녹음한 다양한 버전의 예문 mp3 파일이 있으면 혼자 공부해도 어렵지 않습니다.

음성강의 / 예문 mp3 파일 활용법

각 과마다 배울 내용을 워밍업하고 어떻게 공부해야 하는지 조언도 들을 수 있는 저자 음성강의와 듣기뿐만 아니라 말하기 훈련까지 가능한 예문 mp3 파일을 제공합니다. 음성강의와 예문 mp3는 본 책의 QR코드를 찍거나 홈페이지에서 파일을 다운받아 들을 수 있습니다.

❶ **QR코드로 확인하기**
스마트 폰에서 QR코드 어플로 각 과 상단의 QR코드를 스캔하세요. 저자의 음성강의와 예문 mp3를 골라서 바로 들을 수 있습니다.

❷ **홈페이지에서 다운로드 받기**
음성강의와 예문 mp3를 항상 가지고 다니며 듣고 싶다면 홈페이지에서 파일을 다운로드 받으세요. 길벗 홈페이지(www.gilbut.co.kr)에 접속한 후, 자료실에서 '일본어 무작정 따라하기 심화편'을 검색하세요.

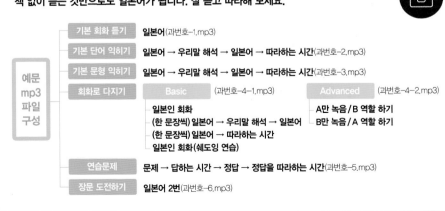

**확실한 소리 패턴 학습을 위하여 mp3 듣기/말하기 훈련이 더욱 업그레이드 되었습니다!
책 없이 듣는 것만으로도 일본어가 됩니다. 잘 듣고 따라해 보세요.**

예문 mp3 파일 구성		
기본 회화 듣기	**일본어** (과번호-1.mp3)	
기본 단어 익히기	**일본어 → 우리말 해석 → 일본어 → 따라하는 시간** (과번호-2.mp3)	
기본 문형 익히기	**일본어 → 우리말 해석 → 일본어 → 따라하는 시간** (과번호-3.mp3)	
회화로 다지기	**Basic** (과번호-4-1.mp3)	**Advanced** (과번호-4-2.mp3)
	일본인 회화 (한 문장씩) 일본어 → 우리말 해석 → 일본어 (한 문장씩) 일본어 → 따라하는 시간 일본인 회화 (쉐도잉 연습)	A만 녹음 / B 역할 하기 B만 녹음 / A 역할 하기
연습문제	**문제 → 답하는 시간 → 정답 → 정답을 따라하는 시간** (과번호-5.mp3)	
장문 도전하기	**일본어 2번** (과번호-6.mp3)	

전체 마당

가능한 힘들이지 않고 공부할 수 있도록 step by step 구성과
자세하고 친절한 설명으로 풀어냈습니다.

반말로 말해요 / 존댓말로 말해요

반말과 존댓말을 배우는 과로 나누어져 있습니다. 짧은
형태인 반말을 익힌 다음에 긴 형태인 존댓말을 익혀야
일본어를 쉽게 배울 수 있습니다. 반말과 존댓말을 비교
하면서 배우기 때문에 느낌과 사용법의 차이도 자연스럽
게 익힐 수 있습니다.

워밍업 기본 회화 듣기

그림을 보면서 어떤 내용인지 추측하면서 일본어 회화를
들어 보세요. 일본어를 잘하려면 우리말을 거치지 않아도
일본어를 일본어 그대로 받아들이는 감각이 있어야 합니다.
이 코너를 통해 그런 감각을 기초부터 차차 키워 나갑시다!

1단계 기본 단어 익히기

각 과에서 배우는 단어를 정리했습니다. 일본어를 공부하는
사람들이 꼭 알아야 하는 단어와 현재 일본 사람들이 일상
적으로 많이 쓰는 단어를 골랐습니다. 오디오에서 일본어와
우리말 뜻을 읽어 주기 때문에 듣다 보면 억지로 외우려 하
지 않아도 자연스럽게 기억됩니다.

억양 표시

처음부터 정확한 억양으로 단어를 익혀야 자연스러운
일본어를 구사할 수 있습니다. 일본어 교재 최초로 단어
마다 억양을 표시해 넣었고 예문을 녹음할 때도 까다롭
게 체크했습니다. 책을 보면서 억양 표시를 따라 읽어보
세요.

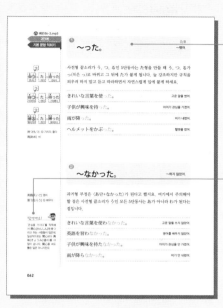

2단계 기본 문형 익히기

초급 단계에서 꼭 알아야 하는 문형을 일상생활에서 자주 쓰는 대표적인 예문으로 자연스럽게 익힐 수 있습니다.

잠깐만요!
우리나라 사람들이 잘 틀리는 부분, 주의해야 할 부분을 자세히 설명했습니다. 아울러 일본어의 기본기를 닦기 위해 꼭 알아야 할 것들을 정리했습니다.

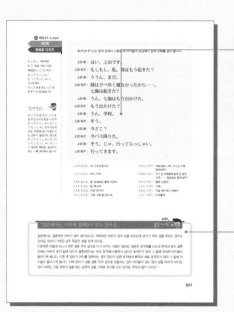

3단계 회화로 다지기

현재 일본에서 쓰는 일본어를 담았습니다. 실제 상황에서 일어날 수 있는 생생한 대화를 들어 보세요. 반말과 존댓말, 일상생활과 비즈니스 상황 등 다양한 상황에서 써 먹을 수 있는 회화로 구성했습니다. Basic 오디오로 연습하고 나서 Advanced 오디오를 활용한 회화 연습에 도전해보세요!

아하, 일본에서는!
아하, 한국과 일본 사이에는 이런 차이가 있었구나! 일본어를 잘하기 위해 알아야 할 일본어의 특징, 일본 문화를 콕콕 집어 알려줍니다.

연습문제

듣기, 말하기, 쓰기 영역에서 꼭 알아야 할 내용을 직접 풀어 보며 정리해 보는 코너입니다. 연습문제를 풀어 보고 생각이 잘 안 나면 앞으로 가서 바로 확인하고 넘어가세요. 쓰기 연습은 글자가 기억나지 않으면 찾아서 옮겨 쓰면 됩니다. 부담 갖지 마세요.

일본어는 이렇대!

일본어를 공부할 때 특히 어려운 부분을 골라 자세히 설명한 코너입니다. 우리나라 사람들이 잘 이해하지 못하는 표현/문법, 미묘한 뉘앙스 차이 등 다른 책에서는 볼 수 없는 상세한 설명을 만날 수 있습니다.

가타카나 연습

자연스럽게 가타카나를 연습할 수 있는 코너입니다. 단순히 가타카나를 나열한 것이 아니라 우리말과 소리 관계 등을 정리하면서 연습할 수 있어 가타카나 표기에 대한 감각도 키워 줍니다. 가타카나, 더 이상 어려워하지 마세요.

장문 도전하기

독해 실력을 키우고 긴 글에도 익숙해지도록 일본어 장문을 들어 보고 읽어 보는 코너입니다. 먼저 책을 보지 말고 오디오만 듣고 내용을 파악해보세요. 그 다음 책을 보면서 무슨 말인지 확인하며 읽어보세요. 단어와 해석을 따로 정리해 넣어 어렵지 않게 공부할 수 있습니다.

훈련용 소책자

바쁜 직장인과 학생들이 지하철이나 버스 안에서도 편하게 공부할 수 있도록 훈련용 소책자를 준비했습니다.

본 책의 내용을 모두 넣어 언제 어디서나 가볍게 들고 다니면서 공부할 수 있습니다. 소책자로 공부할 때도 꼭 mp3 파일을 들으면서 익히세요!

후지이 선생님이 제안하는 공부법입니다. 공부할 때는 다음 순서대로 공부하세요! 여기서 제시하는 내용은 하나의 방법이니, 개인의 취향과 수준에 따라 적합한 방법을 찾아서 즐겁게 공부하면 됩니다.

1단계 〈워밍업 기본 회화 듣기〉 2~3번 듣기

일본 사람들과 일본어로 대화하려면 100% 알아듣는 것은 불가능할 겁니다. 그럴 때 중요한 것이 앞뒤로, 분위기로 전체를 이해하는 힘입니다. 이런 힘을 기르기 위한 코너가 〈워밍업 기본회화 듣기〉입니다. 아직 새로운 내용이라 알아듣기는 어려울 겁니다. 그렇지만 어떤 내용일까, 하나라도 알아들을 수 있는 단어가 있을까에 귀를 기울여 내용을 추측하면서 들어 보세요.

2단계 〈1단계 기본 단어 익히기〉

처음 한 번은 소리만 듣고 따라하세요. 그 다음에 두세 번 책을 보면서 듣고 따라하세요. 이때 소리로만 들으시고 쓰기 연습은 아직 안 하셔도 됩니다.

3단계 〈2단계 기본 문형 익히기〉

처음 한 번은 소리만 듣고 따라하세요. 그 다음에 책을 보면서 듣고 따라하세요. 이때 문법 설명도 확인하고 제대로 알아듣지 못했던 것들, 뜻을 이해하지 못한 부분들을 확인하세요. 전체 확인이 끝난 다음에 다시 한 번 책을 보지 말고 소리만 듣고 따라하세요.

4단계 쓰기 연습

〈2단계 기본 문형 익히기〉의 일본어 부분을 가려 놓고 한국어 해석만 보고 우선 말로만 일본어 문장을 만들어 보세요. 일본어 문장이 맞는지 책으로 확인한 다음에 종이에 한 번 써 보세요. 가능하면 책을 보지 않고 쓰는 게 좋지만 모르는 부분은 책으로 확인하면서 쓰셔도 됩니다. 한자 쓰기가 어렵겠지만 부담 갖지 마시고 보면서 쓰시면 됩니다.

5단계 〈3단계 회화로 다지기〉

처음 한 번은 책을 보지 말고 Basic 오디오를 이용해서 소리로만 회화를 듣고 따라하세요. 오디오에 듣기만 하는 것과 따라하는 것이 각각 준비되어 있습니다. 그 다음에 책을 보면서 회화를 듣고 따라하세요. 이때 못 알아들었던 부분을 확인해 보시고 설명도 읽어 보세요. 그 다음에는 다시 한 번 책을 보지 말고 소리로만 듣고 따라하세요. 마지막으로 Advanced 오디오를 이용해서 A역할, B역할을 하는 연습을 해 보세요. 실제로 일본 사람과 대화하는 느낌으로 연습하면 좋습니다.

▶ **한 과가 끝난 후** : 한 과 공부가 다 끝난 후에는 배운 내용을 소리 내어 읽어 보고 스스로의 목소리를 녹음해서 들어 보세요. 녹음해서 들어 봐야 자신의 발음을 객관적으로 판단할 수 있습니다. 자신의 발음이 어떤지 정확히 알아야 제대로 수정할 수 있어요. 발음이 잘 안 되는 부분은 오디오를 들으면서 쉐도잉으로 연습하세요.

셋째마당 : 동사 て형을 정복해라!

대략난감 동사,
과거형 정복하기!

첫째마디 · 일편단심 1단동사 과거형
둘째마디 · 변덕쟁이 불규칙동사 과거형
셋째마디 · 규칙쟁이 5단동사 과거형
넷째마디 · 동사 과거형을 이용하여 말해 보자!

《일본어 무작정 따라하기》로 소리학습을 잘 하셨나요? 소리학습을 제대로 하셨다면 이미 귀가 많이 열리셨을 겁니다. 조금 부족하셨다면 이번 책에서는 더욱 소리에 집중해서 배워 보도록 하세요.
《일본어 무작정 따라하기》에서는 동사의 현재형만 배웠지요? 이번에는 동사의 과거형을 배우겠습니다. 5단동사의 ない형(부정형) 익히기가 쉽지 않았죠? 그런데 과거형은 활용이 더 복잡해서 ない형보다 더 어려울 수 있어요. 그럴수록 눈에 힘을 주지 말고 귀에 힘을 주면서 배우셔야 하는 거 아시죠? 규칙을 외워서 그 규칙에 적용해서 활용시키는 것이 아니라 자연스러운 활용 형태를 귀로 듣고 따라하면서 입에 붙게 하는 것이 가장 좋은 방법이라는 것을 잊지 마세요!

첫째마디

●

일편단심
1단동사
과거형

우선 가장 쉬운 1단동사부터 시작합시다. 1단동사는 '일편단심'이라고 했죠? 끝소리만 갈아 끼워주면 됩니다. 그런데 1단동사의 특징 기억하세요? 사전형이 〈~い단+る〉, 〈~え단+る〉라는 두 가지 형태로 되어 있다는 것이었죠. 활용시킬 때는 항상 끝소리의 る가 다른 소리로 바뀝니다!

01

반말로 말해요

起きた?

일어났어?

강의 및 예문 듣기

🎧 예문 01-1.mp3

워밍업

기본 회화 듣기

그림을 보면서 어떤 내용인지 추측하면서 회화를 들어 보세요.
한국어를 개입시키지 않고 일본어를 일본어 그대로 받아들일 수 있도록 하기 위한 연습입니다.

🎧 예문 01-2.mp3

1단계

기본 단어 익히기

出かける[でかける](외출
하다)는 한자 出掛ける로
쓰기도 합니다.

寝る[ねる] ① 자다

覚える[おぼえる] ① 외우다, 기억하다

降りる[おりる] ① (버스, 전철 등에서)
내리다

出かける[でかける] ① 외출하다

かける ① 걸다

今朝[けさ] 오늘 아침

夕べ[ゆうべ] 어젯밤

遅く[おそく] 늦게

単語[たんご] 단어

電話[でんわ] 전화

番号[ばんごう] 번호

▶《일본어 무작정 따라하기》에서 학습한 단어는 '기본 단어 익히기'에 나오지 않습니다.
▶①은 1단동사를 뜻합니다.

❶

た형

〜た。

〜했어.

'〜했다', '〜했어'라고 하려면 1단동사 사전형에서 끝소리 る를 た로 바꾸면 됩니다. 이 형태를 동사의 'た형'이라고 합니다. 즉 동사 た형이 과거형인 거죠.

起きる + た
일어나다   〜있다

⇨ 起きた
일어났다

早く[はやく] 일찍, 빨리
起きる[おきる] ① 일어나다
新しい[あたらしい] 새롭다
今[いま] 지금

잠깐만요!

今朝[けさ](오늘 아침), 夕べ[ゆうべ](어젯밤)는 뒤에 〜に(〜에)라는 조사가 사용되지 않습니다. 〜に 없이 '오늘 아침에', '어젯밤에'라는 뜻으로 쓰입니다.

今朝、早く起きた。	오늘 아침에 일찍 일어났어.
夕べは遅く寝た。	어젯밤에는 늦게 잤어.
新しい単語を覚えた。	새 단어를 외웠어.
今、バスを降りた。	지금 버스에서 내렸어.

❷

〜なかった。

〜하지 않았어.

1단동사 과거형의 부정은 사전형에서 끝소리 る를 빼고 〜なかった(〜하지 않았어/않았다)를 붙이면 됩니다. 부정을 나타내는 〜ない의 い를 かった로 바꾸어 과거를 첨가한 거예요.

かける + なかった
걸다   〜지 않았다

⇨ かけなかった
걸지 않았다

昨日[きのう] 어제
両親[りょうしん]
부모, 양친
浴びる[あびる]
① 들쓰다. 뒤집어쓰다. 찌다

昨日は出かけなかった。	어제는 외출하지 않았어.
両親に電話をかけなかった。	부모님에게 전화를 걸지 않았어.
今朝、シャワーを浴びなかった。	오늘 아침에 샤워를 안 했어.
夕べは遅く寝なかった。	어젯밤에는 늦게 안 잤어.

〜た？

〜했어?

今日[きょう] 오늘
教える[おしえる]
① 가르치다. 알려주다

잠깐만요!

'버스에서 내리다'라고 할 때는 조사에 주의하세요. バスを降りる와 같이 조사 〜を(〜을/를)를 씁니다. 그런데 여기에서는 〜を라는 조사가 생략됐죠? 한국어와 똑같이 대화에서는 〜を(〜을/를)라는 조사를 생략하는 경우가 많아요〜!

'〜했어', '〜했다'를 뜻하는 た형 끝의 억양을 올려서 말하면 의문문이 됩니다. 그리고 목적격 조사 〜を(〜을/를)는 넣을 수도 있지만 반말 회화에서는 생략하는 경우가 많으니 생략해서 연습합시다.

新しい単語、覚えた？	새 단어, 외웠어?
バス、降りた？	버스 내렸어?
今日は出かけた？	오늘은 외출했어?
電話番号、教えた？	전화번호 알려줬어?

❹

うん、〜た。
ううん、〜なかった。

응, 〜했어.

아니, 〜하지 않았어.

긍정 대답은 うん(응)이라고 한 다음에 た형으로 대답하고, 부정 대답은 ううん(아니)이라고 한 다음에 〜なかった으로 대답하면 됩니다.

うん、覚えた。	응, 외웠어.
うん、今降りた。	응, 지금 내렸어.
ううん、出かけなかった。	아니, 외출하지 않았어.
ううん、教えなかった。	아니, 안 알려줬어.

窓[まど] 창문
開ける[あける] ① 열다
閉める[しめる] ① 닫다

❺ 〜なかった？

〜하지 않았어?

'〜하지 않았어?'라고 하려면 〜なかった(〜하지 않았어) 끝의 억양을 올려서 말하면 됩니다. 그리고 조사 〜を(〜을/를)는 반말 회화에서 생략하는 경우가 많습니다.

窓、開けなかった？	창문 열지 않았어?
ドア、閉めなかった？	문 닫지 않았어?
夕べ、早く寝なかった？	어젯밤에 일찍 안 잤어?
新しい単語、覚えなかった？	새 단어 안 외웠어?

❻ うん、〜なかった。
ううん、〜た。

응, 〜하지 않았어.

아니, 〜했어.

긍정 대답은 うん(응)이라고 한 다음에 〜なかった로 대답하고, 부정 대답은 ううん(아니)이라고 한 다음에 た형으로 대답하면 됩니다.

うん、開けなかった。	응, 열지 않았어.
うん、閉めなかった。	응, 안 닫았어.
ううん、早く寝た。	아니, 일찍 잤어.
ううん、みんな覚えた。	아니, 다 외웠어.

잠깐만요!

みんな(모두, 다)를 《일본어 무작정 따라하기》에서 배웠을 때는 전부 사람을 가리키는 것으로 배웠는데 사람이 아닌 것에도 쓸 수 있습니다. 나중에 배우는 全部[ぜんぶ](전부, 다)와 비슷하게 쓰이는데 全部는 사람을 뜻할 수 없다는 점이 다릅니다.

3단계
회화로 다지기

もしもし 여보세요
もう 벌써, 이미, 이제
学校[がっこう] 학교
行ってらっしゃい
[いってらっしゃい]
다녀오세요
行ってきます[いってき
ます] 다녀오겠습니다

잠깐만요!

行ってきます[いってき
ます](다녀오겠습니다)와
行ってらっしゃい[いっ
てらっしゃい](다녀오세
요)는 반말에서도 이대로 쓰
는 경우가 많습니다. 참고로
行ってらっしゃい는 行
っていらっしゃい의 い
가 생략된 형태로, 일상적으
로는 い를 생략해서 씁니다.

和子[かずこ]는 일찍 집에서 나왔는데 아이들이 궁금해서 집에 전화를 걸어 봅니다.

上田 修: はい、上田です。

上田 和子: もしもし、私。陸はもう起きた？

上田 修: ううん、まだ。

上田 和子: 陸は夕べ早く寝なかったから……。
七海は起きた？

上田 修: うん、七海はもう出かけた。

上田 和子: もう出かけた？

上田 修: うん、学校。

上田 和子: そう。

上田 修: 今どこ？

上田 和子: 今バス降りた。

上田 修: そう。じゃ、行ってらっしゃい。

上田 和子: 行ってきます。

うえだ おさむ: 네, 우에다입니다.

うえだ おさむ: 아니, 아직.

うえだ おさむ: 응, ななみ는 벌써 나갔어.

うえだ おさむ: 응, 학교야.
うえだ おさむ: 지금 어디야?
うえだ おさむ: 그래. 그럼 잘 갔다 와.

うえだ かずこ: 여보세요, 나야. りく는 이제
일어났어?
うえだ かずこ: りく는 어젯밤에 일찍 안 잤으
니까……. ななみ는 일어났어?
うえだ かずこ: 벌써 나갔어?
うえだ かずこ: 그래.
うえだ かずこ: 지금 (막) 버스 내렸어.
うえだ かずこ: 다녀올게.

일본에서는 가족의 성(姓)이 모두 같아요.

일본에서는 결혼하면 부부가 성이 같아집니다. 대부분은 여자가 남자 성을 따르는데 남자가 여자 성을 따르는 경우도
있어요. 따라서 가족은 모두 똑같은 성을 갖게 되지요.
이혼하면 어떻게 되느냐 하면 결혼 전의 성으로 다시 바꾸는 사람이 많아요. 일본은 호적제를 쓰는데 한국과 달리 결혼
전에는 아버지 호적 밑에 있다가 결혼하면서는 부모 호적에서 빠져서 남자가 호적주가 되어 그 밑에 아내와 아이들이
들어가게 됩니다. 이혼 후 엄마가 아이를 양육하는 경우 엄마가 남편 호적에서 빠져서 새로 호적주가 되어 그 밑에 아
이들이 들어가게 됩니다. 이때 엄마가 성을 결혼 전의 성으로 되돌리는 경우 아이들의 성도 엄마 성을 따르게 되지요.
성이 바뀌는 것을 원하지 않을 때는 남편의 성을 그대로 유지할 수도 있어요. 한국과 많이 다르죠?

▶ 마이크가 그려져 있는 **1**, **2**는 말로 답하는 문제입니다. 우선 말로 답하고 나서 써 보세요.

1 주어진 일본어 질문에 보기와 같이 ううん(아니)으로 대답해 보세요.

> | 보기 |　今朝、早く起きた？ (오늘 아침에 일찍 일어났어?)
> → ううん、早く起きなかった。 (아니, 일찍 일어나지 않았어.)

1. 🎤 _____

2. 🎤 _____

3. 🎤 _____

4. 🎤 _____

2 주어진 일본어 질문에 보기와 같이 ううん(아니)으로 대답해 보세요.

> | 보기 |　夕べは早く寝なかった？ (어젯밤에는 일찍 안 잤어?)
> → ううん、早く寝た。 (아니, 일찍 잤어.)

1. 🎤 _____

2. 🎤 _____

3. 🎤 _____

4. 🎤 _____

3 (　　) 속에 들어갈 적절한 글자를 보기와 같이 써 보세요.

> | 보기 |　電話(を)かけた。 전화를 걸었어.

1. 今朝、早く起き(　　　)。 오늘 아침에 일찍 일어났어.

2. 夕べ(　　　)遅く寝(　　　　　　　　)。 어젯밤에는 늦게 자지 않았어.

3. バス(　　　)降りた。 버스에서 내렸어.

4. 昨日は出かけ(　　　　　　　)。 어제는 외출하지 않았어.

022

4 주어진 동사를 활용시켜 보세요.

사전형	~하지 않아(ない형)	~했어(た형)	~하지 않았어
1. 覚える[おぼえる] (외우다)			
2. 出かける[でかける] (외출하다)			

5 주어진 단어를 우선 히라가나로 써 본 다음에 한자로도 써 보세요.

| 보기 |　내리다

히라가나

お	り	る

한자

降	り	る

1. 외우다

히라가나

한자

2. 외출하다

히라가나

한자

3. 오늘 아침

히라가나

한자

4. 단어

히라가나

한자

5. 번호

히라가나

한자

가타카나 순서 맞추기 (1)

주어진 단어의 가타카나 표기를 옳은 순서로 나열해 보세요.

1. 스커트   ー ス ト カ
→ ☐☐☐☐

6. 시리즈   シ ズ リ ー
→ ☐☐☐☐

2. 슬리퍼   ス ッ リ パ
→ ☐☐☐☐

7. 로켓   ケ ロ ト ッ
→ ☐☐☐☐

3. 포크(fork)   ク ー フ ォ
→ ☐☐☐☐

8. 나일론   ン イ ナ ロ
→ ☐☐☐☐

4. 커튼   テ ン カ ー
→ ☐☐☐☐

9. 패턴   パ ン タ ー
→ ☐☐☐☐

5. 숍   ッ ョ シ プ
→ ☐☐☐☐

10. 머플러   ラ フ ー マ
→ ☐☐☐☐

정답 1. スカート 2. スリッパ 3. フォーク 4. カーテン 5. ショップ
6. シリーズ 7. ロケット 8. ナイロン 9. パターン 10. マフラー

02

존댓말로 말해요

今朝、7時に起きました。

오늘 아침에 7시에 일어났습니다.

강의 및 예문 듣기

🎧 예문 02-1.mp3

워밍업

기본 회화 듣기

그림을 보면서 어떤 내용인지 추측하면서 회화를 들어 보세요.

🎧 예문 02-2.mp3

1단계

기본 단어 익히기

電車[でんしゃ] 전철, 전차

タクシー 택시

子供[こども] 아이, 자녀, 어린이

朝[あさ] 아침

意味[いみ] 의미, 뜻

全然[ぜんぜん] 전혀

잠깐만요!

電車[でんしゃ](전철, 전차)는 억양을 '고저저'로 발음하는 경우도 있습니다. 젊은 사람들은 〈기본 단어 익히기〉에서 소개해 드린 '저고고'로 발음하는 경우가 많습니다.

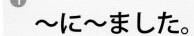

~時[じ] ~시
半[はん] 반

잠깐만요!

~時[じ](~시)라는 표현이
잘 생각나지 않을 때는 《일
본어 무작정 따라하기》 284
쪽을 보세요.

❶

～に～ました。

~에 ~했습니다.

1단동사는 끝소리 る를 ます로 바꾸면 ます형이 되지요? '~했습니다'라고 하려면 ～ます를 ～ました로 바꾸면 됩니다. ～ました는 ～ます의 과거형입니다. ～に(~에)는 시간을 나타내는 말 뒤에 쓰이는 조사입니다.

今朝、7時に起きました。 오늘 아침에 7시에 일어났습니다.

夕べ、11時半に寝ました。 어젯밤에 11시 반에 잤습니다.

3時にタクシーを降りました。 3시에 택시에서 내렸어요.

昨日、朝9時に子供と出かけました。 어제 아침 9시에 아이와 외출했어요.

見る[みる] ① 보다
一昨日[おととい] 그저께
晩ご飯[ばんごはん]
저녁밥
食べる[たべる] ① 먹다
先週[せんしゅう] 지난주

❷

～ませんでした。

~하지 않았습니다.

1단동사로 '~하지 않았습니다'라고 하려면 사전형 끝소리 る를 빼고 ませんでした를 붙이면 됩니다. ～ません이 '~하지 않습니다'라는 부정의 뜻이고 ～でした가 '~였습니다'라는 과거의 뜻이죠.

単語の意味を覚えませんでした。 단어(의) 뜻을 외우지 않았습니다.

夕べはテレビを全然見ませんでした。 어젯밤에는 TV를 전혀 안 봤습니다.

一昨日は晩ご飯を食べませんでした。 그저께는 저녁을 안 먹었어요.

先週は子供と全然出かけませんでした。
지난주에는 아이와 전혀 외출하지 않았어요.

❸ ～ましたか。

～했습니까?

～ました(～했습니다)에 ～か를 붙여서 ～ましたか라고 하면 '～했습니까?'라는 뜻이 됩니다.

잠깐만요!

'택시에서 내렸습니다'라고 할 때는 조사 ～を를 써서 タクシーを降りました라고 해야 합니다.

単語の意味を覚え**ましたか**。	단어(의) 뜻을 외웠습니까?
タクシーを降り**ましたか**。	택시에서 내렸습니까?
今日の朝は6時に起き**ましたか**。	오늘(의) 아침은 6시에 일어났어요?
電車で寝**ましたか**。	전철에서 잤어요?

❹ はい、～ました。
いいえ、～ませんでした。

네, ～했습니다.

아니요, ～하지 않았습니다.

긍정 대답은 はい(네)라고 한 다음에 ～ました로 대답하고, 부정 대답은 いいえ(아니요)라고 한 다음에 ～ませんでした로 대답하면 됩니다.

잠깐만요!

'네, ～입니다' 대신에 '네, 그렇습니다/그래요'라고 대답할 때는 はい、そうです라고 말해요.

はい、覚え**ました**。	네, 외웠습니다.
はい、降り**ました**。	네, 내렸습니다.
いいえ、6時に起き**ませんでした**。	아니요, 6시에 일어나지 않았어요.
いいえ、寝**ませんでした**。	아니요, 안 잤어요.

❺

～ませんでしたか。

～하지 않았습니까?

お金[おかね] 돈
借りる[かりる] ① 빌리다
着る[きる] ① 입다

'～하지 않았습니다'를 뜻하는 ～ませんでした에 ～か를 붙여서 ～ませんでしたか라고 하면 '～하지 않았습니까?'라는 뜻이 됩니다.

お金を借りませんでしたか。	돈을 빌리지 않았습니까?
スーツを着ませんでしたか。	정장을 안 입었습니까?
子供と出かけませんでしたか。	아이와 외출하지 않았어요?
電車で全然寝ませんでしたか。	전철에서 전혀 안 잤어요?

❻

はい、～ませんでした。
いいえ、～ました。

네, ～하지 않았습니다.

아니요, ～했습니다.

긍정 대답은 はい(네)라고 한 다음에 ～ませんでした로 대답하고, 부정 대답은 いいえ(아니요)라고 한 다음에 ～ました로 대답하면 됩니다.

はい、借りませんでした。	네, 빌리지 않았습니다.
はい、着ませんでした。	네, 안 입었습니다.
いいえ、出かけました。	아니요, 외출했어요.
いいえ、ちょっと寝ました。	아니요, 잠깐 잤어요.

3단계

회화로 다지기

目[め] 눈
赤い[あかい] 빨갛다
仕事[しごと] 일, 직업
忙しい[いそがしい] 바쁘다
大変な[たいへんな] 힘든, 큰일인
来週[らいしゅう] 다음 주
楽しい[たのしい] 즐겁다

잠깐만요!

▶《일본어 무작정 따라하기》에서 설명 드렸듯이 일본에서는 친한 경우가 아니면 성(姓)에 さん을 붙여서 부르는 것이 일반적입니다. 그런데 한국어로 해석할 때 '김 씨', '이 씨'라고 하면 어색하죠? 그래서 성 뒤에 이름을 ( ) 속에 넣어서 제시했습니다.

▶よかった는 직역하면 '좋았다/좋았어'라는 뜻인데 '다행이다', '잘 됐다'라는 뜻으로도 쓰입니다.

藤田純子[ふじた じゅんこ]가 출근했더니, 벌써 심근석 씨가 사무실에 와 있네요.

藤田 純子 : シムさん、おはようございます。

シム・グンソク : あ、おはようございます。

藤田 純子 : シムさん、目が赤いですよ。
夕べ、遅く寝ましたか。

シム・グンソク : 夕べ、寝ませんでした。

藤田 純子 : 全然寝ませんでしたか。

シム・グンソク : ええ。

藤田 純子 : どうして寝ませんでしたか。

シム・グンソク : 仕事が忙しかったですから。

藤田 純子 : そうですか。大変ですね。

シム・グンソク : ええ、来週までとても忙しいです。

藤田 純子 : そうですか。

シム・グンソク : でも、仕事は楽しいです。

藤田 純子 : そうですか。それはよかったですね。

ふじた じゅんこ : 심(근석)씨, 안녕하세요 (아침 인사).

ふじた じゅんこ : 심(근석)씨, 눈이 빨개요. 어젯밤에 늦게 잤어요?

ふじた じゅんこ : 전혀 자지 않았어요?

ふじた じゅんこ : 왜 자지 않았어요?

ふじた じゅんこ : 그렇군요. 힘드시겠네요.

ふじた じゅんこ : 그래요.

ふじた じゅんこ : 그래요. 그건 다행이네요.

심근석 : 어, 안녕하세요(아침 인사).

심근석 : 어젯밤에 안 잤어요.

심근석 : 네.

심근석 : 일이 바빠서요.

심근석 : 네, 다음 주까지 무척 바빠요.

심근석 : 그렇지만, 일은 즐거워요.

한국 사람들은 활동시간이 길어요!

일본에서는 밤늦게까지 밖에 있는 사람들이 많지 않습니다. 번화가에서 조금만 떨어져도 밤늦은 시간에는 인기척이 없어집니다. 일본 사람들이 서울에 오면 밤늦은 시간까지 사람들이 거리를 다니고 거리는 마치 불야성 같아 놀랍니다. 한국 사람들은 밤늦은 시간까지 활동하는데 아침에는 또 일찍 움직이죠? 학원들은 아침 일찍부터 수업을 하죠? 수영장이나 헬스장 같은 운동시설도 대부분 아침 일찍부터 하죠. 참고로 '헬스'를 일본어로 할 때는 フィットネスクラブ[ふぃっとねすくらぶ](휘트니스클럽), スポーツジム[すぽーつじむ](스포츠짐), スポーツクラブ[すぽーつくらぶ](스포츠클럽)이라고 하세요. 일본어로 '헬스(ヘルス)'라고 하면 여자가 성적인 서비스를 제공하는 가게를 뜻합니다. '나 매일 헬스 다녀'라는 말을 일본어로 직역하면 엄청난 오해를 사게 되니 조심하세요~! ^^;

1 주어진 일본어 질문에 보기와 같이 いいえ(아니요)로 대답해 보세요.

> |보기| 今朝、7時に起きましたか。 (오늘 아침에 7시에 일어났습니까?)
> → いいえ、7時に起きませんでした。 (아니요, 7시에 일어나지 않았습니다.)

1. 🎤 _____
2. 🎤 _____
3. 🎤 _____
4. 🎤 _____

2 주어진 일본어 질문에 보기와 같이 いいえ(아니요)로 대답해 보세요.

> |보기| お金を借りませんでしたか。 (돈을 빌리지 않았습니까?)
> → いいえ、借りました。 (아니요, 빌렸습니다.)

1. 🎤 _____
2. 🎤 _____
3. 🎤 _____
4. 🎤 _____

3 (　　) 속에 들어갈 적절한 글자를 보기와 같이 써 보세요.

> |보기| 今朝(は)遅く起きました。 오늘 아침에는 늦게 일어났습니다.

1. 昨日、9時(　　　)出かけました。 어제 9시에 외출했습니다.

2. 電車(　　　)降りました。 전철에서 내렸습니다.

3. 夕べは全然寝(　　　　　　　　　　)。 어젯밤에는 전혀 자지 않았어요.

4. 単語の意味を覚え(　　　　　　)。 단어(의) 뜻을 외웠어요.

4 주어진 동사를 활용시켜 보세요.

사전형	~합니다(ます형)	~하지 않습니다	~했습니다	~하지 않았습니다
1. 降りる[おりる] (내리다)				
2. 寝る[ねる] (자다)				

5 주어진 단어를 우선 히라가나로 써 본 다음에 한자로도 써 보세요.

|보기| 눈   히라가나 め   한자 目

1. 전철, 전차

    히라가나   한자

2. 아이, 자녀, 어린이

    히라가나   한자

3. 아침

    히라가나   한자

4. 의미, 뜻

    히라가나   한자

5. 전혀

    히라가나   한자

1단동사 활용 정리하기

01마디에서 배운 1단동사의 반말과 존댓말 활용을 다시 한 번 정리해 봅시다.

1단동사의 반말 활용—보통체형

1단동사는 사전형 끝소리가 반드시 る로 끝난다고 했죠? 활용할 때는 이 る만 바꿔 주면
됩니다. '보통체형'이라는 용어는 반말 활용 형태라고 생각하시면 돼요. 나중에 다양한 표
현을 배우게 되면 접속을 설명할 때 '보통체형'이라는 말이 나오게 되니 알아 두세요.

사전형	ない형	た형	과거 부정
見る [みる] 보다	見ない [みない] 보지 않다	見た [みた] 보았다	見なかった [みなかった] 보지 않았다

1단동사의 존댓말 활용—정중체형

사전형 끝소리 る를 빼고 ます를 붙이면 되죠. ～ます가 여러 형태로 활용이 됩니다.
'정중체형'이라는 용어는 존댓말 활용 형태라고 생각하시면 됩니다.

ます형(긍정)	부정	과거	과거 부정
見ます [みます] 봅니다	見ません [みません] 보지 않습니다	見ました [みました] 보았습니다	見ませんでした [みませんでした] 보지 않았습니다

가타카나 순서 맞추기 (2)

주어진 단어의 가타카나 표기를 옳은 순서로 나열해 보세요.

1. 스마트　　ス ー ト マ

→

2. 슬라이드　　ド ラ ス イ

→

3. 커리어　　ャ キ ア リ

→

4. 크레인　　レ ン ク ー

→

5. 장르　　ン ジ ル ャ

→

6. 쇼크　　ク ッ シ ョ

→

7. 프런트　　ロ ト フ ン

→

8. 포인트　　ポ ト イ ン

→

9. 매스컴　　ス コ マ ミ

→

10. 아이템　　イ ム ア テ

→

정답　1.スマート　2. スライド　3. キャリア　4. クレーン　5. ジャンル
6. ショック　7. フロント　8. ポイント　9. マスコミ　10. アイテム

둘째마디

•

변덕쟁이
불규칙동사
과거형

이번에는 변덕쟁이 불규칙동사를 연습하겠습니다. 불규칙
동사는 이름 그대로 활용이 불규칙적으로 일어나는 동사였
죠? 그러니 무조건 활용 형태를 외워야겠죠. 불규칙동사가
몇 개 있었죠? 来る[くる](오다)와 する(하다), 단 두 개뿐
입니다. 다만 '가져오다', '걸어오다', '공부하다', '결혼하다'
와 같이 다른 단어가 앞에 붙어서 하나의 동사로 사용되는
경우가 많이 있는데 이것들도 역시 불규칙 활용이 된다고
했죠? 불규칙동사는 활용을 무조건 외울 수밖에 없지만 '외
운다'고 생각하지 마시고 듣고 따라하면서 자연스러운 활용
형태를 몸으로 익힌다고 생각하고 연습하세요!

03

반말로 말해요

宿題、持って来た?

숙제 가져왔어?

강의 및 예문 듣기

🎧 예문 03-1.mp3

워밍업

기본 회화 듣기

그림을 보면서 어떤 내용인지 추측하면서 회화를 들어 보세요.

🎧 예문 03-2.mp3

1단계

기본 단어 익히기

鉛筆[えんぴつ] 연필

消しゴム[けしごむ] 지우개

兄[あに] 형, 오빠(높이지 않는 호칭)

お兄さん[おにいさん] 형, 오빠
(높이는 호칭)

カフェ 카페, 커피숍

課長[かちょう] 과장, 과장님

理由[りゆう] 이유

説明[せつめい] 설명

中間[ちゅうかん] 중간

期末[きまつ] 기말

準備[じゅんび] 준비

❶
来た。
した。

왔어.

했어.

来る[くる](오다)의 た형(과거형)은 来た[きた], する(하다)의 た형은 した가 됩니다. 지금까지 〈~をする〉의 형태만 연습했지만 〈~を+명사+する〉의 형태도 가능합니다. 여기에서는 두 가지 형태를 모두 연습하겠습니다. 조사 ~と는 '~와/과'라는 뜻입니다.

持って来る[もってくる]
가져오다
父[ちち] 아버지
　　　　(높이지 않는 호칭)
連れて来る[つれてくる]
데려오다
試験[しけん] 시험

잠깐만요!

'커피숍'을 뜻하는 단어로 喫茶店[きっさてん]이라는 말도 있는데 요새는 잘 안 쓰는 말입니다. 써도 이해가 되긴 하지만 좀 노티나는 말이에요. 그런데 일상적으로는 カフェ라는 단어보다 커피숍의 이름을 구체적으로 말하는 경우가 대부분입니다.

学校に鉛筆と消しゴムを持って来た。　　학교에 연필과 지우개를 가져왔어.

父と兄をカフェに連れて来た。　　아버지와 형을 카페에 데려왔어.

課長に理由を説明した。　　과장님에게 이유를 설명했어.

中間試験の準備をした。　　중간고사(의) 준비를 했어.

❷
来なかった。
しなかった。

오지 않았어.

하지 않았어.

来る[くる](오다)의 과거형 부정은 来なかった[こなかった]가 되고, する(하다)의 과거형 부정은 しなかった가 됩니다.

学校に鉛筆と消しゴムを持って来なかった。
　　　　　　　　　　　　　　　학교에 연필과 지우개를 가져오지 않았어.

父と兄をカフェに連れて来なかった。　　아버지와 오빠를 카페에 안 데려왔어.

課長に理由を説明しなかった。　　과장님에게 이유를 설명하지 않았어.

期末試験の準備をしなかった。　　기말고사(의) 준비를 안 했어.

❸ 来た？
した？

왔어?

했어?

来た[きた](왔어)와 した(했어)를 사용하여 질문을 해 봅시다. 그리고 조사 ～と는 '～와/과'라는 뜻 외에 '～와/과 함께'라는 뜻으로도 쓰입니다. 회화에서는 조사 ～を(～을/를)를 생략하는 경우가 꽤 있습니다.

お父さん[おとうさん] 아버지(높이는 호칭)
友達[ともだち] 친구

잠깐만요!

자신의 형/오빠에 대해서 남들에게 말할 때는 兄[あに]라는 높이지 않는 호칭을 쓰고, 남의 형/오빠에 대해서 말할 때는 お兄さん[おにいさん]이라는 높이는 호칭을 씁니다. 참고로 姉[あね](누나, 언니)의 높이는 호칭은 お姉さん[おねえさん]입니다. 43쪽을 참고하세요.

学校に鉛筆と消しゴム、持って来た？　　학교에 연필과 지우개, 가져왔어?

お父さんとお兄さんをカフェに連れて来た？

아버지와 형을 카페에 데려왔어?

課長に理由を説明した？　　과장님에게 이유를 설명했어?

友達と期末試験の準備した？　　친구랑 같이 기말고사(의) 준비 했어?

❹ うん、～た。
ううん、～なかった。

응, ～했어.

아니, ～하지 않았어.

긍정 대답은 うん(응)이라고 한 다음에 ～た로 대답하고, 부정 대답은 ううん(아니)이라고 한 다음에 ～なかった로 대답하면 됩니다.

잠깐만요!

説明した？[せつめいした](설명했어?)라는 질문에 대한 대답에서 説明[せつめい](설명)를 빼고 した(했어)라고만 해도 됩니다.

うん、持って来た。　　응, 가져왔어.

ううん、連れて来なかった。　　아니, 데려오지 않았어.

うん、説明した。　　응, 설명했어.

ううん、しなかった。　　아니, 안 했어.

❺ 来なかった？
しなかった？

오지 않았어?

하지 않았어?

이번에는 来なかった[こなかった](오지 않았어)와 しなかった(하지 않았어)를 사용하여 질문을 해 봅시다. 조사 ～を(～을/를)는 회화에서는 생략하는 경우가 많습니다.

学校に鉛筆と消しゴム、持って来なかった？

학교에 연필과 지우개, 가져오지 않았어?

お兄さんをカフェに連れて来なかった？　　오빠를 카페에 안 데려왔어?

課長に理由を説明しなかった？　　과장님에게 이유를 설명하지 않았어?

中間試験の準備しなかった？　　중간고사(의) 준비 안 했어?

---

❻ うん、～なかった。
ううん、～た。

응, ～하지 않았어.

아니, ～했어.

긍정 대답은 うん(응)이라고 한 다음에 ～なかった로 대답하고, 부정 대답은 ううん(아니)이라고 한 다음에 ～た로 대답하면 됩니다.

うん、持って来なかった。

응, 안 가져왔어.

ううん、連れて来た。

아니, 데려왔어.

うん、説明しなかった。

응, 설명하지 않았어.

ううん、した。

아니, 했어.

3단계

회화로 다지기

宿題[しゅくだい] 숙제
一番[いちばん]
가장, 제일

嵩[たかし]와 소희는 같은 반 친구 사이로, 항상 소희가 嵩를 잘 챙겨줍니다.

チョン・ソヒ : 嵩、今日は宿題、持って来た？

池田 嵩 : うん、持って来た。

チョン・ソヒ : そう。よかった。
昨日、嵩、宿題持って来なかったから。

池田 嵩 : ねえ、中間試験の準備、した？

チョン・ソヒ : 中間試験の準備？
桃子のノート、コピーした。

池田 嵩 : 桃子のノート？

チョン・ソヒ : うん。桃子のノートが一番いいから。
嵩もコピーする？

池田 嵩 : うん！ する、する！

전소희 : 다카시, 오늘은 숙제 가져왔어?

전소희 : 그래. 다행이다. 어제 다카시 숙제 안
가져왔으니까 (걱정돼서).

전소희 : 중간고사 준비?
ももこ의 노트 복사했어.

전소희 : 응. ももこ의 노트가 가장 좋으니까.
다카시도 복사할래?

いけだ たかし : 응, 가져왔어.

いけだ たかし : 있잖아, 중간고사 준비했어?

いけだ たかし : ももこ의 노트라고?

いけだ たかし : 응! 할래, 할래!

'중간'과 '기말' 시험

한국에서도 '중간고사'와 '기말고사'가 있죠? 일본에서도 똑같이 있습니다. 위에서 배웠듯이 中間試験[ちゅうかん
しけん](중간시험), 期末試験[きまつ しけん](기말시험)이라고 하기도 하고 中間テスト, 期末テスト라고도 합니
다. 일상생활에서는 줄여서 中間[ちゅうかん], 期末[きまつ]라고만 하는 경우가 많아요.
그런데 한국과 일본은 학기제가 약간 다릅니다. 일본의 초중고등학교는 3학기제입니다. 4월에 새 연도가 시작되어 4월
에서 7월까지가 1학기, 9월에서 12월까지가 2학기, 1월에서 3월까지가 3학기입니다. 물론 매 학기마다 성적이 나오지요.
또 대학교는 학교마다 과목마다 차이가 있기는 하지만 일반적으로 1년 동안 한 과목을 배웁니다. 몇 년 전부터 한 학기
에 끝나는 과목이 늘기 시작했지만 아직도 1년 동안 이어지는 강의가 더 많답니다. 여름방학 전까지가 '전기', 여름방학
이후부터 봄방학까지가 '후기'의 두 학기로 나뉘는 경우가 많습니다.

1 주어진 일본어 질문에 보기와 같이 ううん(아니)으로 대답해 보세요.

> |보기| 昨日、ここに来た？ (어제 여기에 왔어?)
> → ううん、来なかった。 (아니, 안 왔어.)

1. 🎤 _____

2. 🎤 _____

3. 🎤 _____

4. 🎤 _____

2 주어진 일본어 질문에 보기와 같이 ううん(아니)으로 대답해 보세요.

> |보기| 連絡しなかった？ (연락하지 않았어?)
> → ううん、した。 (아니, 했어.)

1. 🎤 _____

2. 🎤 _____

3. 🎤 _____

4. 🎤 _____

3 ( ) 속에 들어갈 적절한 글자를 보기와 같이 써 보세요.

> |보기| 昨日、ここ(に)来た。 어제 여기에 왔어.

1. 学校( )鉛筆( )消しゴム( )持って来た。
   학교에 연필과 지우개를 가져왔어.

2. 理由を説明( )。 이유를 설명했어.

3. 兄( )カフェ( )連れて( )。
   형을 카페에 데려오지 않았어.

4. 中間試験( )準備( )( )。
   중간고사(의) 준비를 안 했어.

040

4 주어진 동사를 활용시켜 보세요.

사전형	~하지 않아(ない형)	~했어(た형)	~하지 않았어
1. 来る[くる] (오다)			
2. する (하다)			

5 주어진 단어를 우선 히라가나로 써 본 다음에 한자로도 써 보세요.

| |보기| 준비 | 히라가나 じ ゅ ん び | 한자 準 備 |

1. 형, 오빠(높이는 호칭)

히라가나

한자

2. 이유

히라가나

한자

3. 설명

히라가나

한자

4. 중간

히라가나

한자

5. 기말

히라가나

한자

가타카나 순서 맞추기 (3)

주어진 단어의 가타카나 표기를 옳은 순서로 나열해 보세요.

1. 모니터　　タ　モ　ー　ニ

→ ☐☐☐☐

6. 스피치　　ー　ピ　ス　チ

→ ☐☐☐☐

2. 라이벌　　ラ　バ　ル　イ

→ ☐☐☐☐

7. 오케이　　ケ　オ　ー　ー

→ ☐☐☐☐

3. 레슨　　　ス　レ　ン　ッ

→ ☐☐☐☐

8. 캐치　　　チ　ャ　キ　ッ

→ ☐☐☐☐

4. 체크　　　ッ　チ　ク　ェ

→ ☐☐☐☐

9. 스트레스　ト　ス　レ　ス

→ ☐☐☐☐

5. 스톱　　　プ　ッ　ス　ト

→ ☐☐☐☐

10. 스페이스　ペ　ー　ス　ス

→ ☐☐☐☐

정답 1.モニター 2. ライバル 3. レッスン 4. チェック 5. ストップ
6. スピーチ 7. オーケー 8. キャッチ 9. ストレス 10. スペース

04

존댓말로 말해요

大阪へ行って来ました。

おおさかで 갔다 왔습니다.

강의 및 예문 듣기

🎧 예문 04-1.mp3

워밍업

기본 회화 듣기

그림을 보면서 어떤 내용인지 추측하면서 회화를 들어 보세요.

🎧 예문 04-2.mp3

1단계

기본 단어 익히기

病院[びょういん]　병원

大阪[おおさか]　오사카(지명)

京都[きょうと]　교토(지명)

百貨店[ひゃっかてん]　백화점

姉[あね]　누나, 언니(높이지 않는 호칭)

お姉さん[おねえさん]　누나, 언니
(높이는 호칭)

練習[れんしゅう]　연습

先月[せんげつ]　지난달

잠깐만요!

百貨店[ひゃっかてん](백화점)은 억양을 '저고고고고'로 발음하기도 합니다. デパート라는 단어도 있는데, 요즘 젊은 사람들은 百貨店을 더 선호합니다.

行って来る[いってくる]
갔다 오다, 다녀오다
買い物[かいもの]
장보기, 쇼핑
歌[うた] 노래

잠깐만요!

百貨店[ひゃっかてん](백화점)이라는 단어보다 구체적인 백화점 이름으로 말하는 경우가 더 많습니다.

❶
来ました。
しました。

왔습니다.

했습니다.

来ます[きます](옵니다)의 과거형은 来ました[きました], します(합니다)의 과거형은 しました가 됩니다. 조사는 ～に(～에)를 쓸 수도 있지만 여기에서는 ～へ(～로)를 사용하여 연습해 봅시다.

柴田さんと原さんが病院へ来ました。 しばた씨와 はら씨가 병원으로 왔습니다.

先月、大阪と京都へ行って来ました。

지난달에 おおさか와 きょうと로 갔다 왔어요.

百貨店で姉と買い物をしました。 백화점에서 누나와 함께 쇼핑을 했습니다.

学校で友達と歌を練習しました。 학교에서 친구랑 노래를 연습했어요.

❷
来ませんでした。
しませんでした。

오지 않았습니다.

하지 않았습니다.

来ました[きました](왔습니다)의 부정은 来ませんでした[きませんでした]가 되고, しました(했습니다)의 부정은 しませんでした가 됩니다.

原さんは病院へ来ませんでした。 はら씨는 병원으로 오지 않았습니다.

京都へ行って来ませんでした。 きょうと로 안 갔다 왔어요.

姉と百貨店で買い物をしませんでした。

언니랑 백화점에서 쇼핑을 안 했습니다.

友達とうちで歌を練習しませんでした。

친구랑 집에서 노래를 연습하지 않았어요.

❸ # 来ましたか。
しましたか。

왔습니까?
했습니까?

来ました[きました](왔습니다)와 しました(했습니다)를 사용하여 질문을 해 봅시다.

柴田さんと原さんが病院へ来ましたか。

しばた씨와 はら씨가 병원으로 왔습니까?

先月、大阪と京都へ行って来ましたか。

지난달에 おおさか와 きょうと로 갔다 왔어요?

お姉さんと百貨店で買い物をしましたか。

누나와 함께 백화점에서 쇼핑을 했습니까?

友達とうちで歌を練習しましたか。　친구랑 같이 집에서 노래를 연습했어요?

❹ # はい、〜ました。
いいえ、〜ませんでした。

네, 〜했습니다.
아니요, 〜하지 않았습니다.

긍정 대답은 はい(네)라고 한 다음에 〜ました로 대답하고, 부정 대답은 いいえ(아니요)라고 한 다음에 〜ませんでした로 대답하면 됩니다.

はい、来ました。

네, 왔습니다.

いいえ、行って来ませんでした。

아니요, 갔다 오지 않았어요.

はい、しました。

네, 했습니다.

いいえ、しませんでした。

아니요, 안 했어요.

❺ 来ませんでしたか。　　　　　　오지 않았습니까?
しませんでしたか。　　　　　　하지 않았습니까?

来ませんでした[きませんでした](오지 않았습니다)와 しませんでした(하지 않았습니다)를 사용하여 질문을 해 봅시다.

原さんは病院へ来ませんでしたか。　　はら씨는 병원으로 오지 않았습니까?

先月、大阪へ行って来ませんでしたか。
지난달에 おおさか로 갔다 오지 않았어요?

お姉さんと買い物をしませんでしたか。　언니랑 장을 보지 않았습니까?

友達と歌を練習しませんでしたか。　친구랑 노래를 연습하지 않았어요?

❻ はい、〜ませんでした。 네, 〜하지 않았습니다.
いいえ、〜ました。 아니요, 〜했습니다.

긍정 대답은 はい(네)라고 한 다음에 〜ませんでした로 대답하고, 부정 대답은 いいえ(아니요)라고 한 다음에 〜ました로 대답하면 됩니다.

はい、来ませんでした。　　　　　네, 오지 않았습니다.

いいえ、行って来ました。　　　　아니요, 갔다 왔어요.

はい、しませんでした。　　　　　네, 안 했습니다.

いいえ、しました。　　　　　　아니요, 했어요.

3단계

회화로 다지기

賑やかな[にぎやかな]
번화한, 흥청거리는, 시끌벅
적한
来月[らいげつ] 다음 달
ぜひ 꼭
来てください[きてくだ
さい] 오십시오, 오세요, 와
주세요

잠깐만요!

ぜひ를 잘못 쓰는 경우가 많
아서 한 번 설명 드립니다.
ぜひ는 '희망'이나 '의지', '권
유'를 나타낼 때 쓰이는 '꼭'
이라는 말로, '꼭 ~해야 한
다', '꼭 이렇게 된다' 등과 같
은 뜻으로는 쓰이지 않습니
다. 이 회화에서도 '꼭 와 주
세요'라는 '권유'의 뜻으로 쓰
였지요. 참고로 ぜひ는 한자
로 是非라고 씁니다.

阿部[あべ]씨가 집으로 돌아가는 길에 옆집에 사는 유동건 씨를 우연히 만났습니다.

阿部 裕美 : こんばんは。

ユ・ドンゴン : あ、こんばんは。

阿部 裕美 : どこへ行って来ましたか。

ユ・ドンゴン : 大阪へ行って来ました。

阿部 裕美 : そうですか。大阪はどうでしたか。

ユ・ドンゴン : とても賑やかでした。
阿部さんはどこへ行って来ましたか。

阿部 裕美 : 友達のうちに行って来ました。
今日は友達のうちで歌の練習をしました。

ユ・ドンゴン : 歌の練習ですか。

阿部 裕美 : ええ。来月、コンサートをしますから。

ユ・ドンゴン : コンサートですか。すごいですね。

阿部 裕美 : ドンゴンさんも、ぜひ来てください。

ユ・ドンゴン : はい。ありがとうございます。

あべ ゆみ : 안녕하세요(저녁 인사).
あべ ゆみ : 어디로 갔다 왔어요?
あべ ゆみ : 그렇군요. おおさか는 어땠어요?

あべ ゆみ : 친구 집에 갔다 왔어요. 오늘은 친
구 집에서 노래 연습을 했어요.
あべ ゆみ : 네. 다음 달에 콘서트를 하니까요.
あべ ゆみ : 동건씨도 꼭 와 주세요.

유동건 : 어, 안녕하세요(저녁 인사).
유동건 : おおさか로 갔다 왔습니다.
유동건 : 아주 변화했습니다. あべ씨는 어디로
갔다 왔습니까?
유동건 : 노래 연습이요?

유동건 : 콘서트요? 대단하시네요.
유동건 : 네. 감사합니다.

욕처럼 들리는 일본 사람의 성(姓)이 많아요!

이번 과의 〈기본 문형 익히기〉 코너에서 柴田[しばた]라는 이름이 나왔죠? 혹시 욕처럼 들려서 좀 당황하지 않으셨나
요? ^^ 일본 사람의 성씨 중에는 욕처럼 들리는 것들이 꽤 있습니다. 몇 개만 소개해 드릴게요. 같은 소리를 갖는 성이
라도 한자가 다른 경우가 있으니 히라가나로 소개해 드리고 한자는 뒤에 적어 드립니다. 한자는 대표적인 것만 정리했
는데 이 외의 한자를 쓰는 경우도 있습니다.

しば[柴, 芝, 司馬]	しいば[椎葉]	しいばし[椎橋]	しばさき[柴崎, 芝崎]
しばやま[柴山, 芝山]	はしば[羽柴, 羽芝]	せき[関, 積]	せきかわ[関川, 関河]
せきぐち[関口, 石口]	せきね[関根, 赤根]	せきや[関谷, 関屋, 関矢]	いせき[井関]

제가 멀리 아는 일본 사람 중에서 성이 しば이고 이름이 せきや라는 남자 분이 있는데, 이 분은 한국에는 오지 않는
것이 좋겠구나 하는 생각이 들더군요. ^^

1 주어진 일본어 질문에 보기와 같이 いいえ(아니요)로 대답해 보세요.

> |보기| お姉さんを連れて来ましたか。(누나를 데려왔습니까?)
> → いいえ、連れて来ませんでした。
> (아니요, 데려오지 않았습니다.)

1. 🎙 _____

2. 🎙 _____

3. 🎙 _____

4. 🎙 _____

2 주어진 일본어 질문에 보기와 같이 いいえ(아니요)로 대답해 보세요.

> |보기| お兄さんを連れて来ませんでしたか。(오빠를 데려오지 않았습니까?)
> → いいえ、連れて来ました。(아니요, 데려왔습니다.)

1. 🎙 _____

2. 🎙 _____

3. 🎙 _____

4. 🎙 _____

3 ( ) 속에 들어갈 적절한 글자를 보기와 같이 써 보세요.

> |보기| 姉(を)連れて来ました。언니를 데려왔습니다.

1. 昨日、原さん(　　)病院(　　)来ませんでした。
   어제 はら씨는 병원으로 오지 않았습니다.

2. 先月、大阪(　　)京都(　　)行って来ました。
   지난달에 おおさか와 きょうと로 갔다 왔습니다.

3. 兄(　　)百貨店(　　)買い物(　　)(　　　　　　　　)。
   형과 함께 백화점에서 쇼핑을 했어요.

4. 友達(　　)うち(　　)歌(　　)練習(　　　　　　　　)。
   친구랑 집에서 노래를 연습하지 않았어요.

4 주어진 동사를 활용시켜 보세요.

사전형	~합니다(ます형)	~하지 않습니다	~했습니다	~하지 않았습니다
1. 来る[くる] (오다)				
2. する (하다)				

5 주어진 단어를 우선 히라가나로 써 본 다음에 한자로도 써 보세요.

| 보기 | 오늘   히라가나 き よ う   한자 今 日 |

1. 병원

   히라가나

   한자

2. 백화점

   히라가나

   한자

3. 누나, 언니(높이는 호칭)

   히라가나

   한자

4. 연습

   히라가나

   한자

5. 지난달

   히라가나

   한자

불규칙동사 활용 정리하기

02마디에서 배운 불규칙동사의 반말과 존댓말 활용을 다시 한 번 정리해 봅시다.

불규칙동사의 반말 활용—보통체형

불규칙동사는 이름 그대로 활용이 불규칙적으로 일어나기 때문에 규칙에 대해서 뭐라고 설명 드릴 수가 없어요. 무조건 자연스러운 형태를 익힐 수밖에 없습니다.

사전형	ない형	た형	과거 부정
来る [くる] 오다	来ない [こない] 오지 않다	来た [きた] 왔다	来なかった [こなかった] 오지 않았다
する 하다	しない 하지 않다	した 했다	しなかった 하지 않았다

불규칙동사의 존댓말 활용—정중체형

～ます에 접속될 때 来る[くる]는 来ます[きます]가 되고, する는 します가 됩니다. 그리고 활용은 ます 부분에서 일어납니다.

ます형(긍정)	부정	과거	과거 부정
来ます [きます] 옵니다	来ません [きません] 오지 않습니다	来ました [きました] 왔습니다	来ませんでした [きませんでした] 오지 않았습니다
します 합니다	しません 하지 않습니다	しました 했습니다	しませんでした 하지 않았습니다

가타카나 순서 맞추기 (4)

주어진 단어의 가타카나 표기를 옳은 순서로 나열해 보세요.

1. 스푼, 숟가락 プ ー ス ン

→

2. 스웨터 ー タ セ ー

→

3. 스테이크 ス キ テ ー

→

4. 서클, 동아리 ル ク サ ー

→

5. 시멘트 ト メ ン セ

→

6. 마라톤 ソ ラ マ ン

→

7. 스튜디오 ス ジ オ タ

→

8. 타이머 マ イ タ ー

→

9. 체인지 ン チ ジ ェ

→

10. 텍스트 ス ト テ キ

→

정답 1. スプーン 2. セーター 3. ステーキ 4. サークル 5. セメント
6. マラソン 7. スタジオ 8. タイマー 9. チェンジ 10. テキスト

셋째마디

●

규칙쟁이
5단동사
과거형

이번에는 규칙쟁이 5단동사를 연습하겠습니다. 5단동사는
사전형 끝소리에 따라 4가지 그룹으로 나누어집니다. 즉 사
전형의 끝소리가 〈く, ぐ로 끝나는 것〉, 〈う, つ, る로 끝나
는 것〉, 〈ぬ, む, ぶ로 끝나는 것〉, 〈す로 끝나는 것〉의 4가
지입니다. 현재형을 배울 때는 활용 형태가 나누어지지 않
았지만 과거형을 배울 때는 사전형 끝소리에 따라 활용이
달라지기 때문에 4가지 그룹으로 나누어서 배워야 합니다.
늘 강조하는 말이지만 규칙을 외우려 하지 마시고, 규칙은
참고만 하여 듣고 따라하면서 자연스럽게 입에 붙게 연습하
세요~!

05

반말로 말해요) **사전형 끝소리가 く, ぐ인 5단동사**

空港に着いた。

공항에 도착했어.

강의 및 예문 듣기

🎧 예문 05-1.mp3

워밍업
기본 회화 듣기

그림을 보면서 어떤 내용인지 추측하면서 회화를 들어 보세요.

🎧 예문 05-2.mp3

1단계
기본 단어 익히기

 잠깐만요!

'바지'를 뜻하는 말로 ズボ
ン과 パンツ의 두 가지가
나왔는데, 젊은 사람들은 보
통 パンツ라고 합니다.

はく ⑤ (바지, 치마 등을)입다, (신발을)신다

着く[つく] ⑤ 도착하다

脱ぐ[ぬぐ] ⑤ 벗다

ズボン 바지

パンツ 바지

スカート 치마

空港[くうこう] 공항

上着[うわぎ] 외투, 겉옷

映画館[えいがかん] 영화관

プール 수영장

▶⑤는 5단동사를 뜻합니다.

2단계
기본 문형 익히기

❶

た형

～いた/いだ。

～했어.

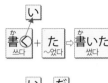

사전형 끝소리가 く, ぐ인 5단동사는 た형(과거형)을 만들 때 く, ぐ가 い로 바뀌고 그 뒤에 く의 경우는 た가 붙고, ぐ의 경우는 だ가 붙게 됩니다. 단, 行く[いく](가다)는 예외로 行いた가 아니라 行った가 됩니다. 잘못 사용하지 않도록 따로 기억해 두세요.

ズボンをはいた。	바지를 입었어.
5時に空港に着いた。	5시에 공항에 도착했어.
お店で上着を脱いだ。	가게에서 외투를 벗었어.
映画館に行った。	영화관에 갔어.

店[みせ] 가게

行く[いく] ⑤ 가다

잠깐만요!

お店[おみせ](가게)는 남자들의 경우에 お 없이 店[みせ]라고만 하는 경우도 많습니다. 다만 공손하게 말해야 하는 경우는 お를 붙입니다.

❷

～なかった。

～하지 않았어.

5단동사 ない형을 만들 때는 〈あ단+ない〉가 된다고 했죠? 과거형의 부정도 마찬가지입니다. ～ない를 ～なかった로 바꿔서 〈あ단+なかった〉라고 하면 됩니다.

プールで泳がなかった。	수영장에서 수영하지 않았어.
メールを書かなかった。	메일을 쓰지 않았어.
車で歌を聞かなかった。	차에서 노래를 안 들었어.
お店で上着を脱がなかった。	가게에서 외투를 안 벗었어.

泳ぐ[およぐ]
⑤ 헤엄치다, 수영하다
書く[かく] ⑤ 쓰다
車[くるま] 차(자동차)
聞く[きく] ⑤ 듣다, 묻다

❸ ～いた／いだ？

～했어?

靴[くつ] 구두, 신발

잠깐만요!

はく는 '신다'라는 뜻으로도
쓰입니다. 다만 한자로 쓸
경우에 '바지/치마를 입다'
의 뜻일 때는 **穿**く로 쓰고,
'신발을 신다'의 뜻일 때는
履く로 씁니다. 履く는 한
자로 쓰는 경우가 많이 있지
만 穿く는 히라가나로 쓰는
경우가 더 많습니다.

た형을 사용하여 질문을 해 봅시다. 조사 ～を(～을/를)는 반말 회화에
서는 생략하는 경우가 많습니다.

パンツ、はいた？	바지 입었어?
空港に着いた？	공항에 도착했어?
昨日、映画館に行った？	어제 영화관에 갔어?
友達のうちで靴、脱いだ？	친구 집에서 신발 벗었어?

❹ うん、～いた／いだ。
ううん、～なかった。

응, ～했어.

아니, ～하지 않았어.

긍정 대답은 うん(응)이라고 한 다음에 た형으로 대답하고, 부정 대답은
ううん(아니)이라고 한 다음에 ～なかった로 대답하면 됩니다.

うん、はいた。	응, 입었어. [치마, 바지 등]
うん、着いた。	응, 도착했어.
ううん、行かなかった。	아니, 가지 않았어.
ううん、脱がなかった。	아니, 안 벗었어.

～なかった？

～하지 않았어?

子[こ] 아이, 자녀
働く[はたらく] ⑤ 일하다
弾く[ひく] ⑤ (현악기, 건반악기를)치다, 연주하다

이번에는 ～なかった(～하지 않았어)를 사용하여 질문을 해 봅시다.

その子は全然働かなかった？

그 애는 전혀 일하지 않았어?

ピアノ、弾かなかった？

피아노 치지 않았어?

スカート、はかなかった？

치마 안 입었어?

友達のうちで靴、脱がなかった？

친구 집에서 신발 안 벗었어?

---

❻
うん、～なかった。
응, ～하지 않았어.
ううん、～いた/いだ。
아니, ～했어.

긍정 대답은 うん(응)이라고 한 다음에 ～なかった로 대답하고, 부정 대답은 ううん(아니)이라고 한 다음에 た형으로 대답하면 됩니다.

うん、全然働かなかった。

응, 전혀 일하지 않았어.

うん、弾かなかった。

응, 안 쳤어.

ううん、はいた。

아니, 입었어. [치마, 바지 등]

ううん、脱いだ。

아니, 벗었어.

🎧 예문 05-4-1.mp3
예문 05-4-2.mp3

3단계
회화로 다지기

さっき 좀 전에, 아까
飛行機[ひこうき] 비행기
暑い[あつい] 덥다
明日[あした] 내일
会議[かいぎ] 회의
頑張って[がんばって]
힘내

잠깐만요!

▶ 'そっち(그쪽, 거기)는 そ
ちら의 구어체입니다.

▶ 맨 끝의 じゃあね는 じ
ゃ(그럼)를 길게 발음해서
끝에 ね를 붙인 말로, 헤어
질 때 하는 '안녕'이라는 뜻
으로 쓰입니다. 편하게 반말
을 쓰는 상대가 아니라면 じ
ゃあ、また(그럼 또 봐요)
라고 하면 되고, 공손하게 말
하고 싶을 때는 失礼しま
す[しつれいします](실례
하겠습니다, 가보겠습니다)
라고 하면 됩니다.

미국으로 출장을 떠난 남편으로부터 전화가 걸려왔네요.

石川 拓海 : もしもし。

石川 真由美 : あ、拓海？

石川 拓海 : うん。今、着いたよ。さっき飛行機、降りた。

石川 真由美 : そう。そっちはどう？

石川 拓海 : 暑いよ。

石川 真由美 : そんなに暑い？

石川 拓海 : うん。上着、脱いだ。

石川 真由美 : そう。今日から仕事？

石川 拓海 : ううん、明日から。
明日の10時から会議がある。

石川 真由美 : そう。頑張ってね。

石川 拓海 : うん。じゃ、また電話するね。

石川 真由美 : うん。じゃあね。

いしかわ たくみ : 여보세요.

いしかわ たくみ : 응. 지금 도착했어.
좀 전에 비행기 내렸어.

いしかわ たくみ : 더워.

いしかわ たくみ : 응. 외투 벗었어.

いしかわ たくみ : 아니, 내일부터야.
내일 10시부터 회의가 있어.

いしかわ たくみ : 응. 그럼 또 전화할게.

いしかわ まゆみ : 어, 타쿠미야?

いしかわ まゆみ : 그래. 거기는 어때?

いしかわ まゆみ : 그렇게 더워?

いしかわ まゆみ : 그래. 오늘부터 일해?

いしかわ まゆみ : 그렇구나. 힘내.

いしかわ まゆみ : 응. 안녕.

'바지'와 '팬티(속옷)', 억양에 조심하세요!

아하,
일본에서는!

이번 과에서 '바지'라는 뜻의 단어로 ズボン과 パンツ, 두 가지가 나왔죠? ズボン이라는 단어는 노티
나는 말입니다. 그래도 일본어 교과서에서는 ズボン을 지도하게 되어 있어서 ズボン을 제시했지만 요
새 젊은 사람들은 パンツ라고 합니다. '바지'의 뜻으로 スラックス(슬랙스)라는 말을 쓰기도 해요. 그런
데 パンツ라는 단어를 사용할 때는 반드시 억양에 주의하세요! 높은 소리에서 낮은 소리로 발음하면 속
옷인 '팬티'를 뜻하게 됩니다. '바지'라는 뜻으로 쓸 때는 낮은 소리에서 높은 소리로 발음해야 합니다. '바
지를 안 입고 치마를 입었어'라는 뜻으로 말하려다가 '팬티를 안 입고 치마를 입었어'라는 말이 될 수도
있어요! 오른쪽의 억양 표시를 참고하세요. 참고로 '팬티'는 ショーツ라고 하기도 합니다.

パンツ(팬티)

パンツ(바지)

1 주어진 일본어 질문에 보기와 같이 ううん(아니)으로 대답해 보세요.

> |보기| ズボン、はいた？ (바지 입었어?)
> → ううん、はかなかった。 (아니, 안 입었어.)

1. 🎤 _____

2. 🎤 _____

3. 🎤 _____

4. 🎤 _____

2 주어진 일본어 질문에 보기와 같이 ううん(아니)으로 대답해 보세요.

> |보기| 車で歌、聞かなかった？ (차에서 노래 안 들었어?)
> → ううん、聞いた。 (아니, 들었어.)

1. 🎤 _____

2. 🎤 _____

3. 🎤 _____

4. 🎤 _____

3 (　　) 속에 들어갈 적절한 글자를 보기와 같이 써 보세요.

> |보기| 今日(は)パンツ(を)はいた。오늘은 바지를 입었어.

1. 5時(　　)空港(　　)着(　　　　　　　)。
   5시에 공항에 도착하지 않았어.

2. 映画館に行(　　　　)。 영화관에 갔어.

3. お店(　　)上着、脱(　　　　)？ 가게에서 외투 벗었어?

4. ううん、脱(　　　　　　　)。 아니, 안 벗었어.

4 주어진 동사를 활용시켜 보세요.

사전형	~하지 않아(ない형)	~했어(た형)	~하지 않았어
1. はく ((바지 등을) 입다)			
2. 脱ぐ[ぬぐ] (벗다)			

5 주어진 단어를 우선 히라가나로 써 본 다음에 한자로도 써 보세요.

| 보기 |　비행기　히라가나 ひ こ う き　한자 飛 行 機

1. 도착하다

　히라가나　　　　　한자

2. 벗다

　히라가나　　　　　한자

3. 공항

　히라가나　　　　　　　　한자

4. 외투, 겉옷

　히라가나　　　　　　한자

5. 영화관

　히라가나　　　　　　　　　한자

가타카나 순서 맞추기 (5)

주어진 단어의 가타카나 표기를 옳은 순서로 나열해 보세요.

1. 와이셔츠 シ ワ ァ イ ツ →

2. 에티켓 ト チ エ ケ ッ →

3. 클래식 ラ ク ク ッ シ →

4. 크리스마스 マ リ ス ス ク →

5. 콩쿠르 コ ー ク ル ン →

6. 셔터 ー ッ シ ャ タ →

7. 퍼센트(%) ン ー セ ト パ →

8. 에어메일, 항공우편 エ メ ル ア ー →

9. 마켓 ッ マ ケ ト ー →

10. 로그아웃 グ ト ウ ア ロ →

정답 1. ワイシャツ 2. エチケット 3. クラシック 4. クリスマス 5. コンクール
6. シャッター 7. パーセント 8. エアメール 9. マーケット 10. ログアウト

06

반말로 말해요 **사전형 끝소리가 う, つ, る인 5단동사**

興味を持った。

관심을 가졌어.

강의 및 예문 듣기

🎧 예문 06-1.mp3

워밍업
기본 회화 듣기

그림을 보면서 어떤 내용인지 추측하면서 회화를 들어 보세요.

🎧 예문 06-2.mp3

1단계
기본 단어 익히기

使う[つかう] ⑤ 사용하다, 쓰다

降る[ふる] ⑤ (비, 눈 등이)내리다

かぶる ⑤ (머리에)쓰다, 뒤집어쓰다

興味[きょうみ] 관심, 흥미

ヘルメット 헬멧

言葉[ことば] 말

잠깐만요!

ヘルメット(헬멧)는 억양
을 '고저저저저'로 발음하는
경우도 있습니다.

2단계
기본 문형 익히기

① 〜った。

た형
〜했어.

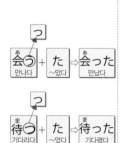
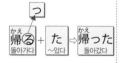

持つ[もつ] ⑤ 가지다, 들다
雨[あめ] 비

사전형 끝소리가 う, つ, る인 5단동사는 た형을 만들 때 う, つ, る가 っ(작은 っ)로 바뀌고 그 뒤에 た가 붙게 됩니다. 늘 강조하지만 규칙을 외우려 하지 말고 듣고 따라하면서 자연스럽게 입에 붙게 하세요.

きれいな言葉を使った。	고운 말을 썼어.
子供が興味を持った。	아이가 관심을 가졌어.
雨が降った。	비가 내렸어.
ヘルメットをかぶった。	헬멧을 썼어.

② 〜なかった。

〜하지 않았어.

英語[えいご] 영어
習う[ならう] ⑤ 배우다

 잠깐만요!

'관심을 가지다'를 직역해서 関心[かんしん]を持つ라고 하는 사람들이 많은데, 일상적으로는 関心보다 興味[きょうみ](흥미)를 더 많이 씁니다. 関心을 써도 틀린 말은 아니지만요.

과거형 부정은 〈あ단+なかった〉가 된다고 했지요. 여기에서 주의해야 할 점은 사전형 끝소리가 う인 모든 5단동사는 あ가 아니라 わ가 된다는 점입니다.

きれいな言葉を使わなかった。	고운 말을 쓰지 않았어.
英語を習わなかった。	영어를 배우지 않았어.
子供が興味を持たなかった。	아이가 관심을 안 가졌어.
雨が降らなかった。	비가 안 내렸어.

❸

〜った？

〜했어?

女優[じょゆう] 여배우
会う[あう] ⑤ 만나다
写真[しゃしん] 사진
撮る[とる] ⑤ 찍다

た형을 사용하여 질문을 해 봅시다. 조사 〜を(〜을/를)는 반말 회화에서는 생략하는 경우가 많습니다.

ヘルメット、かぶった？	헬멧 썼어?
その女優に会った？	그 여배우를 만났어?
子供が興味、持った？	아이가 관심 가졌어?
写真、撮った？	사진 찍었어?

잠깐만요!

참고로 '배우'는 俳優[はいゆう]라고 합니다. 그리고 '〜를 만나다'라고 할 때는 조사 に를 써서 〜に会う[あう]라고 한다는 점에 주의하세요〜!

❹

うん、〜った。
ううん、〜なかった。

응, 〜했어.

아니, 〜하지 않았어.

긍정 대답은 うん(응)이라고 한 다음에 た형으로 대답하고, 부정 대답은 ううん(아니)이라고 한 다음에 〜なかった로 대답하면 됩니다.

うん、かぶった。	응, 썼어. [모자, 헬멧 등]
うん、会った。	응, 만났어.
ううん、持たなかった。	아니, 가지지 않았어.
ううん、撮らなかった。	아니, 안 찍었어.

❺

～なかった？
～하지 않았어?

待つ[まつ] ⑤ 기다리다

～なかった(～하지 않았어)를 사용하여 질문을 해 봅시다.

きれいな言葉を使わなかった？	고운 말을 쓰지 않았어?
課長を全然待たなかった？	과장님을 전혀 기다리지 않았어?
雨が降らなかった？	비가 안 내렸어?
英語を全然習わなかった？	영어를 전혀 안 배웠어?

❻

うん、～なかった。
ううん、～った。
응, ～하지 않았어.
아니, ～했어.

긍정 대답은 うん(응)이라고 한 다음에 ～なかった로 대답하고, 부정 대답은 ううん(아니)이라고 한 다음에 た형으로 대답하면 됩니다.

うん、使わなかった。	응, 쓰지 않았어.
うん、全然待たなかった。	응, 전혀 안 기다렸어.
ううん、降った。	아니, 내렸어.
ううん、ちょっと習った。	아니, 조금 배웠어.

3단계
회화로 다지기

科学館[かがくかん]
과학관
~たち ~들
上[うえ] 위
下[した] 아래, 밑
女の子[おんなのこ]
여자 아이

잠깐만요!

▶ 科学館[かがくかん]은 科学[かがく](과학)와 ~館[かん](~관)이 합해진 말입니다.

▶ 일본어에서는 '큰 애', '작은 애'를 上の子[うえのこ](위의 애), 下の子[したのこ](밑의 애)라고 합니다.

▶ ~たち(~들)라는 단어는 한자로 쓰면 ~達가 됩니다. 한자로 써도 히라가나로 써도 상관없어요. 주의해야 할 점은 일본어는 복수도 단수형으로 나타낼 때가 참 많다는 점입니다. 그러니 자꾸 ~たち라고 붙이지 마세요~!

剛[つよし]는 승연이가 새로 생긴 과학관에 아이들과 갔다 왔다는 말을 듣고 물어봅니다.

長谷川 剛 : 昨日、科学館に行った？

ク・スンヨン : うん。

長谷川 剛 : どうだった？ 子供たちは興味、持った？

ク・スンヨン : 上の子はすごく興味を持った。
でも、下の子は全然、興味持たなかった。

長谷川 剛 : 全然、興味持たなかったの？

ク・スンヨン : うん。下の子は女の子だから……。

長谷川 剛 : そうだね。科学館で森田さんに会わなかった？

ク・スンヨン : 森田さん？

長谷川 剛 : うん。森田さんも昨日、科学館に行ったから。

ク・スンヨン : ううん、会わなかった。

長谷川 剛 : そう。

はせがわ つよし : 어제 과학관에 갔어?
はせがわ つよし : 어땠어?
　애들은 관심 가졌어?
はせがわ つよし : 전혀 관심 안 가진 거야?
はせがわ つよし : 그러네. 과학관에서 もりた씨를 만나지 않았어?
はせがわ つよし : 응. もりた씨도 어제 과학관에 갔거든.
はせがわ つよし : 그렇구나.

구승연 : 응.
구승연 : 큰 애는 무척 관심을 가졌어. 그런데, 작은 애는 전혀 관심을 안 가졌어.
구승연 : 응. 작은 애는 여자애라서…….
구승연 : もりた씨?

구승연 : 아니, 안 만났어.

女[おんな], 男[おとこ]라는 말은 거칠게 말할 때 써요!

위의 회화 내용은 저의 어린 시절에 있었던 일을 회상하며 썼어요. 요즘 같으면 '여자애라 과학에 관심이 없다'는 인식은 절대 없죠. 여기서 중요한 것은 기초 단어인 女の子[おんなのこ](여자아이)예요. 참고로 '남자 아이'는 男の子[おとこのこ]라고 합니다. 사전을 찾아보면 '여자'는 女[おんな], 女子[じょし], '남자'는 男[おとこ], 男子[だんし]라는 말이 나올 겁니다. 그런데 일상적으로 '여자'는 女の人[おんなのひと] 혹은 女性[じょせい](여성), '남자'는 男の人[おとこのひと] 혹은 男性[だんせい](남성)라는 말을 씁니다. 女[おんな]라는 말은 여자를 경시하는 느낌이 있어 한국어로 하자면 '계집애'와 비슷한 뉘앙스입니다. 男[おとこ]도 부정적인 느낌으로 쓰이기도 하지만 '사나이'라는 뜻으로 쓰이는 경우도 있습니다. 또 女子[じょし], 男子[だんし]라는 말은 학교에서나 스포츠에서 많이 사용하고 그 외 일상생활에서는 잘 쓰지 않습니다.

1 주어진 일본어 질문에 보기와 같이 ううん(아니)으로 대답해 보세요.

> |보기| 英語を習った？ (영어를 배웠어?)
> → ううん、習わなかった。 (아니, 배우지 않았어.)

1. 🎤 _____

2. 🎤 _____

3. 🎤 _____

4. 🎤 _____

2 주어진 일본어 질문에 보기와 같이 ううん(아니)으로 대답해 보세요.

> |보기| 写真を撮らなかった？ (사진을 찍지 않았어?)
> → ううん、撮った。 (아니, 찍었어.)

1. 🎤 _____

2. 🎤 _____

3. 🎤 _____

4. 🎤 _____

3 (　　) 속에 들어갈 적절한 글자를 보기와 같이 써 보세요.

> |보기| 上の子(が)興味(を)持った。 큰 애가 관심을 가졌어.

1. きれい(　　)言葉を使(　　　　　　　　)。 고운 말을 쓰지 않았어.

2. ヘルメット(　　)かぶ(　　　　　)？ 헬멧을 썼어?

3. 雨(　　)全然降(　　　　　　　　)？ 비가 전혀 안 내렸어?

4. ううん、降(　　　　　)。 아니, 내렸어.

4 주어진 동사를 활용시켜 보세요.

사전형	~하지 않아(ない형)	~했어(た형)	~하지 않았어
1. 使う[つかう] (사용하다)			
2. 持つ[もつ] (가지다)			
3. 降る[ふる] ((비, 눈 등이)내리다)			

5 주어진 단어를 우선 히라가나로 써 본 다음에 한자로도 써 보세요.

|보기| 관심, 흥미	히라가나	한자
	き ょ う み	興 味

1. 사용하다, 쓰다

   히라가나   한자

2. (비, 눈 등이) 내리다

   히라가나   한자

3. 말

   히라가나   한자

4. 위

   히라가나   한자

067

가타카나 순서 맞추기 (6)

주어진 단어의 가타카나 표기를 옳은 순서로 나열해 보세요.

1. 아마추어   ア ュ チ マ ア   →

2. 엔지니어   ン ジ エ ア ニ   →

3. 카펫, 양탄자   ト ー カ ペ ッ   →

4. 콘테스트   テ ト コ ン ス   →

5. 섹션   ョ セ シ ク ン   →

6. 포지션   ジ ョ シ ン ポ   →

7. 마사지   マ ー サ ッ ジ   →

8. 카테고리   リ テ カ ゴ ー   →

9. 드라이버, 공구   ラ ー ド イ バ   →

10. 넌센스   ス ン ナ セ ン   →

정답 1. アマチュア   2. エンジニア   3. カーペット   4. コンテスト   5. セクション
6. ポジション   7. マッサージ   8. カテゴリー   9. ドライバー   10. ナンセンス

07

존댓말로 말해요　사전형 끝소리가 く, ぐ와 う, つ, る인 5단동사

初雪が降りました。

첫눈이 내렸습니다.

강의 및 예문 듣기

🎧 예문 07-1.mp3

워밍업

기본 회화 듣기

그림을 보면서 어떤 내용인지 추측하면서 회화를 들어 보세요.

🎧 예문 07-2.mp3

1단계

기본 단어 익히기

履く[はく] ⑤ 신다

公園[こうえん] 공원, 놀이터

シャツ 셔츠

初雪[はつゆき] 첫눈

靴下[くつした] 양말

セーター 스웨터

スプーン 숟가락

白い[しろい] 하얗다, 희다

잠깐만요!

靴下[くつした](양말)는 억양이 '저고고고'로 발음되기도 합니다.

069

会社[かいしゃ] 회사

❶
～ました。
～했습니다.

5단동사 ます형은 い단에 접속되어 〈い단+ます〉가 된다고 배웠지요?
과거형 ～ました도 접속은 똑같습니다. 모두 い단 뒤에 ～ました를 붙이면 됩니다.

さっき公園に着きました。	좀 전에 공원에 도착했습니다.
シャツを脱ぎました。	셔츠를 벗었습니다.
会社で課長を待ちました。	회사에서 과장님을 기다렸어요.
今日、初雪が降りました。	오늘 첫눈이 내렸어요.

❷
～ませんでした。
～하지 않았습니다.

～ます를 ～ませんでした로 바꾸면 '～하지 않았습니다'라는 뜻이 됩니다.

잠깐만요!

はく에는 '(바지, 치마 등)
입다'는 뜻 외에 '신다'라는
뜻도 있다고 했지요? 한자
는 '입다'의 경우 穿く, '신
다'의 경우 履く로 씁니다.
그런데 穿く는 히라가나로
쓰는 경우가 많고 履く는
한자로 쓰는 경우가 많습니
다.

白い靴下を履きませんでした。	하얀 양말을 신지 않았습니다.
セーターを脱ぎませんでした。	스웨터를 안 벗었습니다.
スプーンを使いませんでした。	숟가락을 쓰지 않았어요.
ヘルメットをかぶりませんでした。	헬멧을 안 썼어요.

〜ましたか。

〜했습니까?

〜ました(〜했습니다)를 사용하여 질문을 해 봅시다.

海[うみ] 바다

잠깐만요!

海[うみ]는 억양이 '고저'입니다. 거꾸로 '저고'로 발음하면 膿[うみ](고름)라는 단어가 되니 억양에 신경 쓰세요~!

公園に着きましたか。	공원에 도착했습니까?
海で泳ぎましたか。	바다에서 수영했습니까?
スプーンを使いましたか。	숟가락을 썼어요?
昨日、初雪が降りましたか。	어제 첫눈이 내렸어요?

❹

はい、〜ました。
いいえ、〜ませんでした。

네, 〜했습니다.

아니요, 〜하지 않았습니다.

질문에 대답해 봅시다. 긍정 대답은 はい(네)라고 한 다음에 〜ました로 대답하고, 부정 대답은 いいえ(아니요)라고 한 다음에 〜ませんでした로 대답하면 됩니다.

はい、さっき着きました。	네, 좀 전에 도착했습니다.
はい、泳ぎました。	네, 수영했습니다.
いいえ、使いませんでした。	아니요, 쓰지 않았어요.
いいえ、降りませんでした。	아니요, 안 내렸어요.

❺ 〜ませんでしたか。 ～하지 않았습니까?

이번에는 〜ませんでした(～하지 않았습니다)를 사용하여 질문을 해 봅시다.

白い靴下を履きませんでしたか。 　　　하얀 양말을 신지 않았습니까?

セーターを脱ぎませんでしたか。 　　　스웨터를 안 벗었습니까?

ヘルメットをかぶりませんでしたか。 　　　헬멧을 쓰지 않았어요?

スプーンを使いませんでしたか。 　　　숟가락을 안 썼어요?

❻ はい、〜ませんでした。 네, ～하지 않았습니다.
いいえ、〜ました。 아니요, ～했습니다.

질문에 대답해 봅시다. 긍정 대답은 はい(네)라고 한 다음에 〜ませんでした로 대답하고, 부정 대답은 いいえ(아니요)라고 한 다음에 〜ました로 대답하면 됩니다.

はい、履きませんでした。 　　　네, 신지 않았습니다.

はい、脱ぎませんでした。 　　　네, 안 벗었습니다.

いいえ、かぶりました。 　　　아니요, 썼어요. [모자, 헬멧 등]

いいえ、使いました。 　　　아니요, 썼어요.

~でございます ~입니다
(~です의 공손한 말투)
息子[むすこ] 아들
ちょうど
마침, 방금, 막, 정확히
雪[ゆき] 눈
時間[じかん] 시간
冬[ふゆ] 겨울
かかる ⑤ 걸리다
早い[はやい]
빠르다, 이르다
お願い[おねがい] 부탁

잠깐만요!

다른 사람의 아들을 '아드님'이라고 부를 때는 息子[むすこ](아들) 뒤에 ~さん(~씨)를 붙여서 息子さん이라고 하면 됩니다. 참고로 '딸'을 娘[むすめ]라고 하는데 '따님'이라고 할 때는 娘さん이라고 할 수도 있지만 お嬢さん[おじょうさん]이라고 하는 것이 더 듣기 좋습니다.

허연아는 아들을 中野[なかの]씨네 집으로 1년 동안 홈스테이를 보냈습니다.

中野 翔 : はい、中野でございます。

ホ・ヨナ : 中野さん、こんにちは。ホ・ヨナです。

中野 翔 : ああ、こんにちは。
息子さん、ちょうど今、着きましたよ。

ホ・ヨナ : ああ、そうですか。

中野 翔 : 今日、雪が降りましたから、ちょっと
時間がかかりました。

ホ・ヨナ : そうですか。もう雪が降りましたか。

中野 翔 : ええ、初雪です。

ホ・ヨナ : 早いですね。

中野 翔 : ええ、この冬は早く降りました。

ホ・ヨナ : 中野さん、息子をよろしくお願いします。

中野 翔 : はい、わかりました。

なかの しょう : 네, なかの입니다.

なかの しょう : 아~, 안녕하세요. 아드님, 마침
지금 도착했어요.

なかの しょう : 오늘 눈이 내렸기 때문에,
좀 시간이 걸렸습니다.

なかの しょう : 네, 첫눈이에요.

なかの しょう : 네, 이번 겨울은 일찍 내렸어요.

なかの しょう : 네, 알겠습니다.

허연아 : なかの씨, 안녕하세요(낮 인사).
허연아입니다.

허연아 : 아~, 그래요?

허연아 : 그렇군요. 벌써 눈이 내렸어요?

허연아 : 빠르네요.

허연아 : なかの씨, 아들을 잘 부탁 드리겠습니다.

일본 폭주족은 헬멧도 쓰고 신호도 지켜요!

일본에서 폭주족을 본 적이 있으신가요? 요즘 일본 폭주족들은 헬멧도 제대로 쓰고 신호도 잘 지키고 차량 개조도 신청하고 한답니다. 한 10년 전쯤의 폭주족들은 헬멧도 안 쓰고 불법 개조도 많이 하고 신호도 안 지켰었는데 지금은 그런 폭주족들이 사라졌다네요. 경찰의 단속이 심해지고 벌칙이 강화되어 그렇게 되었다고 하는 사람들이 많네요. 일본에서 오토바이의 경우 고속도로에서는 초과속도가 시속 30km 이상 35km 미만인 경우는 2만엔(약 20만원), 35km 이상 40km 미만인 경우 3만엔(약 30만원)의 범칙금이 부과된다고 합니다. 일반도로에서는 초과속도가 시속 25km 이상 30km 미만이면 15,000엔(약 15만원)의 범칙금이 부과된다고 합니다. 그 이상의 속도 위반인 경우는 6개월 이하의 징역 또는 10만엔(약 100만원) 이하의 범칙금이 부과되는 모양입니다.

1 주어진 일본어 문장을 보기와 같이 존댓말 문장으로 바꿔 보세요.

> |보기| さっき公園に着いた。 (좀 전에 공원에 도착했어.)
> → さっき公園に着きました。 (좀 전에 공원에 도착했습니다.)

1. 🎤 ....
2. 🎤 ....
3. 🎤 ....
4. 🎤 ....

2 주어진 일본어 문장을 보기와 같이 존댓말 문장으로 바꿔 보세요.

> |보기| スプーンを使わなかった。 (숟가락을 쓰지 않았어.)
> → スプーンを使いませんでした。 (숟가락을 쓰지 않았습니다.)

1. 🎤 ....
2. 🎤 ....
3. 🎤 ....
4. 🎤 ....

3 ( ) 속에 들어갈 적절한 글자를 보기와 같이 써 보세요.

> |보기| 公園(に)着きました。 공원에 도착했습니다.

1. シャツを脱(　　　　　　　　　　)。 셔츠를 벗지 않았습니다.

2. スプーンを使(　　　　　　　　)。 숟가락을 썼습니까?

3. 会社(　　)課長を待(　　　　　　　)。 회사에서 과장님을 기다렸어요.

4. 今日、初雪(　　)降(　　　　　　　　　　)。
오늘 첫눈이 안 내렸어요.

4 주어진 동사를 활용시켜 보세요.

사전형	~합니다(ます형)	~하지 않습니다	~했습니다	~하지 않았습니다
1. はく ((바지 등을) 입다)				
2. 脱ぐ[ぬぐ] (벗다)				
3. 使う[つかう] (사용하다)				
4. 待つ[まつ] (기다리다)				
5. かぶる ((머리에)쓰다)				

5 주어진 단어를 우선 히라가나로 써 본 다음에 한자로도 써 보세요.

|보기|	시간	히라가나 じ　か　ん	한자 時　間

1. 공원, 놀이터

히라가나

한자

2. 첫눈

히라가나

한자

3. 하얗다, 희다

히라가나

한자

가타카나 순서 맞추기 (7)

주어진 단어의 가타카나 표기를 옳은 순서로 나열해 보세요.

1. 앙코르   ア ー コ ル ン →

2. 카메라맨   ン ラ カ マ メ →

3. 랭킹   グ ン ラ ン キ →

4. 티슈   シ テ ッ ィ ュ →

5. 컴백   ッ ム カ バ ク →

6. 노이로제   ノ ー イ ゼ ロ →

7. 런닝   ニ ン ラ グ ン →

8. 멜로디   メ ー デ ロ ィ →

9. 레귤러   ー ギ ュ レ ラ →

10. 배터리   テ ッ リ バ ー →

정답 1. アンコール 2. カメラマン 3. ランキング 4. ティッシュ 5. カムバック
6. ノイローゼ 7. ランニング 8. メロディー 9. レギュラー 10. バッテリー

08

반말로 말해요 · 사전형 끝소리가 ぬ, む, ぶ인 5단동사

すごく並んだ。

엄청 줄섰어.

강의 및 예문 듣기

🎧 예문 08-1.mp3

워밍업
기본 회화 듣기

그림을 보면서 어떤 내용인지 추측하면서 회화를 들어 보세요.

🎧 예문 08-2.mp3

1단계
기본 단어 익히기

死ぬ[しぬ] ⑤ 죽다

飛ぶ[とぶ] ⑤ 날다

並ぶ[ならぶ] ⑤ 줄서다

犬[いぬ] 개

猫[ねこ] 고양이

鳥[とり] 새

空[そら] 하늘

お客さん[おきゃくさん] 손님

新聞[しんぶん] 신문

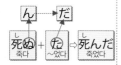
①

～んだ。

た형
～했어.

死ぬ + た ⇒ 死んだ
죽다   ～었다   죽었다

お茶[おちゃ] (마시는)차
飲む[のむ] ⑤ 마시다

잠깐만요!

うちの犬[いぬ]는 직역하면 '집의 개'가 되는데, うち는 '집'이라는 뜻 외에 '우리집'이라는 뜻으로도 쓰입니다. 그래서 うちの犬는 '우리 집(의) 개'로 해석됩니다.

사전형 끝소리가 ぬ, む, ぶ인 5단동사는 た형을 만들 때 ぬ, む, ぶ가 ん으로 바뀌고 그 뒤에 た가 아니라 だ가 붙게 됩니다. 늘 강조하지만 규칙을 외우려 하지 말고 듣고 따라하면서 자연스럽게 입에 붙게 하세요.

うちの犬が死んだ。	우리 집(의) 개가 죽었어.
お茶を飲んだ。	차를 마셨어.
鳥が空を飛んだ。	새가 하늘을 날았어.
お客さんが並んだ。	손님들이 줄섰어.

②

～なかった。

～하지 않았어.

読む[よむ] ⑤ 읽다

잠깐만요!

飛ぶ[とぶ](날다)라는 동사는 조사 ～を(～을/를)를 써서 空を飛ぶ(하늘을 날다)라고 표현합니다. 이때 사용되는 ～を(～을/를)는 타동사에 쓰는 목적격 조사와는 다릅니다. 飛ぶ(날다)는 자동사이기 때문에 ～を(～을/를)는 '통과, 이동하는 공간'을 뜻합니다. 지금까지 연습한 ～を(～을/를)와는 다르지만 한국어도 똑같이 쓰이니 어렵지 않으시죠?

'～하지 않았어'라고 하려면 사전형 끝소리를 あ단으로 바꿔서 〈あ단+なかった〉라고 하면 됩니다. 즉 ぬ, む, ぶ가 각각 ～ななかった, ～まなかった, ～ばなかった가 되는 것이지요.

うちの猫は死ななかった。	우리 집(의) 고양이는 죽지 않았어.
朝、新聞を読まなかった。	아침에 신문을 안 읽었어.
その鳥は飛ばなかった。	그 새는 안 날았어.
全然並ばなかった。	전혀 줄서지 않았어.

❸ 〜んだ？

〜했어?

た형을 사용하여 질문을 해 봅시다. 조사 〜を(〜을/를)는 반말 회화에서는 생략하는 경우가 많습니다.

犬が死んだ？	개가 죽었어?
今朝、コーヒー飲んだ？	오늘 아침에 커피 마셨어?
昨日、学校休んだ？	어제 학교 쉬었어?
うちに友達、呼んだ？	집에 친구 불렀어?

❹ うん、〜んだ。
ううん、〜なかった。

응, 〜했어.

아니, 〜하지 않았어.

질문에 대답해 봅시다. 긍정 대답은 うん(응)이라고 한 다음에 〜んだ로 대답하고, 부정 대답은 ううん(아니)이라고 한 다음에 〜なかった로 대답하면 됩니다.

うん、死んだ。	응, 죽었어.
うん、飲んだ。	응, 마셨어.
ううん、休まなかった。	아니, 쉬지 않았어.
ううん、呼ばなかった。	아니, 안 불렀어.

❺

〜なかった？

〜하지 않았어?

〜なかった(〜하지 않았어)를 사용하여 질문을 해 봅시다. 조사 〜を(〜을/를)는 반말 회화에서는 생략하는 경우가 많습니다.

잠깐만요!

한국 음식에 '닭도리탕'이라는 것이 있죠? 또 화투놀이인 고스톱에서 '고도리'라는 말도 쓰죠? '닭도리탕'과 '고도리(五鳥)'의 '도리'가 일본어 鳥[とり]에서 온 것이랍니다.

猫は死な**なかった**？	고양이는 죽지 않았어?
朝、新聞読ま**なかった**？	아침에 신문 안 읽었어?
その鳥は飛ば**なかった**？	그 새는 안 날았어?
全然並ば**なかった**？	전혀 줄서지 않았어?

❻

うん、〜なかった。
ううん、〜んだ。

응, 〜하지 않았어.

아니, 〜했어.

질문에 대답해 봅시다. 긍정 대답은 うん(응)이라고 한 다음에 〜なかった로 대답하고, 부정 대답은 ううん(아니)이라고 한 다음에 〜んだ로 대답하면 됩니다.

うん、死な**なかった**。	응, 죽지 않았어.
うん、読ま**なかった**。	응, 안 읽었어.
ううん、飛**んだ**。	아니, 날았어.
ううん、並**んだ**。	아니, 줄섰어.

080

3단계

회화로 다지기

ケーキ 케이크
買う[かう] ⑤ 사다
〜時間[じかん] 〜시간
俺[おれ] 나(남자:거친 말투)

 잠깐만요!

よく待ったね에서 よく라는 부사가 쓰였죠? よく는 '잘, 자주'라는 뜻인데 이 문장에서는 '잘도'라는 뜻으로 쓰였습니다. 그리고 끝의 〜ね는 감탄을 나타내는 조사로 '〜네', '〜군' 등으로 번역됩니다.

박예성은 유명한 케이크 상점에 麻美[あさみ]가 간다고 했었기에 궁금해서 물어봅니다.

パク・イェソン： 昨日、ケーキ買った？

近藤 麻美： うん、買った。

パク・イェソン： どうだった？　並んだ？

近藤 麻美： うん、1時間並んだ。

パク・イェソン： 1時間?!

近藤 麻美： うん。

パク・イェソン： よく待ったね。ケーキはどうだった？

近藤 麻美： すごくおいしかったよ。

パク・イェソン： そう。

近藤 麻美： イェソンも買う？

パク・イェソン： ううん、俺はいい。

박예성 : 어제 케이크 샀어?
박예성 : 어땠어? 줄섰어?
박예성 : 한 시간?!
박예성 : 잘도 기다렸네. 케이크는 어땠어?
박예성 : 그렇구나.
박예성 : 아니, 난 됐어.

こんどう あさみ : 응, 샀어.
こんどう あさみ : 응, 한 시간 줄섰어.
こんどう あさみ : 응.
こんどう あさみ : 엄청 맛있었어.
こんどう あさみ : 예성이도 살래?

일본의 장례는 99.9%가 화장(火葬)!

현재 일본은 99.9%가 화장을 해서 화장율이 세계 1위라네요. 그렇지만 일본도 1900년대에는 화장율이 30% 정도밖에 되지 않았답니다. 그 후 급격히 늘어나 1994년에는 98%를 넘었다고 합니다. 화장한 다음에는 개인의 묘를 세우는 경우도 있지만 식구가 같은 묘에 들어가는 경우가 많습니다. 그래서 묘석에 '〜家'라고 쓰여진 것이 많습니다. 그리고 일본에서는 제사를 해마다 지내지 않고 제사를 지내는 해가 정해져 있습니다. 사망한 지 1년 후, 2년 후, 6년 후, 12년 후, 16년 후, 22년 후, 24년 후, 26년 후, 32년 후, 36년 후, 49년 후, 99년 후로 정해져 있습니다. 지역에 따라 제사를 지내는 해가 약간 차이가 나는 경우도 있고, 언제까지 제사를 지낼 것인지는 집마다 다릅니다. 요즘은 12년 후까지 지내면 충분하다고 하는 사람들이 많다고 합니다.

1 주어진 일본어 질문에 보기와 같이 ううん(아니)으로 대답해 보세요.

> |보기| その鳥は空を飛んだ？ (그 새는 하늘을 날았어?)
> → ううん、飛ばなかった。 (아니, 날지 않았어.)

1. 🎤 _____

2. 🎤 _____

3. 🎤 _____

4. 🎤 _____

2 주어진 일본어 질문에 보기와 같이 ううん(아니)으로 대답해 보세요.

> |보기| 朝、新聞読まなかった？ (아침에 신문 안 읽었어?)
> → ううん、読んだ。 (아니, 읽었어.)

1. 🎤 _____

2. 🎤 _____

3. 🎤 _____

4. 🎤 _____

3 ( ) 속에 들어갈 적절한 글자를 보기와 같이 써 보세요.

> |보기| お茶(を)飲(んだ)。 차를 마셨어.

1. その鳥は飛( )。 그 새는 날지 않았어.

2. うち( )犬が死( )。 우리 집(의) 개가 죽었어.

3. 全然並( )？ 전혀 줄서지 않았어?

4. ううん、並( )。 아니, 줄섰어.

4 주어진 동사를 활용시켜 보세요.

사전형	~하지 않아(ない형)	~했어(た형)	~하지 않았어
1. 死ぬ[しぬ] (죽다)			
2. 飲む[のむ] (마시다)			
3. 飛ぶ[とぶ] (날다)			

5 주어진 단어를 우선 히라가나로 써 본 다음에 한자로도 써 보세요.

| 보기 | 새 | 히라가나 と \| り | 한자 鳥 |

1. 죽다

히라가나   한자

2. 개

히라가나   한자

3. 하늘

히라가나   한자

4. 신문

히라가나   한자

가타카나 순서 맞추기 (8)

주어진 단어의 가타카나 표기를 옳은 순서로 나열해 보세요.

1. 액세서리　クーアサセリ →

2. 오케스트라　ラオトーケス →

3. 올림픽　　　ンリッピクオ →

4. 컬렉션　　　シレコョクン →

5. 네트워크　　ネーワトック →

6. 스케줄　　　ーュケジスル →

7. 컨트롤　　　コロルントー →

8. 뮤직　　　　ッュミージク →

9. 스포츠카　　スカーツポー →

10. 가이드북　　ドガクイブッ →

정답 1. アクセサリー　2. オーケストラ　3. オリンピック　4. コレクション　5. ネットワーク
6. スケジュール　7. コントロール　8. ミュージック　9. スポーツカー　10. ガイドブック

084

반말로 말해요 사전형 끝소리가 す인 5단동사

彼氏とけんかした。

남자 친구랑 싸웠어.

강의 및 예문 듣기

🎧 예문 09-1.mp3

워밍업

기본 회화 듣기

그림을 보면서 어떤 내용인지 추측하면서 회화를 들어 보세요.

🎧 예문 09-2.mp3

1단계

기본 단어 익히기

消す[けす] ⑤ 끄다, 지우다

さす ⑤ (우산을)쓰다

無くす[なくす] ⑤ 잃어버리다, 분실하다

大きな[おおきな] 큰

火[ひ] 불

鍵[かぎ] 열쇠

マンガ 만화, 만화책

妻[つま] 아내

傘[かさ] 우산
声[こえ] 목소리
出す[だす] ⑤ 내다

❶ ~した。

た형
~했어.

사전형 끝소리가 す인 5단동사는 た형을 만들 때 す가 し로 바뀌고 그 뒤에 た가 붙게 됩니다. 규칙을 외우려 하지 말고 듣고 따라하면서 자연스럽게 입에 붙게 하세요.

たばこの火を消した。	담뱃불을 껐어.
傘をさした。	우산을 썼어.
鍵を無くした。	열쇠를 잃어버렸어.
大きな声を出した。	큰 소리를 냈어.

貸す[かす] ⑤ 빌려주다
話す[はなす] ⑤ 이야기하다

❷ ~なかった。

~하지 않았어.

'~하지 않았다/않았어'라고 하려면 〈あ단+なかった〉의 형태로 말하면 됩니다. 즉 ~す가 ~さ로 바뀌어서 ~さなかった가 되는 것입니다.

友達にマンガを貸さなかった。	친구에게 만화책을 빌려주지 않았어.
昨日は妻と全然話さなかった。	어제는 아내와 전혀 이야기하지 않았어.
たばこの火を消さなかった。	담뱃불을 안 껐어.
傘をささなかった。	우산을 안 썼어.

잠깐만요!
たばこ(담배)는 가타카나로 タバコ라고 쓰기도 하고, 한자로는 煙草라고 씁니다.

～した？

～했어?

奥さん[おくさん] 아내 분

た형을 사용하여 질문을 해 봅시다.

鍵、無くした？

열쇠 잃어버렸어?

大きな声、出した？

큰 소리 냈어?

友達にマンガ、貸した？

친구에게 만화책 빌려줬어?

昨日は奥さんと話した？

어제는 제수 씨와 이야기했어?

うん、～した。
ううん、～なかった。

응, ～했어.
아니, ～하지 않았어.

긍정 부정을 잘 살펴보면서 대답을 해 봅시다. 긍정 대답은 うん(응)이라고 한 다음에 ～した로 대답하고, 부정 대답은 ううん(아니)이라고 한 다음에 ～さなかった로 대답하면 됩니다.

うん、無くした。

응, 잃어버렸어.

うん、出した。

응, 냈어.

ううん、貸さなかった。

아니, 안 빌려줬어.

ううん、全然話さなかった。

아니, 전혀 이야기하지 않았어.

❺

〜なかった？

〜하지 않았어?

返す[かえす] ⑤ 돌려주다
渡す[わたす] ⑤ 건네주다

잠깐만요!

친한 친구라 해도 친구 부인에 대해서 말할 때는 奧さん[おくさん]이라는 높이는 호칭을 씁니다. 한국어에서는 일상적으로 '제수씨'라는 말을 많이 쓰는 것 같아요. 그것도 일본어로는 奧さん으로 번역해야겠지요. 다만 친구 부인과도 친한 경우에는 이름에 さん을 붙여 부르기도 합니다.

〜なかった(〜하지 않았어)를 사용하여 질문을 해 봅시다.

大きな声、出さなかった？	큰 소리 내지 않았어?
鍵、返さなかった？	열쇠 안 돌려줬어?
チョコレート、渡さなかった？	초콜릿 안 건네줬어?
奧さんと話さなかった？	제수 씨와 이야기하지 않았어?

❻

うん、〜なかった。
ううん、〜した。

응, 〜하지 않았어.

아니, 〜했어.

잠깐만요!

한국어에서는 사람의 '목소리'도 사물의 '소리'도 둘 다 '소리'라고 하는 경우가 있지만, 일본에서는 사람이나 동물의 소리는 声[こえ], 사물의 소리는 音[おと]로 확실히 구별합니다. 잘못 쓰지 않도록 주의하세요.

질문에 대답해 봅시다. 긍정 대답은 うん(응)이라고 한 다음에 〜さなかった로 대답하고, 부정 대답은 ううん(아니)이라고 한 다음에 〜した로 대답하면 됩니다.

うん、出さなかった。	응, 내지 않았어.
うん、返さなかった。	응, 안 돌려줬어.
ううん、渡した。	아니, 건네줬어.
ううん、話した。	아니, 이야기했어.

3단계
회화로 다지기

知る[しる] ⑤ 알다
何で[なんで] 왜
僕[ぼく] 나(남자)
中[なか] 안, 속
静かな[しずかな] 조용한
恥ずかしい[はずかしい]
부끄럽다
それで 그래서
すぐに 곧바로, 곧

잠깐만요!

すぐに(곧바로, 곧)는 に 없이 すぐ라는 형태로 쓰이기도 합니다.

매일 아침 지은이와 함께 워킹하는 智也[ともや] 부부인데, 오늘은 부인이 안 보이네요.

ミン・ジウン： おはよう。あれ？ 陽子さんは？

青木 智也： 知らない。

ミン・ジウン： けんかしたの？

青木 智也： うん。

ミン・ジウン： 何で？

青木 智也： 昨日、電車で妻が大きな声を出したから。

ミン・ジウン： 何で陽子さん、大きな声出したの？

青木 智也： 僕がうちの鍵を無くしたから。

ミン・ジウン： 鍵を？

青木 智也： うん。電車の中が静かだったから、
僕、すごく恥ずかしかったんだ。
それで、すぐに電車を降りた。

ミン・ジウン： 陽子さんとよく話した？

青木 智也： ううん、昨日は妻と全然話さなかった。

민지은 : 안녕(아침 인사). 어라? ようこ씨는?

민지은 : 싸웠어?

민지은 : 왜?

민지은 : 왜 ようこ씨, 큰 소리 낸 거야?

민지은 : 열쇠를?

민지은 : ようこ씨와 잘 이야기했어?

あおき ともや : 몰라.

あおき ともや : 응.

あおき ともや : 어제 전철에서 아내가 큰 소리
를 냈거든.

あおき ともや : 내가 집 열쇠를 잃어버려서.

あおき ともや : 응. 전철 안이 조용했기 때문
에, 나 엄청 민망했거든. 그래
서, 바로 전철에서 내렸어.

あおき ともや : 아니, 어제는 아내와 전혀 말하
지 않았어.

현관 열쇠

요즈음 한국의 현관 열쇠는 '디지털 도어록'인 경우가 많지요. 그런데 일본에서는 '디지털 도어록'이 일반화되어 있지 않고 열쇠와 자물쇠로 되어 있는 집이 여전히 많습니다. 물론 '디지털 도어록'도 판매하고 있기는 하지만 사람들이 그렇게 선호하지는 않는 모양입니다. '디지털 도어록'이 열쇠와 자물쇠보다 고장 나기도 쉽고 비밀번호가 유출될 가능성도 높다는 생각 때문인 것 같습니다. 그리고 방범을 위해 현관에는 자물쇠를 두 개나 걸어 두는 집들이 많습니다.

1 주어진 일본어 질문에 보기와 같이 ううん(아니)으로 대답해 보세요.

> |보기| チョコレート、渡した？ (초콜릿 건네줬어?)
> → ううん、渡さなかった。 (아니, 건네주지 않았어.)

1.
2.
3.
4.

2 주어진 일본어 질문에 보기와 같이 ううん(아니)으로 대답해 보세요.

> |보기| 大きな声、出さなかった？ (큰 소리 내지 않았어?)
> → ううん、出した。 (아니, 냈어.)

1.
2.
3.
4.

3 ( ) 속에 들어갈 적절한 글자를 보기와 같이 써 보세요.

> |보기| チョコレート(を)渡(した)。 초콜릿을 건네줬어.

1. 友達(　　)マンガ(　　)貸(　　　　)。 친구에게 만화책을 빌려줬어.

2. 主人(　　)全然話(　　　　　　　)。 남편과 전혀 이야기하지 않았어.

3. 何(　　)大きな声(　　)出(　　　)(　　)？ 왜 큰 소리를 낸 거야?

4. 私(　　)うち(　　)鍵(　　)無くした(　　　　)。
   내가 집 열쇠를 잃어버렸기 때문에.

4 주어진 동사를 활용시켜 보세요.

사전형	~하지 않아(ない형)	~했어(た형)	~하지 않았어
1. 消す[けす] (끄다)			
2. さす ((우산을)쓰다)			
3. 話す[はなす] (이야기하다)			

5 주어진 단어를 우선 히라가나로 써 본 다음에 한자로도 써 보세요.

|보기|	아내	히라가나 つ｜ま	한자 妻

1. 끄다, 지우다

히라가나

한자

2. 잃어버리다, 분실하다

히라가나

한자

3. 큰

히라가나

한자

4. 불

히라가나

한자

가타카나 순서 맞추기 (9)

주어진 단어의 가타카나 표기를 옳은 순서로 나열해 보세요.

1. 콘크리트　　ト ク コ ン リ ー　→

2. 패션　　　　フ シ ア ッ ン ョ　→

3. 핸드백　　　ン ッ ド ハ バ グ　→

4. 플라스틱　　チ ラ ス ッ ク プ　→

5. 헬리콥터　　ー コ ヘ リ プ タ　→

6. 레인코트　　イ ト レ ン コ ー　→

7. 프라이버시　プ バ ー シ ラ イ　→

8. 팀워크　　　ム ー チ ー ク ワ　→

9. 베스트셀러　ベ ラ ー ト ス セ　→

10. 엘리베이터　タ エ ー レ ー ベ　→

10

존댓말로 말해요　사전형 끝소리가 ぬ, む, ぶ와 す인 5단동사

切符を無くしました。

표를 잃어버렸습니다.

강의 및 예문 듣기

🎧 예문 10-1.mp3

워밍업
기본 회화 듣기

그림을 보면서 어떤 내용인지 추측하면서 회화를 들어 보세요..

🎧 예문 10-2.mp3

1단계
기본 단어 익히기

 잠깐만요!

▶ 切符[きっぷ](표)라는 말은 주로 전철/지하철 표를 가리킬 때 씁니다. 영화, 콘서트 등의 공연 표는 チケット(티켓)라는 말을 쓰는 것이 일반적입니다.

▶ データ(데이터)는 억양을 '고저저'로 발음하는 경우도 있습니다.

祖父[そふ] 조부, 할아버지
(높이지 않는 호칭)

おじいさん 할아버지(높이는 호칭)

データ 데이터

切符[きっぷ] 표

一列に[いちれつに] 한 줄로

電気[でんき] 전기, 불

093

❶

〜ました。

〜했습니다.

〜ます(〜합니다)의 과거형은 〜ました였지요? 그리고 5단동사가 〜ます와 연결될 때는 〈い단+ます〉였지요. 그러니 5단동사의 사전형 끝소리를 い단으로 바꾼 후에 ました를 붙이면 됩니다.

先月、祖父が死にました。	지난 달에 할아버지가 죽었습니다.
データが飛びました。	데이터가 날아갔습니다.
電気を消しました。	불을 껐어요.
切符を無くしました。	표를 잃어버렸어요.

잠깐만요!

祖父が死にました(할아버지가 죽었습니다)라는 표현이 맘에 걸리시죠? '돌아가시다'라고 말을 바꾸고 싶은 분들이 많을 거예요. 그런데 《일본어 무작정 따라하기》에서도 설명드렸듯이 일본어에서는 '나'의 그룹에 속하는 사람은 모두 낮추고 '상대방'의 그룹에 속하는 사람은 모두 높여야 합니다. 따라서 '나의 할아버지'이므로 높이지 말고 그냥 死ぬ(죽다)라는 말을 쓰는 것이지요. 그런데 死ぬ라는 말은 매우 직설적이라 亡くなる[なくなる](세상을 떠나다, 별세하다)라는 말을 쓰는 경우가 많기는 합니다.

❷

〜ませんでした。

〜하지 않았습니다.

〜ます를 〜ませんでした로 바꾸면 '〜하지 않았습니다'라는 뜻이 됩니다.

一列に並びませんでした。	한 줄로 줄서지 않았습니다.
今朝、新聞を読みませんでした。	오늘 아침에 신문을 안 읽었습니다.
傘をさしませんでした。	우산을 안 썼어요.
お金を返しませんでした。	돈을 돌려주지 않았어요.

잠깐만요!

一列[いちれつ]는 '한 줄'이라는 뜻으로, 뒤에 조사 〜に를 붙여서 一列に라고 하면 '한 줄로'라는 뜻이 됩니다. 조사까지 포함한 형태로 기억해 두면 편합니다.

❸ 〜ましたか。

〜했습니까?

〜ました(〜했습니다)를 사용하여 질문을 해 봅시다. 맨끝에 〜か만 붙이면 되지요.

おじいさんが死にましたか。	할아버지가 죽었습니까?
電気を消しましたか。	불을 껐습니까?
一列に並びましたか。	한 줄로 줄섰어요?
切符を無くしましたか。	표를 잃어버렸어요?

잠깐만요!

おじいさんが死にましたか(할아버지가 죽었습니까?)에서는 자기 할아버지에 대해서 다른 사람에게 이야기하는 상황이 아니니 사실은 '돌아가셨습니까?'라고 해야 하는 경우이지만 아직 배우지 않은 단어이기 때문에 그냥 死ぬ[しぬ]로 했습니다.

❹ はい、〜ました。
いいえ、〜ませんでした。

네, 〜했습니다.

아니요, 〜하지 않았습니다.

질문에 대답해 봅시다. 긍정 대답은 はい(네)라고 한 다음에 〜ました로 대답하고, 부정 대답은 いいえ(아니요)라고 한 다음에 〜ませんでした로 대답하면 됩니다.

はい、祖父が死にました。	네, 할아버지가 죽었습니다.
はい、消しました。	네, 껐습니다.
いいえ、並びませんでした。	아니요, 줄서지 않았어요.
いいえ、無くしませんでした。	아니요, 안 잃어버렸어요.

잠깐만요!

おじいさんが死にましたか(할아버지가 죽었습니까?)라는 질문에 대한 대답으로 祖父[そふ]를 빼고 はい、死にました라고 대답하는 것이 더 자연스러울 수 있지만, 여기에서는 祖父라는 단어를 연습하기 위해 넣었습니다.

酒[さけ] 술

❺
～ませんでしたか。

～하지 않았습니까?

～ませんでした(～하지 않았습니다)를 사용하여 질문을 해 봅시다.

잠깐만요!

'전등'이라는 뜻의 '불'을 電燈[でんとう]라고 지도하는 경우가 있지만 일상적으로 거의 안 쓰는 말입니다. 電気[でんき]로 알아 두세요

データは飛びませんでしたか。	데이터는 날아가지 않았습니까?
電気を消しませんでしたか。	불을 안 껐습니까?
お酒を飲みませんでしたか。	술을 안 마셨어요?
レポートを出しませんでしたか。	리포트를 내지 않았어요?

❻
はい、～ませんでした。
いいえ、～ました。

네, ～하지 않았습니다.

아니요, ～했습니다.

질문에 대답해 봅시다. 긍정 대답은 はい(네)라고 한 다음에 ～ませんでした로 대답하고, 부정 대답은 いいえ(아니요)라고 한 다음에 ～ました로 대답하면 됩니다.

はい、飛びませんでした。	네, 날아가지 않았습니다.
はい、消しませんでした。	네, 안 껐습니다.
いいえ、飲みました。	아니요, 마셨어요.
いいえ、出しました。	아니요, 냈어요.

3단계
회화로 다지기

無い[ない] 없다
落とす[おとす]
⑤ 떨어뜨리다
上野[うえの] 우에노(지명)
~行き[いき]
~행(ゆき로 읽기도 함)
~番線[ばんせん]
~번 승강장
色々と[いろいろと]
여러 가지로
お気を付けて[おきをつ
けて] 살펴가십시오

잠깐만요!

일본에서는 전철역 승강장
을 1番線[いちばんせん](1
번 승강장), 2番線[にばん
せん](2번 승강장)과 같이
~番線[ばんせん]이라는
말을 써서 말합니다.

일본 여행중인 기범이가 승강장 위치를 몰라 두리번거리는데 누군가 말을 걸어옵니다.

岡本 早紀： あのう……。

ホン・ギボム： はい?

岡本 早紀： 切符を無くしませんでしたか。

ホン・ギボム： 切符ですか。

(주머니를 뒤져 보더니) あれ? 切符が無い。

岡本 早紀： これ、さっき落としましたよ。

ホン・ギボム： あ、ありがとうございます。

(가려는 おかもと를 향해) すみません。

あのう、上野行きは何番線ですか。

岡本 早紀： 上野ですか。2番線ですよ。

ホン・ギボム： そうですか。色々とありがとうございました。

岡本 早紀： いいえ。じゃ、お気を付けて。

おかもと さき : 저어…….
おかもと さき : 표를 잃어버리지 않았어요?

おかもと さき : 이거, 좀 전에 떨어뜨렸어요.

おかもと さき : うえの요? 2번 승강장이에요.
おかもと さき : 아니요. 그럼 살펴가세요.

홍기범 : 네?
홍기범 : 표요?
(주머니를 뒤져 보더니) 어? 표가 없네.

홍기범 : 아, 감사합니다.
(가려는 おかもと를 향해)
잠깐만요. 저어, うえの행은 몇 번 승
강장이에요?

홍기범 : 그렇습니까. 여러 가지로 감사합니다.

한국어와 일본어, 시제가 다른 경우가 많아요!

회화에서 홍기범이 色々とありがとうございました(여러 가지로 감사했습니다)라고 인사했지요? 한국어라면 '여
러 가지로 감사합니다'라고 하는 것이 자연스럽죠? 이런 상황에서는 일본어로도 현재형 ありがとうございます로
할 수도 있지만, 과거형 ありがとうございました로 하는 경우도 많습니다. 일본어는 '감사하다'는 인사를 할 때 '그
일'이 다 끝난 시점에서 인사할 때는 과거형으로 인사를 합니다. 여기 회화의 상황처럼 시간적 간격이 짧은 경우는 현
재형과 과거형 둘 다 쓸 수 있지만 시간적 간격이 길 때는 과거형으로 인사합니다. 예를 들어 책을 빌렸다가 돌려줄 때
는 책을 빌린 시간적 간격이 긴 편에 속하므로 돌려주면서 ありがとうございました라고 과거형으로 인사합니다.
한편, 책을 빌릴 때는 돌려줄 때까지 아직 상황이 끝나지 않았으므로 ありがとうございます라고 현재형으로 인사
합니다. 그런데 반말의 경우는 ありがとう에 대응되는 과거형 인사말이 없어서 그냥 현재형으로 하면 됩니다.

1 주어진 일본어 문장을 보기와 같이 존댓말 문장으로 바꿔 보세요.

> | 보기 |　祖父が死んだ。(할아버지가 죽었어.)
> → 祖父が死にました。(할아버지가 죽었습니다.)

1. 🎤 ....
2. 🎤 ....
3. 🎤 ....
4. 🎤 ....

2 주어진 일본어 문장을 보기와 같이 존댓말 문장으로 바꿔 보세요.

> | 보기 |　新聞を読まなかった。(신문을 읽지 않았어.)
> → 新聞を読みませんでした。(신문을 읽지 않았습니다.)

1. 🎤 ....
2. 🎤 ....
3. 🎤 ....
4. 🎤 ....

3 ( ) 속에 들어갈 적절한 글자를 보기와 같이 써 보세요.

> | 보기 |　新聞(を)読みました。 신문을 읽었습니다.

1. 祖父が死( )。 할아버지가 죽었습니다.
2. 電気を消( )。 불을 안 껐습니다.
3. データが飛( )。 데이터가 날아갔어요?
4. いいえ、飛( )。 아니요, 날아가지 않았어요.

4 주어진 동사를 활용시켜 보세요.

사전형	~합니다(ます형)	~하지 않습니다	~했습니다	~하지 않았습니다
1. 死ぬ[しぬ] (죽다)				
2. 読む[よむ] (읽다)				
3. 並ぶ[ならぶ] (줄서다)				
4. さす ((우산을)쓰다)				

5 주어진 단어를 우선 히라가나로 써 본 다음에 한자로도 써 보세요.

|보기| 없다

히라가나

な	い

한자

無	い

1. 조부, 할아버지(높이지 않는 호칭)

히라가나

한자

2. 표

히라가나

한자

3. 전기, 불

히라가나

한자

4. 여러 가지로

히라가나

한자

5단동사 활용 정리하기

03마디에서 배운 5단동사의 반말과 존댓말 활용을 다시 한 번 정리해 봅시다.

5단동사의 반말 활용-보통체형

5단동사는 사전형 끝소리에 따라 활용이 4가지 그룹으로 나누어집니다. '보통체형'이라는 용어는 반말 활용 형태를 가리키는 말입니다. 나중에 다양한 표현을 배우게 되면 접속을 설명할 때 '보통체형'이라는 말이 나오게 되니 알아 두세요.

사전형 끝소리	현재 긍정	현재 부정	과거 긍정	과거 부정
く	書く[かく] 쓰다	書かない 쓰지 않다	書いた 썼다	書かなかった 쓰지 않았다
ぐ	脱ぐ[ぬぐ] 벗다	脱がない 벗지 않다	脱いだ 벗었다	脱がなかった 벗지 않았다
う	買う[かう] 사다	買わない 사지 않다	買った 샀다	買わなかった 사지 않았다
つ	持つ[もつ] 들다	持たない 들지 않다	持った 들었다	持たなかった 들지 않았다
る	撮る[とる] 찍다	撮らない 찍지 않다	撮った 찍었다	撮らなかった 찍지 않았다
ぬ	死ぬ[しぬ] 죽다	死なない 죽지 않다	死んだ 죽었다	死ななかった 죽지 않았다
む	読む[よむ] 읽다	読まない 읽지 않다	読んだ 읽었다	読まなかった 읽지 않았다
ぶ	呼ぶ[よぶ] 부르다	呼ばない 부르지 않다	呼んだ 불렀다	呼ばなかった 부르지 않았다
す	消す[けす] 끄다	消さない 끄지 않다	消した 껐다	消さなかった 끄지 않았다

예외적인 활용

아래 두 단어는 둘 다 5단동사인데, 활용이 예외적입니다.

현재 긍정	현재 부정	과거 긍정	과거 부정
行く[いく] 가다	行かない 가지 않다	行った 갔다	行かなかった 가지 않았다
ある (사물이)있다	ない 없다	あった 있었다	なかった 없었다

▶ある에 대해서는 19과에서 자세히 배우겠습니다.

5단동사의 존댓말 활용-정중체형

5단동사의 ます형은 〈い단+ます〉, 즉 사전형 끝소리(う단)를 い단으로 바꿔서 ます를 붙이면 됩니다. ～ます는 여러 형태로 활용이 됩니다.

ます형(긍정)	부정	과거	과거 부정
書きます[かきます] 씁니다	書きません 쓰지 않습니다	書きました 썼습니다	書きませんでした 쓰지 않았습니다
買います[かいます] 삽니다	買いません 사지 않습니다	買いました 샀습니다	買いませんでした 사지 않았습니다
読みます[よみます] 읽습니다	読みません 읽지 않습니다	読みました 읽었습니다	読みませんでした 읽지 않았습니다
消します[けします] 끕니다	消しません 끄지 않습니다	消しました 껐습니다	消しませんでした 끄지 않았습니다

가타카나 순서 맞추기 ⑽

주어진 단어의 가타카나 표기를 옳은 순서로 나열해 보세요.

1. 아나운서   ン ナ ー ウ ア サ →

2. 인터뷰   ュ タ ン ビ イ ー →

3. 스타킹   キ ト ッ ン グ ス →

4. 유니폼   ュ オ フ ー ム ニ →

5. 샐러리맨   ラ サ マ ー リ ン →

6. 트레이닝   ー レ ト ニ グ ン →

7. 캐릭터   ク ラ キ タ ャ ー →

8. 워킹   キ ォ ー ン グ ウ →

9. 홈페이지   ム ジ ホ ー ペ ー →

10. 오프닝   ン ニ ー オ グ プ →

정답 1. アナウンサー 2. インタビュー 3. ストッキング 4. ユニフォーム 5. サラリーマン
6. トレーニング 7. キャラクター 8. ウォーキング 9. ホームページ 10. オープニング

장문 읽어 보기

🎧 예문 10-6.mp3

다음 장문을 처음에는 오디오만 들어보면서 내용을 파악해 본 다음에, 문장을 읽어 보며
의미를 확인해 보세요.

昨日は日曜日だった。週末だったから、私は10時に起きた。家族はみ
んな朝早く出かけた。でも、私は出かけなかった。一人でご飯を食べ
た。ご飯がおいしくなかった。午後は友達がうちに来た。友達と夜ま
で話をした。夜は友達と出かけた。とても寒かったから、厚いパンツ
をはいた。帽子もかぶった。晩ご飯は友達と一緒にピザを食べた。そ
れから、ビールを飲んだ。帰りは雪が降った。雪がとてもきれいだっ
た。

▶ 보통체형(반말)은 '～해'뿐만이 아니라 '～하다'로도 해석됩니다.

| 단어 |
日曜日[にちようび] 일요일 　　週末[しゅうまつ] 주말 　　私[わたし] 나, 저
家族[かぞく] 가족 　　　　　一人で[ひとりで] 혼자서 　　ご飯[ごはん] 밥
午後[ごご] 오후 　　　　　　来た[きた] 왔다, 왔어 　　　夜[よる] 밤
話[はなし] 이야기 　　　　　　寒い[さむい] 춥다 　　　　厚い[あつい] 두껍다
帽子[ぼうし] 모자 　　　　　　一緒に[いっしょに] 함께, 같이 　ピザ 피자
帰り[かえり] 돌아오는 길, 돌아가는 길

| 해석 |　어제는 일요일이었다. 주말이어서 나는 10시에 일어났다. 가족들은 모두 아침 일찍 나갔다. 그렇지만 나는 나가지 않았다. 혼자
서 밥을 먹었다. 밥이 맛있지 않았다. 오후에는 친구가 집에 왔다. 친구와 밤까지 이야기를 했다. 밤에는 친구와 함께 나갔다. 매
우 추웠기 때문에 두꺼운 바지를 입었다. 모자도 썼다. 저녁은 친구와 피자를 먹었다. 그리고 맥주를 마셨다. 집에 올 때는 눈이
내렸다. 눈이 아주 아름다웠다.

넷째마디

●

동사 과거형을
이용하여
말해 보자!

동사 과거형을 연습했는데요, 5단동사가 참 어렵죠? 어려
워도 자꾸 반복해서 듣고 따라하다 보면 자연스럽게 감각이
생겨서 머리로 복잡한 규칙을 생각하지 않아도 입에서 일본
어가 나오게 되니 걱정 마세요~! 여기에서는 동사 과거형
을 이용한 여러 표현을 연습해 봅시다.

11

日本に行ったことがない。

일본에 간 적이 없어.

강의 및 예문 듣기

🎧 예문 11-1.mp3

워밍업
기본 회화 듣기

그림을 보면서 어떤 내용인지 추측하면서 회화를 들어 보세요.

🎧 예문 11-2.mp3

1단계
기본 단어 익히기

잠깐만요!

降る[ふる]((비, 눈 등이)내리다)에 쓰인 한자 降은 앞에서 降りる[おりる]((버스, 택시 등에서)내리다)라는 단어로 나왔는데 한자의 소리가 다르니 주의하세요. 그리고 降る[ふる]는 비나 눈 등이 하늘에서 내리는 것을 뜻하고, 降りる[おりる]는 버스나 택시 등에서 내리는 것을 뜻합니다.

答える[こたえる] ① 답하다, 대답하다

歩く[あるく] ⑤ 걷다

踏む[ふむ] ⑤ 밟다

警察官[けいさつかん] 경찰관

警察[けいさつ] 경찰

質問[しつもん] 질문

足[あし] 발

スニーカー 스니커, 운동화

105

2단계
기본 문형 익히기

❶

〜たの？

〜한 거야?

〈사전형+の?〉의 형태는 '〜하는 거야?'라는 뜻이 되지요. 〈た형+の?〉의 형태는 과거형이 되기 때문에 '〜한 거야?'라는 뜻이 됩니다.

駅[えき] 역
社長[しゃちょう]
사장, 사장님

잠깐만요!

た형을 써서 〜た?라고 물으면 단순히 '〜했어?'라고 묻는 것이 되는데 〜の를 붙여서 〜たの?(〜한 거야?)라고 물으면 상대방에 대한 관심, '알고 싶다'는 마음을 더 나타내게 됩니다.

警察官の質問に答えたの？

경찰관(의) 질문에 대답한 거야?

駅まで歩いたの？

역까지 걸은 거야?

社長の足を踏んだの？

사장님(의) 발을 밟은 거야?

雪が降ったの？

눈이 내린 거야?

---

❷

うん、〜よ。
ううん、〜よ。

응, 〜야.

아니, 〜야.

문장 끝에 〜よ를 붙여서 알려 주고자 하는 말투로 대답해 봅시다. 〜よ는 절대로 소리의 높이를 내리지 마시고 살짝 올려서 발음하세요.

잠깐만요!

〜よ는 소리의 높이를 내려서 발음하면 '당연히 그랬지', '왜 물어보는 거야'와 같은 불쾌해 하거나 귀찮아하는 느낌을 주게 되니 주의하세요.

うん、答えたよ。

응, 대답했어.

うん、歩いたよ。

응, 걸었어.

ううん、踏まなかったよ。

아니, 안 밟았어.

ううん、降らなかったよ。

아니, 내리지 않았어.

③ ～なかったの？

～하지 않은 거야?

이번에는 ～なかった(～하지 않았어/～하지 않았다)에 ～の를 붙여서 '～하지 않은 거야?'라는 말투로 질문하는 연습을 해 봅시다. 이것도 역시 ～の를 붙이면 상대방에 대해 '알고 싶다'는 마음과 관심이 더 나타나게 됩니다.

잠깐만요!

～た？라고만 물어보면 자칫 말이 차갑게 느껴질 수 있는데, ～たの？로 물어보면 상대방에 대한 관심을 나타내게 되어 말이 따뜻해지는 경우가 많습니다.

昨日は出かけなかったの？	어제는 외출하지 않은 거야?
社長の足を踏まなかったの？	사장님(의) 발을 안 밟은 거야?
スニーカーを履かなかったの？	운동화를 안 신은 거야?
警察官の質問に答えなかったの？	경찰관(의) 질문에 대답하지 않은 거야?

④ うん、～よ。
ううん、～よ。

응, ～야.

아니, ～야.

이번에도 ～よ를 붙여서 알려 주고자 하는 말투로 대답해 봅시다.

うん、出かけなかったよ。	응, 외출하지 않았어.
うん、踏まなかったよ。	응, 안 밟았어.
ううん、履いたよ。	아니, 신었어.
ううん、答えたよ。	아니, 대답했어.

〜たことがある。

〜한 적이 있어.

日本[にほん] 일본
人[ひと] 사람
吸う[すう]
⑤ (담배를)피우다. 들이마
시다

〈사전형＋ことがある〉의 형태는 '〜하는 경우가/〜할 때가 있어'라는 뜻
이었지요? 〈た형＋ことがある〉의 형태는 '〜한 적이 있어/있다'라는 뜻
이 됩니다. 회화에서는 조사 が를 생략하여 〜たことある라고도 합니다.

잠깐만요!

会う[あう](만나다)라는 동
사를 쓸 때는 조사에 주의하
세요. 〜に会う(〜를 만나
다)와 같이 〜를가 아니라
〜に를 써야 합니다.

ここから駅まで歩いたことがある。	여기에서 역까지 걸은 적이 있어.
日本に行ったことがある。	일본에 간 적이 있어.
その人に会ったことがある。	그 사람을 만난 적이 있어.
僕はたばこを吸ったことがある。	나는 담배를 피운 적이 있어.

〜たことがない。

〜한 적이 없어.

映画[えいが] 영화

ある를 ない로 바꿔서 〈た형＋ことがない〉라고 하면 '〜한 적이 없어/
없다'라는 뜻이 됩니다. 회화에서는 조사 が를 생략하여 〜たことない
라고도 합니다.

잠깐만요!

5단동사 ある(있다)의 ない
형(부정형)이 ない입니다.
이미 無い[ない]로 연습했
지요. 그런데 〜ことがな
い라고 할 때는 히라가나로
쓰는 경우가 많습니다. あ
る의 ない형이 예외적인 것
이니 잘 기억해 두세요. '〜
하는 경우가 없어/없다'라고
하고 싶으면 〈사전형＋こと
がない〉라고 하면 됩니다.

ここは雪が降ったことがない。	여기는 눈이 내린 적이 없어.
日本の映画を見たことがない。	일본 영화를 본 적이 없어.
私はまだお酒を飲んだことがない。	나는 아직 술을 마신 적이 없어.
警察に電話をかけたことがない。	경찰에 전화를 건 적이 없어.

3단계
회화로 다지기

運動靴[うんどうぐつ]
운동화
~円[えん] ~엔
高い[たかい] 비싸다, 높다
おばあちゃん
할머니(직접 부르는 호칭)
くれる ① 주다
まったくもう 나 원 참

잠깐만요!

일본어에는 '주다'라는 뜻을 가진 동사가 あげる와 く れる 두 가지가 있습니다. 쓰임 차이에 대해서는 21과 에서 배우겠습니다.

현관에서 신발을 신는 아들을 보니, 본 적이 없는 운동화를 신고 있네요.

田中百合: 新しい運動靴、買ったの?

田中雄大: 運動靴?! スニーカーです。

田中百合: スニーカー? 運動靴じゃないの?

田中雄大: そんな言葉、使ったことない。

田中百合: そう? じゃ、そのスニーカー、買ったの?

田中雄大: うん、昨日買ったよ。

田中百合: いくら?

田中雄大: 17,800円。

田中百合: 17,800円?! 高い!
そんなお金、どこにあったの?

田中雄大: おばあちゃんがくれた。

田中百合: まったくもう!

たなか ゆり : 새 운동화 산 거야?
たなか ゆり : 스니커? 운동화 아닌 거야?
たなか ゆり : 그래? 그럼, 그 스니커 산 거야?
たなか ゆり : 얼마니?
たなか ゆり : 17,800엔?! 비싸네!
　　　　　　 그런 돈(이) 어디 있었던 거야?
たなか ゆり : 나 원 참.

たなか ゆうだい : 운동화?! 스니커라구요.
たなか ゆうだい : 그런 말, 쓴 적 없어.
たなか ゆうだい : 응, 어제 샀어.
たなか ゆうだい : 17,800엔.
たなか ゆうだい : 할머니가 줬어.

スニーカー와 運動靴[うんどうぐつ]

スニーカー도 運動靴도 '운동화'를 가리키는 말입니다. 엄격히 따지면 차이가 있다는 사람도 있지만 보통 같은 뜻으로 씁니다. 초등학교에서는 학교에서 運動靴라는 말을 쓰는 경우가 있지만, 일상적으로 젊은 사람들은 スニーカー라는 말을 쓰고 나이가 아주 많은 사람들이 運動靴라는 말을 씁니다. 그러니 '운동화'를 직역해서 運動靴라고 하면 노인 같은 느낌을 주니까 주의하세요.^^ 運動靴[うんどうぐつ]는 運動[うんどう](운동)와 靴[くつ](구두, 신발)가 합해진 말인데, 뒷단어 靴의 소리가 くつ에서 ぐつ로 바뀌었죠? 이와 같이 복합명사가 될 때는 뒷단어의 첫소리가 탁음화되는 경우가 꽤 있습니다.

1 주어진 질문을 ～たの？(～한 거야?)/～なかったの？(～하지 않은 거야?)
라는 질문으로 바꿔 보세요.

> |보기| 警察官の質問に答えましたか。(경찰관(의) 질문에 대답했습니까?)
> → 警察官の質問に答えたの？ (경찰관(의) 질문에 대답한 거야?)

1. _____
2. _____
3. _____
4. _____

2 주어진 문장을 ～たことがある/ない(～한 적이 있어/없어)라는 문장으로
바꿔 보세요.

> |보기| ここは雪が降りません。(여기는 눈이 내리지 않습니다.)
> → ここは雪が降ったことがない。(여기는 눈이 내린 적이 없어.)

1. _____
2. _____
3. _____
4. _____

3 ( ) 속에 들어갈 적절한 글자를 보기와 같이 써 보세요.

> |보기| 駅まで歩(いた)の？ 역까지 걸은 거야?

1. 社長(　　)足を踏んだ(　　)？ 사장님(의) 발을 밟은 거야?

2. ううん、踏まなかった(　　)。 아니, 안 밟았어. (알려 주고자 하는 말투로)

3. その人(　　)会(　　　)ことがある。 그 사람을 만난 적이 있어.

4. 警察に電話をかけたことが(　　　)。 경찰에 전화를 건 적이 없어.

110

4 주어진 단어를 우선 히라가나로 써 본 다음에 한자로도 써 보세요.

|보기|	경찰	히라가나				한자	
		け	い	さ	つ	警	察

1. 답하다, 대답하다

히라가나 　　　　　　　한자

2. 걷다

히라가나 　　　　　한자

3. 질문

히라가나 　　　　　　한자

4. 발

히라가나 　　한자

5. ~엔

히라가나 　　한자

가타카나 고르기 (1)

주어진 단어의 가타카나 표기를 보기 안에서 골라 완성해 보세요.
(보기 안에 있는 가타카나는 여러 번 써도 됩니다.)

| 보기 |
ア　ス　ソ　ム　モ　ロ　ン　ガ　ゴ
ダ　デ　ド　パ　ペ

1. 고무

→ _____

2. 도어, 문

→ _____

3. 빵

→ _____

4. 가스

→ _____

5. 댐

→ _____

6. 패스

→ _____

7. 껌

→ _____

8. 데모

→ _____

9. 솔로

→ _____

10. 페어(pair, 한 쌍)

→ _____

정답 1. ゴム　2. ドア　3. パン　4. ガス　5. ダム　6. パス　7. ガム　8. デモ　9. ソロ　10. ペア

존댓말로 말해요

富士山に登ったんですか。

ふじ산에 올라간 거예요?

강의 및 예문 듣기

🎧 예문 12-1.mp3

워밍업

기본 회화 듣기

그림을 보면서 어떤 내용인지 추측하면서 회화를 들어 보세요.

🎧 예문 12-2.mp3

1단계

기본 단어 익히기

忘れる[わすれる] ① 잊다, 잊어버리다

乗る[のる] ⑤ (차, 비행기 등을) 타다

登る[のぼる] ⑤ 오르다, 올라가다

青い[あおい] 파랗다, 푸르다

名前[なまえ] 이름

山[やま] 산

川[かわ] 강

Ｔシャツ[てぃーしゃつ] 티셔츠

漢字[かんじ] 한자

遊ぶ[あそぶ] ⑤ 놀다

잠깐만요!

乗る[のる](타다)를 쓸 때는 조사에 주의하세요. ～に乗る(～를 타다)와 같이 ～을 가 아니라 ～に를 써야 합니다. 잘못 쓰기 쉬우니 조사와 함께 기억해 두는 것이 좋습니다.

❶

～たんですか。

～한 겁니까?

앞에서 배운 ～たの?(～한 거야?)의 존댓말은 の를 んですか로 바꿔서 〈た형+んですか〉(～한 겁니까?)라고 하면 됩니다. 참고로 ～んですか의 ん은 발음하기 편하게 の가 ん으로 바뀐 것입니다.

名前を忘れたんですか。	이름을 잊어버린 겁니까?
飛行機に乗ったんですか。	비행기를 탄 겁니까?
山に登ったんですか。	산에 올라간 거예요?
川で遊んだんですか。	강에서 논 거예요?

❷

はい、～。
いいえ、～。

네, ～.

아니요, ～.

はい(네) 또는 いいえ(아니요)를 써서 질문에 대답해 봅시다. 끝에 よ를 붙여서 대답할 수도 있지만, 존댓말에서는 끝에 よ를 붙이면 예의에 어긋난 말투가 되는 경우도 있으니 よ를 붙이지 말고 연습하겠습니다.

はい、忘れました。	네, 잊어버렸습니다.
はい、乗りました。	네, 탔습니다.
いいえ、登りませんでした。	아니요, 올라가지 않았어요.
いいえ、遊びませんでした。	아니요, 안 놀았어요.

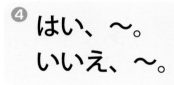

❸

〜なかったんですか。

〜하지 않은 겁니까?

앞에서 배운 〜なかったの?(〜하지 않은 거야?)의 존댓말도 역시 の를 〜んですか로 바꿔서 〜なかったんですか(〜하지 않은 겁니까?)라고 하면 됩니다.

青いTシャツを買わなかったんですか。	파란 티셔츠를 사지 않은 겁니까?
漢字を習わなかったんですか。	한자를 안 배운 겁니까?
名前を忘れなかったんですか。	이름을 잊어버리지 않은 거예요?
タクシーに乗らなかったんですか。	택시를 안 탄 거예요?

❹

はい、〜。
네, 〜.

いいえ、〜。
아니요, 〜.

はい(네) 또는 いいえ(아니요)를 써서 질문에 대답해 봅시다.

はい、買いませんでした。	네, 사지 않았습니다.
はい、習いませんでした。	네, 안 배웠습니다.
いいえ、忘れました。	아니요, 잊어버렸어요.
いいえ、乗りました。	아니요, 탔어요.

❺ ～たことがあります。

~한 적이 있습니다.

～たことがある(~한 적이 있어)의 존댓말은 끝의 ある를 존댓말 あります로 바꾸면 됩니다. 즉 〈た형＋ことがあります〉의 형태가 되는 것이지요.

山に登ったことがあります。	산에 올라간 적이 있습니다.
青いTシャツを着たことがあります。	파란 티셔츠를 입은 적이 있습니다.
漢字を習ったことがあります。	한자를 배운 적이 있어요.
友達の名前を忘れたことがあります。	친구(의) 이름을 잊어버린 적이 있어요.

잠깐만요!

여기에서 忘れる[わすれる] (잊어버리다)라는 동사를 배웠는데 앞에서 無くす[なくす](잃어버리다)라는 동사를 배웠던 거 기억하세요? 忘れる는 기억했던 것을 잊어버렸거나 뭔가를 깜빡 잊고 놓고 왔을 때 쓰지만 無くす는 '분실'하는 겁니다. 따라서 어떤 물건을 忘れる라고 하면 어디에 있는지는 아는데 가져오는 것을 잊어버린 것이고, 無くした라고 하면 그 물건을 분실해서 어디에 있는지도 모르는 경우입니다.

❻ ～たことがありません。

~한 적이 없습니다.

'~한 적이 없습니다'라고 할 때는 ～たことがあります(~한 적이 있습니다)의 あります(있습니다)를 ありません(없습니다)으로 바꾸기만 하면 됩니다.

飛行機に乗ったことがありません。	비행기를 탄 적이 없습니다.
山に登ったことがありません。	산에 올라간 적이 없습니다.
川で泳いだことがありません。	강에서 수영한 적이 없어요.
青いTシャツを着たことがありません。	파란 티셔츠를 입은 적이 없어요.

富士山[ふじさん]
ふじ산(산 이름)
~月[がつ] ~월
~日[にち] ~일
頂上[ちょうじょう] 정상
日の出[ひので]
일출, 해돋이

잠깐만요!

▶ 한국인의 성씨인 張(장)은 개인적으로는 영어로 Chang으로 쓴다면 チャン, Jang으로 쓴다면 ジャン으로 쓰는 것이 좋다고 생각하는데, 일본에서 チャン으로 표기하는 경우가 많아서 チャン으로 소개해 드렸습니다.

▶ 12月31日은 じゅうにがつ さんじゅういちにち라고 읽고, 1月1日은 いちがつ ついたち라고 읽습니다. 월, 일에 대해서는 《일본어 무작정 따라하기》 282~283쪽을 참고하세요.

小島[こじま]는 장유나에게 富士山[ふじさん]에 가 본 적이 있는지 물어봅니다.

小島 健一 : チャンさんは富士山に登ったことがありますか。

チャン・ユナ : いいえ、ありません。

小島 健一 : そうですか。

チャン・ユナ : 小島さんは登ったことがありますか。

小島 健一 : ええ、12月31日の夜に登りました。

チャン・ユナ : 夜に登ったんですか。

小島 健一 : ええ。富士山の頂上で、1月1日の日の出を見ました。

チャン・ユナ : 富士山の頂上で日の出を見たんですか。

小島 健一 : ええ、とてもきれいでしたよ。

チャン・ユナ : そうですか。

小島 健一 : チャンさんは1月1日の日の出を見なかったんですか。

チャン・ユナ : ええ、見ませんでした。

こじま けんいち : 장(유나)씨는 ふじ산에 올라간 적이 있어요?
こじま けんいち : 그렇군요.
こじま けんいち : 네, 12월 31일 밤에 올라갔어요.
こじま けんいち : 네. ふじ산 정상에서 1월 1일의 해돋이를 봤어요.
こじま けんいち : 네, 아주 아름다웠어요.
こじま けんいち : 장(유나)씨는 1월 1일의 해돋이를 안 본 거예요?

장유나 : 아니요, 없어요.
장유나 : こじま씨는 올라간 적이 있어요?
장유나 : 밤에 올라간 거예요?
장유나 : ふじ산 정상에서 해돋이를 본 거예요?
장유나 : 그래요.
장유나 : 네, 안 봤어요.

일본에서 가장 높은 산은 富士山[ふじさん]!

富士山은 일본에서 가장 높은 산으로 높이가 3,776m입니다. 등산객은 여름에 가장 많지만 새해 1월 1일의 해돋이를 보기 위해 등산하는 사람들도 무척 많습니다. 정상 근처에서는 사람들이 너무 많아 등산로가 막혀 제대로 올라가지 못해 해돋이를 못 보는 사람들도 생긴답니다. 좋은 자리에서 새해 해돋이를 보기 위해 해 뜨기 몇 시간 전에 미리 올라가서 자리를 맡아 놓는 사람들도 많답니다. 올라가기는 힘들어도 정상에서 보는 해돋이는 너무나도 아름답다고 하네요. 또한, 富士山[ふじさん]과 藤井さん[ふじいさん](ふじい씨)의 발음 구별을 못하는 사람들이 많은데, 藤井さん의 경우는 じい가 장음입니다.

1 주어진 질문을 ～たんですか(～한 겁니까?)/～なかったんですか(～하지 않은 겁니까?)라는 질문으로 바꿔 보세요.

> |보기| 名前を忘れましたか。(이름을 잊어버렸습니까?)
> → 名前を忘れたんですか。(이름을 잊어버린 겁니까?)

1. 🎙 ⎯⎯⎯⎯⎯⎯⎯⎯⎯⎯⎯⎯⎯⎯⎯⎯⎯⎯⎯⎯⎯⎯⎯⎯⎯⎯
2. 🎙 ⎯⎯⎯⎯⎯⎯⎯⎯⎯⎯⎯⎯⎯⎯⎯⎯⎯⎯⎯⎯⎯⎯⎯⎯⎯⎯
3. 🎙 ⎯⎯⎯⎯⎯⎯⎯⎯⎯⎯⎯⎯⎯⎯⎯⎯⎯⎯⎯⎯⎯⎯⎯⎯⎯⎯
4. 🎙 ⎯⎯⎯⎯⎯⎯⎯⎯⎯⎯⎯⎯⎯⎯⎯⎯⎯⎯⎯⎯⎯⎯⎯⎯⎯⎯

2 주어진 문장을 ～たことがあります/ありません(～한 적이 있습니다/없습니다)라는 문장으로 바꿔 보세요.

> |보기| 川で泳ぎません。(강에서 수영하지 않습니다.)
> → 川で泳いだことがありません。(강에서 수영한 적이 없습니다.)

1. 🎙 ⎯⎯⎯⎯⎯⎯⎯⎯⎯⎯⎯⎯⎯⎯⎯⎯⎯⎯⎯⎯⎯⎯⎯⎯⎯⎯
2. 🎙 ⎯⎯⎯⎯⎯⎯⎯⎯⎯⎯⎯⎯⎯⎯⎯⎯⎯⎯⎯⎯⎯⎯⎯⎯⎯⎯
3. 🎙 ⎯⎯⎯⎯⎯⎯⎯⎯⎯⎯⎯⎯⎯⎯⎯⎯⎯⎯⎯⎯⎯⎯⎯⎯⎯⎯
4. 🎙 ⎯⎯⎯⎯⎯⎯⎯⎯⎯⎯⎯⎯⎯⎯⎯⎯⎯⎯⎯⎯⎯⎯⎯⎯⎯⎯

3 (　) 속에 들어갈 적절한 글자를 보기와 같이 써 보세요.

> |보기| 青いTシャツを買った(ん)ですか。파란 티셔츠를 산 겁니까?

1. 山に登(　　　　　　　　　)んですか。산에 올라가지 않은 겁니까?

2. 飛行機(　　)乗った(　　　　)がありません。비행기를 탄 적이 없습니다.

3. 友達(　　)名前を忘(　　　　)ことがあります。
   친구(의) 이름을 잊어버린 적이 있어요.

4. 川(　　)遊(　　　　)か。강에서 논 거예요?

4 주어진 단어를 우선 히라가나로 써 본 다음에 한자로도 써 보세요.

| 보기 | 한자

히라가나

| か | ん | じ |

한자

| 漢 | 字 |

1. (차, 비행기 등을) 타다

히라가나

| | |

한자

| | |

2. 파랗다, 푸르다

히라가나

| | | |

한자

| | |

3. 이름

히라가나

| | |

한자

| | |

4. 산

히라가나

| | |

한자

| |

5. 강

히라가나

| | |

한자

| |

가타카나 고르기 (2)

주어진 단어의 가타카나 표기를 보기 안에서 골라 완성해 보세요.
(보기 안에 있는 가타카나는 여러 번 써도 됩니다.)

| 보기 |

ア　イ　ク　ス　テ　ト　ヒ　ラ　リ
ル　レ　ン　ゲ　ズ　ド　ブ　プ　ポ

1. 클래스, 학급
   → _____

2. 포스트, 우체통
   → _____

3. 플랜
   → _____

4. 아랍
   → _____

5. 템포
   → _____

6. 드릴
   → _____

7. 퀴즈
   → _____

8. 게스트
   → _____

9. 힌트
   → _____

10. 펌프
    → _____

정답 1. クラス 2. ポスト 3. プラン 4. アラブ 5. テンポ 6. ドリル 7. クイズ 8. ゲスト 9. ヒント 10. ポンプ

13

반말로 말해요

運動した方がいい。

운동하는 편이 좋아.

강의 및 예문 듣기

🎧 예문 13-1.mp3

워밍업

기본 회화 듣기

그림을 보면서 어떤 내용인지 추측하면서 회화를 들어 보세요.

🎧 예문 13-2.mp3

1단계

기본 단어 익히기

磨く[みがく] ⑤ 닦다	歯[は] 이, 치아
切る[きる] ⑤ 자르다, 끊다	顔[かお] 얼굴
運動[うんどう] 운동	髪[かみ] 머리카락
散歩[さんぽ] 산책	朝ご飯[あさごはん] 아침밥

洗う[あらう] ⑤ 씻다
先生[せんせい] 선생님

 잠깐만요!

일본어로 '세수를 하다'라고
할 때는 顔を洗う(얼굴을
씻다)라고 표현합니다.

❶
〜た方がいい。

〜하는 편이 좋아.

'〜하는 편이 좋아/좋다', '〜하는 게 (더) 좋아/좋다'라고 할 때는 〈た형+方[ほう]がいい〉라고 하면 됩니다. 方[ほう]의 원래 뜻은 '쪽'이라서 직역하면 '〜쪽이 좋다'는 뜻이 되지요. 동사 た형에 접속된다는 점에 유의하세요.

歯を磨いた方がいい。	이를 닦는 편이 좋아.
顔を洗った方がいい。	세수를 하는 편이 좋아.
髪を切った方がいい。	머리를 자르는 편이 좋아.
先生の説明をよく聞いた方がいい。	선생님(의) 설명을 잘 듣는 편이 좋아.

❷
〜ない方がいい。

〜하지 않는 편이 좋아.

〈ない형+方がいい〉라고 하면 '〜하지 않는 편이 좋아/좋다'라는 뜻이 됩니다. 方[ほう]는 히라가나로 쓰는 경우도 있습니다.

今日は運動しない方がいい。	오늘은 운동하지 않는 편이 좋아.
ここは散歩しない方がいい。	여기는 산책하지 않는 편이 좋아.
髪を切らない方がいい。	머리를 안 자르는 편이 좋아.
その人の説明は聞かない方がいい。	그 사람(의) 설명은 안 듣는 편이 좋아.

❸ 〜た後で

〜한 후에

薬[くすり] 약

〈た형＋後で[あとで]〉라고 하면 '〜한 후에'라는 뜻이 됩니다. 참고로 동사 た형 없이 後で[あとで]라고만 하면 '이따가'라는 뜻이 됩니다.

잠깐만요!

'약을 먹다'는 일본어로 薬を飲む[くすりをのむ](약을 마시다)라고 표현합니다. 씹어서 먹지 않고 꿀꺽 삼키는 경우는 食べる라고 하지 않고 飲む라고 합니다. 틀리지 않도록 주의하세요.

毎日、朝ご飯を食べた後で、顔を洗う。	매일 아침밥을 먹은 후에 세수를 해.
運動した後で、シャワーを浴びた。	운동한 후에 샤워를 했어.
先生の説明を聞いた後で質問した。	선생님(의) 설명을 들은 후에 질문했어.
この薬はご飯を食べた後で飲む。	이 약은 밥을 먹은 후에 먹어.

❹ 〜の後で

〜 후에

食事[しょくじ] 식사
試合[しあい] 시합

동사의 경우는 た형 다음에 後で가 접속되지만, 명사의 경우는 조사 の를 넣어서 〈명사＋の後で〉의 형태가 됩니다.

食事の後で歯を磨く。	식사 후에 이를 닦아.
仕事の後で運動をした。	일(이 끝난) 후에 운동을 했어.
会議の後で晩ご飯を食べた。	회의(가 끝난) 후에 저녁밥을 먹었어.
試合の後でパーティーをした。	시합 후에 파티를 했어.

❺ 〜たり〜たり

〜하거나 〜하거나

'〜하거나 〜하거나', '〜하기도 하고 〜하기도'라고 할 때는 〈동사 た형＋
り 동사 た형＋り〉라고 합니다. 해석할 때 '〜하거나'를 반복하는 것이
부자연스러울 때는 뒤쪽의 '〜하거나'를 생략하기도 합니다.

朝、顔を洗ったり歯を磨いたりする。 　　아침에 세수를 하거나 이를 닦아.

週末は運動したり散歩したりする。 　주말은 운동하기도 하고 산책하기도 해.

学校で先生の説明を聞いたり、友達と話したりした。
학교에서 선생님(의) 설명을 듣기도 하고 친구와 이야기하기도 했어.

パーティーでご飯を食べたり、お酒を飲んだりした。
파티에서 밥을 먹거나 술을 마셨어.

❻ 〜とか〜とか

〜라든가 〜라든가

〈〜たり〜たり〉의 형태는 동사를 써야 하는데, 명사로 표현할 때는 〈〜
とか〜とか〉의 형태를 씁니다. 이것 역시 뒤쪽의 '〜라든가'를 생략하는
경우가 많으며 '〜등'으로 달리 해석하기도 합니다.

私はチョコレートとか飴とかが好き。나는 초콜릿이라든가 사탕 등을 좋아해.

韓国旅行のお土産はのりとかキムチとかがいい。
한국 여행(의) 선물은 김이라든가 김치 등이 좋아.

週末はいつも運動とか散歩とかをする。
주말은 항상 운동이라든가 산책 등을 해.

飲み会に原田さんとか竹内さんとかが来る。
술 모임에 はらだ씨라든가 たけうち씨 등이 올 거야.

잠깐만요!

한국어에 '왔다리 갔다리'라
는 말이 있지요? 여기서 배
운 일본어 〜たり〜たり
가 한국어에 들어간 것이랍
니다.

飴[あめ] 사탕
好きな[すきな] 좋아하는
韓国[かんこく] 한국
旅行[りょこう] 여행
お土産[おみやげ]
선물, 기념 선물
飲み会[のみかい] 술 모임
来る[くる] 오다

잠깐만요!

《일본어 무작정 따라하기》
에서 설명 드렸듯이 일본어
동사에는 미래형이 없으며
현재형이 미래형도 나타냅
니다. 그래서 飲み会に原
田さんとか竹内さんと
かが来る도 해석이 '술 모
임에 はらだ씨라든가 たけ
うち씨 등이 올 거야'라는
미래형으로 해석한 겁니다.
일본어에서는 '현재'에 대해
말할 때는 현재진행형이 쓰
이는 경우가 많아요.

3단계
회화로 다지기

天気[てんき] 날씨
掃除[そうじ] 청소
洗濯[せんたく]
빨래, 세탁
昼ご飯[ひるごはん]
점심밥
授業[じゅぎょう] 수업
サボる 빼먹다
大丈夫な[だいじょうぶ
な] 괜찮은

잠깐만요!

瞳[ひとみ]가 昼ご飯[ひ
るごはん] 앞에 お를 붙여
서 お昼ご飯이라고 했지
요? 《일본어 무작정 따라하
기》에서도 설명 드렸듯이
명사 앞에 お나 ご를 붙여
서 말을 공손하게 만드는 경
우가 많습니다. 그런데 단어
에 따라서는 お나 ご를 안
붙이면 거친 말투가 되는 단
어들이 있습니다. 昼ご飯 같
은 경우도 お 없이 쓰면 약
간 심하진 않지만 거친 느낌
이 있어서 여자들은 お를 붙
여서 쓰는 경우가 많습니다.

월요일에 강의를 같이 듣는 준수와 瞳[ひとみ]가 주말에 무엇을 했는지 서로 물어봅니다.

ソ・ジュンス： 週末は天気がすごくよかったね。

酒井瞳： うん。ジュンスは週末に何した？

ソ・ジュンス： 掃除とか洗濯とかした。瞳は？

酒井瞳： 犬と散歩したり、テレビを見たりした。

ソ・ジュンス： そう。

酒井瞳： ねえ、今日、一緒にお昼ご飯を食べた後で
映画見ない？

ソ・ジュンス： 俺、午後も授業がある。

酒井瞳： (아쉬워하는 표정으로) そう。

ソ・ジュンス： じゃ、今日は午後の授業、サボるよ。

酒井瞳： え?! いいの？

ソ・ジュンス： うん、大丈夫！

서준수 : 주말은 날씨가 엄청 좋았지.
서준수 : 청소라든가 빨래를 했어.
ひとみ는?
서준수 : 그렇구나.

서준수 : 나, 오후에도 수업이 있어.

서준수 : 그럼, 오늘은 오후 수업 빼먹을게.
서준수 : 응, 괜찮아!

さかい ひとみ : 응. 준수는 주말에 뭐 했어?
さかい ひとみ : 강아지랑 산책하기도 하고 TV
를 보기도 했어.
さかい ひとみ : 있잖아, 오늘 같이 점심 먹은
후에 영화 보지 않을래?
さかい ひとみ : (아쉬워하는 표정으로)
그렇구나.
さかい ひとみ : 어? 괜찮은 거야?

る가 붙어서 동사로 쓰이는 말들

이번 회화에서 나온 サボる[サボタージュ(사보타주)+る](게으름 피우다, 빼먹다)와 같이, 일본어에는 외래어(가타카나)에
る를 붙여서, 혹은 명사(한자어)에 る를 붙여서 동사로 쓰는 말들이 있습니다.

パニクる(당황하다)＝パニック(패닉, panic)＋る　　　メモる(메모하다)＝メモ(메모, memo)＋る

ググる(구글로 검색하다)＝グーグル(구글)＋る　　　事故る(교통사고를 내다)＝事故[じこ](사고)＋る

ハモる(합창 등에서 하모니를 이루다)＝ハーモニー(하모니, harmony)＋る

トラブる(문제가 생기다, 말썽이 생기다)＝トラブル(트러블, trouble)＋る

ダブる(중복되다, 겹치다)＝ダブル(더블, double)＋る

ミスる(실수하다, 미스를 하다)＝ミステイク(미스테이크, mistake)＋る

デコる(장식하다:주로 핸드폰)＝デコレーション(데코레이션, decoration)＋る

告る[こくる](고백하다:주로 사랑 고백)＝告(白)[こく(はく)](고백)＋る

1 주어진 문장을 〜た方がいい(〜하는 편이 좋아)/〜ない方がいい(〜하지 않는 편이 좋아)라는 문장으로 바꿔보세요.

> |보기| 歯を磨きます。(이를 닦습니다.)
> → 歯を磨いた方がいい。(이를 닦는 편이 좋아.)

1. ✎ _____
2. ✎ _____
3. ✎ _____
4. ✎ _____

2 주어진 단어와 문장을 써서 〜た後で(〜한 후에)/〜の後で(〜 후에)라는 문장을 만들어 보세요.

> |보기| 仕事 (일)・運動をした (운동을 했다)
> → 仕事の後で、運動をした。(일(이 끝난) 후에 운동을 했어.)

1. ✎ _____
2. ✎ _____
3. ✎ _____
4. ✎ _____

3 ( ) 속에 들어갈 적절한 글자를 보기와 같이 써 보세요.

> |보기| 髪を切(った)方がいい。 머리를 자르는 편이 좋아.

1. 朝、顔を洗(   )歯を磨(   )する。
   아침에 세수를 하거나 이를 닦아.

2. 週末はいつも運動(   )散歩(   )をする。
   주말은 늘 운동이라든가 산책 등을 해.

3. ここは散歩(   )方がいい。 여기는 산책하지 않는 편이 좋아.

4. 先生(   )説明を聞(   )後で質問した。
   선생님(의) 설명을 들은 후에 질문했어.

4 주어진 단어를 우선 히라가나로 써 본 다음에 한자로도 써 보세요.

|보기| 닦다

히라가나

み	が	く

한자

磨	く

1. 자르다, 끊다

히라가나

한자

2. 운동

히라가나

한자

3. 산책

히라가나

한자

4. 얼굴

히라가나

한자

5. 아침밥

히라가나

한자

가타카나 연습 13

가타카나 고르기 (3)

주어진 단어의 가타카나 표기를 보기 안에서 골라 완성해 보세요.
(보기 안에 있는 가타카나는 여러 번 써도 됩니다.)

| 보기 |
ア カ ク ケ ス ソ ト ノ リ
ル ゴ ジ ゼ ド ブ ポ ッ ー

1. 커브
   → _____

2. 노크
   → _____

3. 케이스
   → _____

4. 젤리
   → _____

5. 소스
   → _____

6. 아시아
   → _____

7. 룰
   → _____

8. 리드
   → _____

9. 포트(pot)
   → _____

10. 골
   → _____

정답 1. カーブ 2. ノック 3. ケース 4. ゼリー 5. ソース 6. アジア 7. ルール 8. リード 9. ポット 10. ゴール

14

존댓말로 말해요

薬を塗らない方がいいです。

약을 바르지 않는 편이 좋아요.

강의 및 예문 듣기

🎧 예문 14-1.mp3

워밍업

기본 회화 듣기

그림을 보면서 어떤 내용인지 추측하면서 회화를 들어 보세요.

🎧 예문 14-2.mp3

1단계

기본 단어 익히기

 잠깐만요!

持って行く[もっていく] (가져가다)는 억양을 '고저저 저저'로 발음하기도 합니다.

かける　① (안경을)쓰다

つける　① (불을)켜다

貼る[はる]　⑤ 붙이다

塗る[ぬる]　⑤ 바르다, 칠하다

持って行く[もっていく]
　　　　　　　⑤ 가져가다

もらう　⑤ 받다, 얻다

ばんそうこう　반창고

コンタクト　(콘택트)렌즈

奈良[なら]　나라(지명)

① **~た方がいいです。** ~하는 편이 좋습니다.

眼鏡[めがね] 안경

~た方[ほう]がいい(~하는 편이 좋아)의 존댓말은 끝에 ~です를 붙여서 ~た方がいいです라고 하면 됩니다.

잠깐만요!

貼る[はる](붙이다)는 간혹 한자를 張る로 쓰는 경우도 있지만 貼る로 쓰는 것이 일반적입니다.

眼鏡をかけた方がいいです。	안경을 쓰는 편이 좋습니다.
電気をつけた方がいいです。	불을 켜는 편이 좋습니다.
ばんそうこうを貼った方がいいです。	반창고를 붙이는 편이 좋아요.
傘を持って行った方がいいです。	우산을 가져가는 편이 좋아요.

② **~ない方がいいです。** ~하지 않는 편이 좋습니다.

~ない方がいい(~하지 않는 편이 좋아)도 존댓말로 할 때 끝에 ~です만 붙여서 ~ない方がいいです라고 하면 됩니다.

잠깐만요!

전에도 말씀 드렸지만 眼鏡[めがね](안경)는 가타카나 メガネ로 쓰는 경우도 많습니다.

眼鏡をかけない方がいいです。	안경을 쓰지 않는 편이 좋습니다.
薬を塗らない方がいいです。	약을 바르지 않는 편이 좋습니다.
お金を持って行かない方がいいです。	돈을 안 가져가는 편이 좋아요.
プレゼントをもらわない方がいいです。	선물을 안 받는 편이 좋아요.

❸
〜た後で

〜한 후에

잠깐만요!

반창고는 한자로 絆
創膏라고 쓰지만 한자가 어
려우니 히라가나로 소개해
드렸습니다. 가타카나 반
소우코우로 쓰기도 합니다.

이번에는 〈た형＋後[あと]で〉(〜한 후에)를 존댓말로 연습해 봅시다.

映画を見た後で電気をつけました。 　　　　영화를 본 후에 불을 켰습니다.

薬を塗った後で、ばんそうこうを貼りました。
　　　　　　　　　　　　　　　　약을 바른 후에 반창고를 붙였습니다.

お酒を飲んだ後でたばこを吸いました。 　술을 마신 후에 담배를 피웠어요.

お土産をもらった後で、電話をかけました。
　　　　　　　　　　　　　　　　선물을 받은 후에 전화를 걸었어요.

❹
〜の後で

〜 후에

이번에는 〈명사＋の後[あと]で〉(〜 후에)를 존댓말로 연습해 봅시다.

中間試験の後で、友達と遊びます。 　　　중간고사 후에 친구와 놉니다.

練習の後で昼ご飯を食べました。 　　　연습 후에 점심밥을 먹었습니다.

散歩の後で、ゆっくりお茶を飲みました。산책 후에 천천히 차를 마셨어요.

晩ご飯の後で運動をしました。 　　　　저녁식사 후에 운동을 했어요.

❺

～たり～たり

～하거나 ～하거나

～たり～たり(～하거나 ～하거나/～하기도 하고 ～하기도)는 뒤에 쓰이는 する(하다)를 존댓말 します(합니다)로 바꾸면 존댓말이 됩니다.

薬を塗ったり、ばんそうこうを貼ったりしました。

약을 바르거나 반창고를 붙였습니다.

電気をつけたり消したりしました。

불을 켰다가 껐다가 했습니다.

電話をかけたり、プレゼントを持って行ったりしました。

전화를 걸기도 하고 선물을 가져가기도 했어요.

眼鏡をかけたりコンタクトをしたりします。

안경을 쓰거나 렌즈를 끼거나 해요.

잠깐만요!

コンタクトレンズ(콘택트 렌즈)를 한국에서는 '렌즈'라고 줄이는데 일본에서는 コンタクト라고 줄입니다. 참고로 カラーコンタクト(컬러 콘택트렌즈)는 カラコン이라고 줄입니다. 그리고 '렌즈를 끼다'는 コンタクトをする(렌즈를 하다)라고 합니다.

❻

～や～や～(など)

～며 ～며 ～(등)

앞에서 배운 ～とか～とか(～라든가 ～라든가)는 매우 구어적인 말입니다. 좀 더 격식 차린 말투인 ～や～や～(～며 ～며 ～/～나 ～나 ～/～라든가 ～라든가 ～)를 연습합시다. 뒤에 など(등)를 붙이는 경우도 있습니다.

大阪や京都や奈良などへ行きます。

おおさか며 きょうと며 なら 등으로 갑니다.

鉛筆や消しゴムやノートなどをもらいました。

연필이며 지우개며 노트 등을 받았습니다.

韓国人や日本人や中国人がいました。

한국 사람이나 일본 사람이나 중국 사람이 있었어요.

眼鏡やコンタクトをします。

안경이라든가 렌즈를 껴요.

韓国人[かんこくじん]
한국인

日本人[にほんじん]
일본인

中国人[ちゅうごくじん]
중국인

잠깐만요!

～や～や～라는 표현에는 '언급한 것 외에도 더'라는 뉘앙스가 있기 때문에 など(등)라는 말 없이도 '그 외의 것이 포함된다'는 뉘앙스가 있습니다. 大阪や京都や奈良などへ行きます라고 하면 '세 곳 모두 가고 그 외의 곳에도 또 간다'는 뉘앙스입니다.

🎧 예문 14-4-1.mp3
예문 14-4-2.mp3

3단계
회화로 다지기

後で[あとで] 이따가

잠깐만요!

塾[じゅく]는 '학원'이라는 뜻인데 보통 초중학생들이 다니는 학교 과목을 공부하는 보습학원이나 피아노학원 등을 가리킵니다. 고등학생들이 입시 준비를 위해 다니는 학원은 予備校[よびこう](예비교)라고 합니다.

어른들이 다니는 영어학원이나 요리학원 등은 특별히 총칭하는 '학원'이라는 말이 없어요. 구체적인 학원 이름을 말하거나 ～学校[がっこう](～학교), ～教室[きょうしつ](～교실) 등과 같은 말을 씁니다.

안경을 쓴 모습을 보여준 적이 없는 문영애 씨가 오늘은 안경을 쓰고 학원에 왔네요.

ムン・ヨンエ : こんにちは。

工藤 大輔 : こんにちは。あれ? 眼鏡?

ムン・ヨンエ : 今日は後でプールに行きますから、
コンタクトをしなかったんです。

工藤 大輔 : ああ、そうですか。

ムン・ヨンエ : プールの後で、コンタクトをします。

工藤 大輔 : そうですか。

ムン・ヨンエ : 眼鏡をかけない方がいいですか。

工藤 大輔 : いいえ、眼鏡もかわいいですよ。

문영애 : 안녕하세요(낮 인사).

문영애 : 오늘은 이따가 수영장에 가기 때문에 렌즈를 안 꼈어요.

문영애 : 수영 끝난 후에 렌즈를 낄 거예요.

문영애 : 안경을 쓰지 않는 편이 좋아요?

くどう だいすけ : 안녕하세요(낮 인사). 어라? 안경?

くどう だいすけ : 아~, 그렇군요.

くどう だいすけ : 그래요.

くどう だいすけ : 아니요, 안경도 예뻐요.

'반창고'를 뭐라고 부르는지에 따라서 출신지를 알 수 있다? 일본에서는!

'반창고'를 ばんそうこう로 소개해 드렸는데 사실 도쿄를 중심으로 한 표준어권에서는 バンドエイド(밴드에이드)라고 부르는 사람이 더 많습니다. バンドエイド는 원래 상품명이기 때문에 사전적으로 옳은 말은 ばんそうこう입니다.
그런데 재미있는 것은, 일본은 지역에 따라 '반창고'를 부르는 말이 여러 가지로 나누어진다는 점입니다. 오른쪽의 지도를 보면 알 수 있듯이 지역에 따라 ばんそうこう, カットバン(커트밴), バンドエイド(밴드에이드), リバテープ(리버테이프), サビオ(사비오), キズバン(상처밴)이라는 말로 불립니다. ばんそうこう 외에는 모두 상품명에서 온 것이랍니다.

絆創膏(ばんそうこう)
カットバン
バンドエイド
リバテープ
サビオ
キズバン

1 주어진 문장을 ～た方がいいです(～하는 편이 좋습니다)/～ない方がいいです(～하지 않는 편이 좋습니다)라는 문장으로 바꿔보세요.

> |보기| 眼鏡をかけます。(안경을 씁니다.)
> → 眼鏡をかけた方がいいです。(안경을 쓰는 편이 좋습니다.)

1. 🎤 ....
2. 🎤 ....
3. 🎤 ....
4. 🎤 ....

2 주어진 두 문장을 써서 ～たり～たりしました(～하거나 ～하거나 했습니다/～하기도 하고 ～하기도 했습니다)라는 문장을 만들어 보세요.

> |보기| 薬を塗る (약을 바르다) • ばんそうこうを貼る (반창고를 붙이다)
> → 薬を塗ったり、ばんそうこうを貼ったりしました。
> (약을 바르거나 반창고를 붙였습니다.)

1. 🎤 ....
2. 🎤 ....
3. 🎤 ....
4. 🎤 ....

3 (　) 속에 들어갈 적절한 글자를 보기와 같이 써 보세요.

> |보기| 眼鏡を(かけた)方がいいです。 안경을 쓰는 편이 좋습니다.

1. お金を持って(　　　　　　　　)方がいいです。
   돈을 가져가지 않는 편이 좋습니다.

2. お土産を(　　　　　　　　)後(　　　)、電話をかけました。
   선물을 받은 후에 전화를 걸었습니다.

3. 中間試験(　　)後(　　　)、友達と遊びます。 중간고사 후에 친구랑 놀아요.

4. 大阪(　　)京都(　　)奈良などへ行きます。
   おおさかめ きょうとめ なら 등으로 가요.

134

4 주어진 단어를 우선 히라가나로 써 본 다음에 한자로도 써 보세요.

|보기| 오사카(지명)	히라가나 お お さ か	한자 大 阪

1. 바르다, 칠하다

히라가나 [　|　]　　한자 [　|　]

2. 가져가다

히라가나 [　|　|　|　|　]　　한자 [　|　|　|　|　]

3. 약

히라가나 [　|　|　]　　한자 [　]

4. 나라(지명)

히라가나 [　|　]　　한자 [　|　]

5. 이따가

히라가나 [　|　|　]　　한자 [　|　]

가타카나 고르기 (4)

주어진 단어의 가타카나 표기를 보기 안에서 골라 완성해 보세요.
(보기 안에 있는 가타카나는 여러 번 써도 됩니다.)

| 보기 |　コ　ス　タ　チ　テ　ト　フ　マ　ヨ　リ
　　　　　ル　ワ　ン　ド　ボ　プ　ペ　ァ　ッ　ー

1. 펫(pet, 애완동물)

   → _____

2. 코드

   → _____

3. 스타

   → _____

4. 테마

   → _____

5. 팁

   → _____

6. 프리

   → _____

7. 볼, 공

   → _____

8. 요트

   → _____

9. 타워

   → _____

10. 팬(fan)

   → _____

정답 1. ペット 2. コード 3. スター 4. テーマ 5. チップ 6. フリー 7. ボール 8. ヨット 9. タワー 10. ファン

장문 읽어 보기

🎧 예문 14-6.mp3

다음 장문을 처음에는 오디오만 들어보면서 내용을 파악해 본 다음에, 문장을 읽어 보며
의미를 확인해 보세요.

> あなたは朝ご飯を食べますか、食べませんか。朝ご飯は何を食べます
> か。パンやコーヒーですか。ご飯ですか。朝ご飯は食べた方がいい、
> 食べない方がいい、意見は色々あります。実は、朝ご飯を食べる、食
> べない、どちらもメリットがあります。朝ご飯には甘い物や卵を食べ
> た方がいいです。でも、甘いパンや缶コーヒーは砂糖がとても多いで
> すから、食べない方がいいです。朝、卵は食べた方がいいです。でも、たくさん食べない方がいいです。

단어		
何[なに] 무엇	パン 빵	意見[いけん] 의견
色々[いろいろ] 여러 가지	実は[じつは] 실은, 사실은	メリット 메리트, 장점
甘い[あまい] 달다	物[もの] 것, 물건	卵[たまご] 계란, 알
缶コーヒー[かんこーひー] 캔커피	砂糖[さとう] 설탕	多い[おおい] 많다

| 해석 | 당신은 아침밥을 먹습니까, 먹지 않습니까? 아침밥은 무엇을 먹습니까? 빵이라든가 커피입니까? 밥입니까? 아침밥은 먹는 편이 좋다. 먹지 않는 편이 좋다. 의견은 여러 가지 있습니다. 실은 아침밥을 먹는다. 안 먹는다. 양쪽 다 장점이 있습니다. 아침밥에는 단것이나 계란을 먹는 편이 좋습니다. 그런데 달콤한 빵이나 캔커피는 설탕이 매우 많기 때문에 먹지 않는 편이 좋습니다. 아침에 계란은 먹는 편이 좋습니다. 그렇지만 많이 먹지 않는 편이 좋습니다.

한국인 티를 벗어나자!

다섯째마디 · 내가 원하는 것을 표현하기!
여섯째마디 · 한국 사람이 잘 틀리는 표현들

일본어 동사 과거형이 참 어려우셨죠? 그렇지만 이제 큰 고비를 하나 넘었습니다~! 지금 상태에서 완벽하지 못하더라도 걱정 마세요. 배웠다고 바로 입에서 나오는 사람은 없습니다. 꾸준히 공부하다 보면 자연스럽게 일본어가 입에서 나오는 날이 찾아옵니다. 둘째마당에서는 일본어 기초과정을 학습한 사람이라면 누구나 다 알만한 표현들인데도 잘못 쓰는 경우가 꽤 있는 것들을 모아서 정리해 보았습니다. 일본어를 유창하게 하는 사람들 중에도 이런 부분에서 잘못 말하는 경우가 종종 있습니다. 외국인 티가 난다는 것으로 끝나면 다행이지만 잘못 말하게 되면 듣는 사람이 기분 나쁠 수도 있으니 조심해야겠죠. 그런 실수를 하지 않도록 여기에서 중요한 것들을 짚어 드리겠습니다.

다섯째마디

•

내가 원하는 것을
표현하기!

여기에서는 달라고 말하는 법과 그 말에 대해 대답하는 법,
하고 싶은 것을 말하는 법에 대한 연습을 하겠습니다. 특히
주의해야 할 부분은 상대방이 뭔가를 해 달라고 하는 말에
대해 거절하는 경우입니다. 일본 사람들은 가족이나 친구
등 매우 친한 사이가 아닌 이상 직접적으로 거절하는 말을
사용하는 것을 피하는 것이 일반적입니다. 이런 부분에 신
경 쓰면서 잘 배워 봅시다.

15

반말로 말해요

それ、ちょうだい。

그거, 줘.

강의 및 예문 듣기

🎧 예문 15-1.mp3

워밍업

기본 회화 듣기

그림을 보면서 어떤 내용인지 추측하면서 회화를 들어 보세요.

🎧 예문 15-2.mp3

1단계

기본 단어 익히기

잠깐만요!

▶ 일본어에서 '봉제 인형'은 ぬいぐるみ라고 합니다. 人形와 ぬいぐるみ는 완전히 다른 것이니 구별에 주의하세요.

▶ 'ちょうだい(줘)'의 억양이 '저고고고'로 되어 있지요. 이것은 '~를 줘'라고 부탁할 때입니다. 사전적인 억양은 '저고고저'입니다.

ちょうだい 줘

人形[にんぎょう] 인형

お菓子[おかし] 과자

ライター 라이터

ガム 껌

キーホルダー 열쇠고리

だめな 안 되는

どうぞ 어서 ~(하세요)

いくら 얼마

~個[こ] ~개

全部[ぜんぶ] 전부, 모두

❶ 〜、ちょうだい。

〜, 줘.

반말로 '〜, 줘'라고 할 때는 ちょうだい라는 말을 씁니다.

この人形、ちょうだい。	이 인형, 줘.
そのお菓子、ちょうだい。	그 과자, 줘.
あのライター、ちょうだい。	저 라이터, 줘.
このガム、ちょうだい。	이 껌, 줘.

잠깐만요!

'줘'를 くれ로 알고 있는 사람들이 꽤 있는데, くれ는 くれる(주다)의 명령형으로 주로 남자들이 쓰는 매우 거친 말투입니다. 일상적으로 '줘'라고 할 때는 ちょうだい라고 합니다.

ちょうだい를 사전에서 찾아보면 '주세요'라는 공손한 말투로 해석되어 있는데 ちょうだい로 문장이 끝나는 경우는 공손한 말이 아니라 '줘'라는 뜻이니 주의하세요.

❷ 〜と〜、ちょうだい。

〜와 〜, 줘.

이번에는 조사 〜と(〜와/과)를 사용하여 '〜와 〜, 줘'라는 말을 연습해 봅시다.

この人形とキーホルダー、ちょうだい。	이 인형과 열쇠고리, 줘.
お茶とお菓子、ちょうだい。	차와 과자, 줘.
このたばことライター、ちょうだい。	이 담배랑 라이터, 줘.
そのガムと飴、ちょうだい。	그 껌과 사탕, 줘.

③

うん、〜。
だめ。

응, 〜.

안 돼.

うん(응)이라고 대답할 때는 뒤에 いいよ(좋아)라는 말을 붙이기도 하는데, 이때는 반드시 끝에 よ를 붙여야 합니다. よ 없이 いい라고만 하면 어색해요. だめ(안 돼)라는 말은 매우 친한 경우가 아니면 잘 쓰지 않으니 주의하세요.

うん、いいよ。	응, 그래.
うん、どうぞ。	응, 가져가.
だめ。	안 돼.
え〜!	에〜! [거절, 항의의 느낌]

잠깐만요!

うん、いいよ는 직역하면 '응. 좋아'가 되는데 '응. 그래' 정도의 느낌입니다. どうぞ는 주로 '어서'로 해석되는데 상대방이 어떤 행동을 하기를 권하는 말입니다. 그러니 상황에 맞게 의역하면 됩니다. 여기에서는 달라고 하는 말에 대한 대답이니 '가져가'라고 해석하면 되겠죠. どうぞ는 존댓말로도 쓰일 수 있는 말입니다.

え〜는 억양에 신경 쓰셔야 해요. 그리고 だめ는 한자로 駄目라고 씁니다.

④

いくら？

얼마야?

금액을 물어볼 때는 いくら(얼마)라는 말을 씁니다.

この人形、いくら？	이 인형, 얼마야?
そのお菓子、いくら？	그 과자, 얼마야?
このライター、いくら？	이 라이터, 얼마야?
そのガム、いくら？	그 껌, 얼마야?

❺

～円。

～엔이야.

일본 돈의 단위는 円[えん]이에요. 가격을 말할 때는 숫자에 円을 붙이면 됩니다. 그리고 한국과 달리 '몇 엔'이라는 한 자리 수도 많이 씁니다. 숫자가 기억이 잘 안 날 때는 《일본어 무작정 따라하기》 281쪽~282쪽을 참고하세요.

14,910円。　　　　　　　　　　　　　　　　　　　14,910엔이야.

3,675円。　　　　　　　　　　　　　　　　　　　3,675엔이야.

58円。　　　　　　　　　　　　　　　　　　　　　58엔이야.

105円。　　　　　　　　　　　　　　　　　　　　105엔이야.

---

❻

～で

～로, ～에

'3개(에) ～엔이야'와 같이 말할 때 '～에' 자리에 ～で를 씁니다. 이것을 수나 양을 한정시키는 '～で'라고 합니다.

2個で600円。　　　　　　　　　　　　　　　　　2개로 600엔이야.

3個で1,000円。　　　　　　　　　　　　　　　3개로 1,000엔이야.

10個で2,900円。　　　　　　　　　　　　　　10개에 2,900엔이야.

全部で38,325円。　　　　　　　　　　　　전부 다 해서 38,325엔이야.

3단계
회화로 다지기

直人[なおと]는 가게를 개업한 친구 현정이에게 축하 인사를 하려고 가게를 찾아갔습니다.

シン・ヒョンジョン：	いらっしゃいませ。あ、直人！
西村 直人：	開店、おめでとう。
シン・ヒョンジョン：	どうもありがとう。
西村 直人：	この人形、いくら？
シン・ヒョンジョン：	14,910円。
西村 直人：	ちょっと高いね。 このキーホルダーはいくら？
シン・ヒョンジョン：	それは980円。
西村 直人：	このライターは？
シン・ヒョンジョン：	それは3,250円。
西村 直人：	じゃ、そのキーホルダー10個と、この ライター3個ちょうだい。全部でいくら？
シン・ヒョンジョン：	19,550円。
西村 直人：	ちょっと負けてよ。
シン・ヒョンジョン：	だめ！

いらっしゃいませ
어서 오십시오
開店[かいてん] 개점
負けて[まけて] 깎아 줘

잠깐만요!

負ける[まける]라는 동사의 기본적인 뜻은 '지다, 패하다'이지만, 가격을 깎을 때도 이 동사를 씁니다. 그런데 일본은 가격을 깎아 달라고 하지 않고 가격 그대로 사는 것이 보통이기 때문에 가격은 깎지 마세요~! 재래시장 같은 곳에서는 깎는 경우도 있지만 매우 드뭅니다.

신현정 : 어서 오십시오. 아, なおと！
신현정 : 정말 고마워.
신현정 : 14,910엔이야.

신현정 : 그건 980엔이야.
신현정 : 그건 3,250엔이야.

신현정 : 19,550엔이야.
신현정 : 안 돼!

にしむら なおと : 개점 축하해.
にしむら なおと : 이 인형, 얼마야?
にしむら なおと : 좀 비싸네.
　　　　　　　 이 열쇠고리는 얼마야?
にしむら なおと : 이 라이터는?
にしむら なおと : 그럼, 그 열쇠고리 10개랑
　　　　　　　 이 라이터 3개 줘. 전부 다
　　　　　　　 해서 얼마야?
にしむら なおと : 좀 깎아 줘.

どうぞ를 잘 알아 두면 편해요!

앞에서도 설명 드렸듯이 どうぞ는 상대방에게 어떤 행동을 하라고 권하는 말로, 공손한 말투에서도 반말에서도 두루 자주 쓰이는 말입니다. 버스나 지하철에서 자리를 양보할 때 쓰는 '앉으세요'라는 말을 일본어로 직역해서 말하면 '앉아라'라는 반 명령투로 들립니다. 이때는 どうぞ 한 마디만 하면 됩니다. 상대방이 '담배를 피워도 되나요?'라고 물었을 때도 どうぞ를 쓰는 것이 좋아요. 또한 どうぞ에는 '부디', '아무쪼록'이라는 강조의 뜻도 있어서 どうぞよろしくお願[ねが]いします(부디 잘 부탁합니다)와 같이 쓰지요. 그리고 どうぞ의 ぞ는 한국어 '조'와 달리 혀의 위치가 '조'보다 더 입 앞쪽, 잇몸과 윗니 사이쯤에 닿습니다('쏘' 발음 위치). 그리고 입술의 힘을 빼고 입이 둥글게 되지 않게 하세요.

145

1 주어진 두 단어를 써서 この〜と〜、ちょうだい(이 ~와 ~, 줘)라는 문장을 만들어 보세요.

> |보기| 人形 (인형)・キーホルダー (열쇠고리)
> → この人形とキーホルダー、ちょうだい。(이 인형과 열쇠고리, 줘.)

1. 🎤 ....
2. 🎤 ....
3. 🎤 ....
4. 🎤 ....

2 주어진 단어를 써서 その〜、いくら?(그 ~, 얼마야?)라는 질문을 만들어 보세요.

> |보기| ライター (라이터)
> → そのライター、いくら? (그 라이터, 얼마야?)

1. 🎤 ....
2. 🎤 ....
3. 🎤 ....
4. 🎤 ....

3 ( ) 속에 들어갈 적절한 글자를 보기와 같이 써 보세요.

> |보기| そのお茶、(ちょうだい)。 그 차, 줘.

1. そのガム( )飴、ちょうだい。 그 껌과 사탕, 줘.

2. うん、いい( )。 응, 그래/좋아.

3. ( )。 안 돼.

4. この飴は3個( )100円。 이 사탕은 3개에 100엔이야.

4 주어진 단어를 우선 히라가나로 써 본 다음에 한자로도 써 보세요.

		히라가나			한자		
|보기| 깎아 줘	ま	け	て	負	け	て

1. 인형

히라가나

한자

2. 과자

히라가나

한자

3. ～개

히라가나　한자

4. 전부, 모두

히라가나

한자

5. 개점

히라가나

한자

가타카나 고르기 (5)

주어진 단어의 가타카나 표기를 보기 안에서 골라 완성해 보세요.
(보기 안에 있는 가타카나는 여러 번 써도 됩니다.)

| 보기 |

カ	コ	シ	タ	チ	ト	ム	ラ	ン
ジ	ズ	ド	バ	ブ	ベ	ボ	プ	ッ
ヤ	ヨ	ー						

1. 코트
   → _____

2. 베드, 침대
   → _____

3. 버튼, 단추
   → _____

4. 커버
   → _____

5. 팀
   → _____

6. 톱(top)
   → _____

7. 브러시
   → _____

8. 보트
   → _____

9. 쇼
   → _____

10. 재즈
   → _____

정답 1. コート 2. ベッド 3. ボタン 4. カバー 5. チーム 6. トップ 7. ブラシ 8. ボート 9. ショー 10. ジャズ

16

そのりんごをください。

그 사과를 주세요.

강의 및 예문 듣기

🎧 예문 16-1.mp3

워밍업

기본 회화 듣기

그림을 보면서 어떤 내용인지 추측하면서 회화를 들어 보세요.

🎧 예문 16-2.mp3

1단계

기본 단어 익히기

ください 주십시오, 주세요

困る[こまる] ⑤ 난처하다, 곤란하다

ボールペン 볼펜

牛乳[ぎゅうにゅう] 우유

机[つくえ] 책상

椅子[いす] 의자

りんご 사과

みかん 귤

セット 세트

❶

～をください。

～를 주십시오.

一つ[ひとつ] 하나
三つ[みっつ] 셋

'주십시오', '주세요'라고 할 때는 ください라는 말을 쓰면 됩니다. 一つ[ひとつ](하나), 二つ[ふたつ](둘), 三つ[みっつ](셋)에 대해서는 생각이 안 나시면《일본어 무작정 따라하기》280쪽을 참고하세요.

このボールペンをください。 　　　　　　　　　　　　이 볼펜을 주십시오.

その卵をください。 　　　　　　　　　　　　　　　그 계란을 주십시오.

あの牛乳を一つください。 　　　　　　　　　　　저 우유를 하나 주세요.

このりんごを三つください。 　　　　　　　　　이 사과를 3개 주세요.

---

❷

～と～をください。

～와 ～를 주십시오.

이번에는 조사 ～と(～와/과)를 사용하여 '～를 주십시오'라는 말을 연습해 봅시다.

잠깐만요!

'귤'을 '밀감'이라고도 하죠? '밀감'이라는 한자어의 일본음이 みかん이에요. '밀감'이랑 발음이 비슷해서 외우기 쉽죠?

そのノートとボールペンをください。 　　　　그 노트와 볼펜을 주십시오.

あの机と椅子をください。 　　　　　　　　　저 책상과 의자를 주십시오.

この卵と牛乳をください。 　　　　　　　　　이 계란과 우유를 주세요.

そのりんごとみかんをください。 　　　　　그 사과와 귤을 주세요.

---

❸ はい、～。
ちょっと……。

네, ～.

좀…….

'はい(네)'라고 할 때는 뒤에 いいですよ(좋아요)라는 말을 붙이기도 하는데, 이때 끝에 よ를 꼭 붙여야 합니다. 거절할 때는 'ちょっと(좀)'라는 말만 해도 충분합니다. 그러니 무슨 부탁을 했을 때 일본 사람이 ちょっと라는 말을 한다면 거절의 뜻이라는 것을 알아 두세요.

잠깐만요!

いいですよ(좋아요)는 허락해 주는 뉘앙스를 가진 표현이므로 허락해 주는 상황이 아닌 경우에는 쓰지 마세요. 그리고 허락해 주는 상황이라 해도 どうぞ가 더 듣기 좋은 말이니 가능하면 どうぞ를 쓰도록 하세요.

はい、どうぞ。	네, 그러세요.
はい、いいですよ。	네, 좋아요.
ちょっと……。	좀…….
ちょっと困ります。	좀 곤란합니다.

❹ いくらですか。

얼마입니까?

금액을 물어볼 때는 いくら(얼마)를 사용하여 いくらですか(얼마입니까?)라고 하면 됩니다.

あの机はいくらですか。	저 책상은 얼마입니까?
この椅子はいくらですか。	이 의자는 얼마입니까?
そのりんごはいくらですか。	그 사과는 얼마예요?
このみかんはいくらですか。	이 귤은 얼마예요?

151

❺ ～円です。

～엔입니다.

일본에서 쓰이는 돈은 円[えん]이죠. 円을 사용하여 금액을 말해 봅시다.

29,820円です。	29,820엔입니다.
16,530円です。	16,530엔입니다.
449円です。	449엔이에요.
268円です。	268엔이에요.

❻ ～で

～로, ～에

수나 양을 한정시키는 ～で를 사용하여 존댓말로 말하는 연습을 해 봅시다.

セットで46,350円です。	세트로 46,350엔입니다.
二つで28,500円です。	2개로 28,500엔입니다.
四つで414円です。	4개에 414엔이에요.
五つで276円です。	5개에 276엔이에요.

二つ[ふたつ] 둘
四つ[よっつ] 넷
五つ[いつつ] 다섯

店員[てんいん] 점원
お釣り[おつり] 거스름돈

규리가 과일가게에 왔습니다. 오늘은 어떤 과일이 싼지 점원에게 물어봅니다.

店員：いらっしゃいませ。

コン・ギュリ：今日は何が安いですか。

店員：今日はりんごが安いですよ。
　　　三つで332円です。

コン・ギュリ：そうですか。じゃ、六つください。

店員：はい、ありがとうございます。
　　　それから、このみかん、おいしいですよ。

コン・ギュリ：いくらですか。

店員：10個で376円です。

コン・ギュリ：じゃ、そのみかんもください。

店員：ありがとうございます。
　　　全部で1,040円です。

コン・ギュリ：はい。

店員：60円のお釣りです。
　　　どうもありがとうございました。

점원 : 어서 오십시오.
점원 : 오늘은 사과가 쌉니다.
　　　3개에 332엔입니다.
점원 : 네, 감사합니다. 그리고 이 귤, 맛있어요.
점원 : 10개에 376엔입니다.
점원 : 감사합니다.
　　　전부 다 해서 1,040엔입니다.
점원 : 60엔 거스름돈입니다. 정말 감사합니다.

공규리 : 오늘은 뭐가 싸요?
공규리 : 그래요. 그럼, 6개 주세요.

공규리 : 얼마예요?
공규리 : 그럼, 그 귤도 주세요.
공규리 : 네.

お客様[きゃくさま]は神様[かみさま]です(손님은 신이십니다) 일본에서는

아하,

일본에서 お客様は神様です(손님은 신이십니다)라는 말을 듣는 경우가 있는데, 이 말은 옛날에 일본의 유명한 가수가 한 말이랍니다. 일본에서는 손님에게 마치 신을 모시는 것처럼 잘해 주는 곳이 많습니다. 대부분의 가게에서 점원들은 손님들 앞에서 의자에 앉지도 않고 손님이 없어도 서 있도록 교육합니다. 그리고 손님들 눈에 보이는 곳에서 식사를 하지 않습니다. 한국에서는 손님들이 앉는 자리에 점원들이 앉거나 식사하는 경우도 많지요. 점원과 손님의 관계가 일본보다는 가깝고 편하다는 것을 느꼈습니다. 이건 어느 쪽이 좋고 나쁘다의 문제가 아니라 감각의 차이, 문화의 차이라고 생각해요.

1 주어진 두 단어를 써서 この〜と〜をください(이 〜와 〜를 주십시오)라는 문장을 만들어 보세요.

> |보기| お茶 (차)・お菓子 (과자)
> → このお茶とお菓子をください。(이 차와 과자를 주십시오.)

1. 🎤 _____
2. 🎤 _____
3. 🎤 _____
4. 🎤 _____

2 주어진 단어를 써서 その〜はいくらですか(그 〜는 얼마입니까?)라는 질문을 만들어 보세요.

> |보기| りんご (사과)
> → そのりんごはいくらですか。(그 사과는 얼마입니까?)

1. 🎤 _____
2. 🎤 _____
3. 🎤 _____
4. 🎤 _____

3 ( ) 속에 들어갈 적절한 글자를 보기와 같이 써 보세요.

> |보기| この牛乳を(ください)。 이 우유를 주십시오.

1. そのノート( )ボールペン( )ください。 그 노트와 볼펜을 주세요.

2. はい、( )。 네, 그러세요.

3. このみかんは( )ですか。 이 귤은 얼마입니까?

4. 10個( )376円です。 10개에 376엔입니다.

4 주어진 단어를 우선 히라가나로 써 본 다음에 한자로도 써 보세요.

| 보기 |　　거스름돈　　히라가나 | お | つ | り |　　한자 | お | 釣 | り |

1. 난처하다, 곤란하다

　　히라가나　　　　　　　　　한자

2. 우유

　　히라가나　　　　　　　　　　　　　　　　한자

3. 책상

　　히라가나　　　　　　　　　한자

4. 의자

　　히라가나　　　　　　　　　한자

5. 점원

　　히라가나　　　　　　　　　　　　한자

가타카나 고르기 (6)

주어진 단어의 가타카나 표기를 보기 안에서 골라 완성해 보세요.
(보기 안에 있는 가타카나는 여러 번 써도 됩니다.)

| 보기 |
| ア イ ウ キ ケ シ ス セ タ |
| チ ッ ト ヤ ロ ズ デ ビ プ |
| ッ ャ ー |

1. 케이크

→ _____

2. 셔츠

→ _____

3. 세트

→ _____

4. 로비

→ _____

5. 스키

→ _____

6. 치즈

→ _____

7. 아웃

→ _____

8. 타이어

→ _____

9. 수프

→ _____

10. 데이터

→ _____

정답 1. ケーキ 2. シャツ 3. セット 4. ロビー 5. スキー 6. チーズ 7. アウト 8. タイヤ 9. スープ 10. データ

17

반말로 말해요

会いたい!

보고 싶어!

강의 및 예문 듣기

🎧 예문 17-1.mp3

워밍업

기본 회화 듣기

그림을 보면서 어떤 내용인지 추측하면서 회화를 들어 보세요.

🎧 예문 17-2.mp3

1단계

기본 단어 익히기

잠깐만요!

背[せ](키, 등)는 세い로 발음하는 경우도 있습니다. せい로 발음하면 '등'이라는 뜻으로는 쓰이지 않고 '키'라는 뜻으로만 쓰입니다. 그리고 일본어에서는 '키가 크다'를 背が高い[たかい](키가 높다)라고 표현합니다. 반대말인 '키가 작다'는 背が低い[ひくい](키가 낮다)가 됩니다.

住む[すむ] ⑤ 살다, 거주하다

欲しい[ほしい] 갖고 싶다

答え[こたえ] 답, 정답, 대답

スーパー 슈퍼

家[いえ] 집

北朝鮮[きたちょうせん] 북한

花見[はなみ] 꽃구경, 꽃놀이

背[せ] 키, 등

近い[ちかい] 가깝다

焼肉[やきにく] 고기 구워 먹는 것

157

2단계
기본 문형 익히기

---

①

～たい。

～하고 싶어.

〈동사 ます형(ます삭제)+たい〉라고 하면 '～하고 싶어/싶다'라는 말이 됩니다. ます형은 1단동사는 어간 그대로이고, 불규칙동사는 来ます[きます]와 します, 5단동사는 い단으로 활용되죠.

東京に住みたい。	とうきょうに住みたい。
宿題の答えを知りたい。	숙제의 답을 알고 싶어.
彼氏に会いたい。	남자 친구를 보고 싶어.
スーパーで買い物したい。	슈퍼에서 장보고 싶어.

東京に住みたい。 — とうきょうに 살고 싶어.
宿題の答えを知りたい。 — 숙제의 답을 알고 싶어.
彼氏に会いたい。 — 남자 친구를 보고 싶어.
スーパーで買い物したい。 — 슈퍼에서 장보고 싶어.

---

②

～たくない。

～하고 싶지 않아.

～たい(～하고 싶다)는 い형용사 활용(～い, ～くない, ～かった, ～く なかった)을 합니다. ～たい의 활용 형태를 연습해 봅시다.

東京に住みたくない。 — とうきょうに 살고 싶지 않아.
宿題の答えを知りたかった。 — 숙제의 답을 알고 싶었어.
彼氏に会いたくなかった。 — 남자 친구를 안 보고 싶었어.
スーパーで買い物したかった。 — 슈퍼에서 장보고 싶었어.

知る[しる] 알다
彼氏[かれし] 남자 친구

잠깐만요!

'～에 살다'라고 할 때는 조사 ～に를 써서 ～に住む[すむ]라고 합니다. 住む는 '거주하다'의 '살다'라는 뜻으로, '인생을 살아가다'라는 뜻은 없습니다.

잠깐만요!

일본어에서는 '보고 싶다'를 会いたい(만나고 싶다)라고 표현해요. 한국어를 직역해서 見たい[みたい]라고 하면 '구경하고 싶다, 봐 보고 싶다'라는 뜻이 되니 주의하세요! 그리고 '～를 보다/만나다'라고 할 때는 조사 に를 써서 ～に会う가 된다는 점도 주의하세요!

～が欲しい。

～가 갖고 싶어.

명사를 사용하여 '～가 갖고 싶어'라고 할 때는 欲しい[ほしい]라는 말을 쓰면 됩니다. 한국어에서는 '～가 갖고 싶어'와 '～를 갖고 싶어' 둘 다 쓰이지만, 일본어는 ～が를 쓴다는 점에 유의하세요. 그리고 欲しい도 い형용사 활용을 합니다.

彼女[かのじょ]
여자 친구. 그녀

잠깐만요!

'집'이라는 뜻의 단어를 う ち로 배웠죠? 여기에서는 '집'이 家[いえ]로 나옵니다. 둘 다 '집'을 뜻하는데, う ち는 '가정', '우리 집'이라는 뜻도 가지고 있는 것에 비해 家는 그냥 '집'이라는 뜻 밖에 없습니다.

彼女が欲しい。	여자 친구가 갖고 싶어.
家が欲しくない。	집이 갖고 싶지 않아.
お金が欲しかった。	돈을 갖고 싶었어.
子供が欲しくなかった。	아이를 갖고 싶지 않았어.

～に

～하러

〈동사 ます형(ます삭제)+に〉라고 하면 '～하러'라는 뜻이 됩니다.

잠깐만요!

花見[はなみ](꽃구경)는 앞에 'お'를 붙인 お花見의 형태로 쓰이는 경우가 많습니다. 명사 앞에 お나 ご를 붙이면 말을 공손하게, 부드럽게 만들어 준다고 했지요. お 없이 花見라고만 하면 약간 거친 말투가 됩니다. 花見의 억양은 '저고고'인데 앞에 お가 붙어서 お花見가 되면 '저고고고'가 됩니다.

明日、友達とお花見をしに行く。	내일 친구와 꽃구경을 하러 가.
靴を買いに百貨店に来た。	구두를 사러 백화점에 왔어.
明日、東京へ家を見に行く。	내일 とうきょう로 집을 보러 가.
スーパーへ買い物しに来た。	슈퍼로 장보러 왔어.

～の中で～が一番～？ ～ 중에서 ～가 제일 ～?

이 문형은 대상이 3가지 이상인 경우에 쓰입니다. 의문사는 대상에 따라 바꾸어 주어야 합니다. 대상이 2가지인 경우에는 ～と～とどっちが～ (～와 ～ 중 어느 쪽이 더 ～?)라는 문형을 쓴다고 배웠죠? 생각이 잘 안 나시면 《일본어 무작정 따라하기》 139쪽을 보세요.

韓国料理の中で何が一番好き？	한국요리 중에서 뭐가 제일 좋아?
家族の中で、誰が一番背が高い？	가족 중에서 누가 제일 키가 커?
外国の中で、どこが一番近い？	외국 중에서 어디가 가장 가까워?
勉強の中で何が一番得意？	공부 중에서 뭘 가장 잘해?

～が一番～。 ～가 제일 ～ .

～の中で～が一番～？(～ 중에서 ～가 제일 ～?)이라는 질문에 대한 대답은 ～が一番～(～가 제일 ～)의 형태로 하면 됩니다.

焼肉が一番好き。	고기 구워 먹는 것이 제일 좋아.
弟が一番背が高い。	남동생이 제일 키가 커.
北朝鮮が一番近い。	북한이 가장 가까워.
英語が一番得意。	영어를 가장 잘해.

왼쪽 단어

料理[りょうり] 요리
誰[だれ] 누구
外国[がいこく] 외국
勉強[べんきょう] 공부
得意な[とくいな] 잘하는, 능숙한

잠깐만요!

勉強の中で何が一番得意?(공부 중에서 뭘 가장 잘해?/뭐가 제일 능숙해?)라는 문장에서도 알 수 있듯이 서술어에 따라서 ～が를 '～을/를'로 해석하기도 합니다.

好きな[すきな](좋아하는, 좋은)/嫌いな[きらいな] (싫어하는, 싫은)/上手な[じょうずな](잘하는, 능숙한)/下手な[へたな](잘 못하는, 서투른)/得意な[とくいな] (잘하는, 능숙한)/苦手な[にがてな](잘 못하는, 서투른) 등이 그런 서술어입니다.

따라서 韓国料理の中で何が一番好き?를 '한국요리 중에서 무엇을 제일 좋아해?'라고 해석해도 됩니다.

弟[おとうと] 남동생

잠깐만요!

焼肉[やきにく]는 焼く[やく](굽다)와 肉[にく](고기)가 합해진 단어입니다. 한국요리 중에서 고기를 구워 먹는 것을 통틀어 焼肉라고 부르는데, 焼き肉로 쓰기도 해요.

3단계
회화로 다지기

肉[にく] 고기
今晩[こんばん] 오늘밤
南口[みなみぐち]
남쪽 출구
迎える[むかえる]
① 맞이하다, 마중하다
分かる[わかる]
⑤ 알다, 이해하다

잠깐만요!

일본어 分かる[わかる]도 知る[しる]도 둘 다 '알다' 라는 뜻입니다. 차이점은 わかる는 머리를 써서 이해하는 것(understand)이고, 知る는 지식이나 정보로 머릿속에 있는 것(know)이라는 점입니다. 예를 들면 새로운 문법 설명을 듣고 그걸 이해했다면 わかる를 쓰고, 어떤 사람이나 사실에 대해서 아는지를 물어볼 때는 知る를 씁니다.

佳奈[かな]는 슈퍼에서 장을 보다가 정육 코너 앞에서 친구 현승이를 만났습니다.

福田 佳奈 ： あれ？ ヒョンスンじゃない？

チ・ヒョンスン ： ああ、佳奈。

福田 佳奈 ： スーパーに何買いに来たの？

チ・ヒョンスン ： 肉買いに来たんだ。

福田 佳奈 ： お肉？

チ・ヒョンスン ： うん。今晩、うちで友達と焼き肉パーティーするんだ。

福田 佳奈 ： へえ。

チ・ヒョンスン ： 佳奈も来る？

福田 佳奈 ： 誰が来るの？

チ・ヒョンスン ： ヒョンジンと直人と千尋。

福田 佳奈 ： 私も行きたい！

チ・ヒョンスン ： じゃ、6時に駅の南口。駅まで迎えに行くから。

福田 佳奈 ： うん、分かった。

ふくだ かな : 어라? 현승이 아니니?
ふくだ かな : 슈퍼에 뭐 사러 왔어?
ふくだ かな : 고기?

ふくだ かな : 어어.
ふくだ かな : 누가 오는데?
ふくだ かな : 나도 가고 싶어!

ふくだ かな : 응, 알았어.

지현승 : 어~, かな.
지현승 : 고기 사러 온 거야.
지현승 : 응. 오늘 저녁에 우리 집에서 친구랑 고기 구워 먹기 파티를 하거든.
지현승 : かな도 올래?
지현승 : 현진이랑 なおと랑 ちひろ.
지현승 : 그럼, 6시에 전철역 남쪽 출구야. 역까지 마중하러 갈 테니까.

花見[はなみ] (꽃구경)라고 하면 벚꽃!

일본에서는 벚꽃이 피는 시기에 花見[はなみ]를 즐기는 사람들이 많습니다. 벚꽃 구경은 일종의 국민적인 행사라고 해도 될 정도로 많은 사람들이 참여를 합니다. 벚꽃 구경은 낮에만 하는 것이 아니라 밤에도 해요. 밤에 보는 벚꽃을 夜桜[よざくら](밤 벚꽃)라고 하여 다른 꽃구경에서는 볼 수 없는 벚꽃만의 독특한 풍습이라고 할 수 있지요. 벚꽃 구경은 학교나 회사에서 단체로 하는 경우도 많아 자리 쟁탈전이 치열합니다. 좋은 자리를 차지하기 위해서 몇 시간씩 일찍 와서 자리를 맡아 놓는 사람들도 많습니다. 학교에서는 신입생들, 회사에서는 신입사원들이 자리 쟁탈전에 동원되는 경우가 많은데, 자리를 대신 맡아 주는 아르바이트도 있답니다.

1 주어진 문장을 〜たい(〜하고 싶어)라는 문장으로 바꿔 보세요.

> |보기| 東京に住む。(とうきょうに すむ.)
> → 東京に住みたい。(とうきょうに すみたい.)

1. ✎ ....
2. ✎ ....
3. ✎ ....
4. ✎ ....

2 주어진 두 문장을 써서 〜に(〜하러)라는 문장을 만들어 보세요.

> |보기| 友達と行った (친구와 갔다) ・ お花見をする (꽃구경을 하다)
> → 友達とお花見をしに行った。(친구와 꽃구경을 하러 갔어.)

1. ✎ ....
2. ✎ ....
3. ✎ ....
4. ✎ ....

3 (   ) 속에 들어갈 적절한 글자를 보기와 같이 써 보세요.

> |보기| 東京に住(みたくない)。 とうきょうに 살고 싶지 않아.

1. 彼女(   )欲し(   )。 여자 친구가 갖고 싶었어.

2. 靴を買(   )百貨店に来た。 구두를 사러 백화점에 왔어.

3. 家族(   )中(   )、誰が(   )背が高い？
   가족 중에서 누가 제일 키가 커?

4. 子供(   )欲し(   )。 아이를 갖고 싶지 않았어.

4 주어진 단어를 우선 히라가나로 써 본 다음에 한자로도 써 보세요.

| |보기| 답, 정답, 대답 | 히라가나 こ │ た │ え | 한자 答 │ え |

1. 살다, 거주하다

   히라가나 ☐│☐   한자 ☐│☐

2. 갖고 싶다

   히라가나 ☐│☐│☐   한자 ☐│☐│☐

3. 집

   히라가나 ☐│☐   한자 ☐

4. 꽃구경, 꽃놀이

   히라가나 ☐│☐│☐   한자 ☐│☐

5. 가깝다

   히라가나 ☐│☐│☐   한자 ☐│☐

'~하고 싶어'라고 할 때 쓰는 조사

~たい(~하고 싶어)라는 표현을 배웠는데, '~하고 싶어/싶다'라는 문장에서는 조사 ~を (~을/를) 대신에 ~が(~이/가)를 쓸 수도 있습니다.

宿題の答えを知りたい。	숙제의 답을 알고 싶어.
宿題の答えが知りたい。	숙제의 답이 알고 싶어.

を와 が의 차이는 が를 쓰면 대상을 강조하게 된다는 점입니다. 한국어도 마찬가지죠. '물이 마시고 싶다'와 '물을 마시고 싶다'를 비교하면 '물이 마시고 싶다'라고 하는 편이 대상인 '물'을 강조하는 뉘앙스가 되지요. 일본어도 똑같습니다.

ビールを飲みたい。	맥주를 마시고 싶어.
ビールが飲みたい。	맥주가 마시고 싶어.

その映画を見たい。	그 영화를 보고 싶어.
その映画が見たい。	그 영화가 보고 싶어.

이에 비해 欲しい[ほしい]는 〈~が欲しい〉와 같이 ~が를 써야 하고 ~を를 쓰면 안 됩니다. 해석할 때는 '~가 갖고 싶다'와 '~를 갖고 싶다'의 두 가지로 해석할 수 있습니다.

彼女が欲しい。	여자 친구가 갖고 싶어.
お金が欲しい。	돈을 갖고 싶어.

사실 ~たい(~하고 싶다)도 교과서적으로는 〈~が~たい〉의 형태로 지도하는 경우가 많긴 합니다만, 실제로는 〈~が~たい〉와 〈~を~たい〉의 두 가지 모두 쓰입니다.

가타카나 고르기 (7)

주어진 단어의 가타카나 표기를 보기 안에서 골라 완성해 보세요.
(보기 안에 있는 가타카나는 여러 번 써도 됩니다.)

| |보기| | ア イ キ ク ケ ス セ タ ト ニ
ネ メ ユ リ レ ン ジ デ バ ビ
ブ パ プ ポ ィ ッ ャ ー |

1. 슈퍼

→ _____

2. 바이바이(bye bye)

→ _____

3. 프린트

→ _____

4. 레저

→ _____

5. 비즈니스

→ _____

6. 센터

→ _____

7. 유니크

→ _____

8. 포켓, 호주머니

→ _____

9. 브레이크

→ _____

10. 미디어

→ _____

정답 1. スーパー 2. バイバイ 3. プリント 4. レジャー 5. ビジネス
6. センター 7. ユニーク 8. ポケット 9. ブレーキ 10. メディア

18

존댓말로 말해요

飲みに行きたいです。

술 마시러 가고 싶어요.

강의 및 예문 듣기

🎧 예문 18-1.mp3

워밍업
기본 회화 듣기

그림을 보면서 어떤 내용인지 추측하면서 회화를 들어 보세요.

🎧 예문 18-2.mp3

1단계
기본 단어 익히기

잠깐만요!

18과 제목을 보면 알 수 있듯이 목적어 없이 飲む[の
む](마시다)라는 말만 쓰면
'술을 마시다'라는 뜻이 됩니다. '술 마시러 가다'라는 말을 할 경우에도 목적어 없이 그냥 飲みに(마시러)라고 하는 경우가 많습니다.

作る[つくる] ⑤ 만들다

変える[かえる] ① 바꾸다

座る[すわる] ⑤ 앉다

ブログ 블로그

ヘアスタイル 헤어스타일

休み[やすみ] 쉬는 시간, 휴일

二人[ふたり] 두 명

〜目[め] 〜째

今年[ことし] 올해

スキー 스키

花[はな] 꽃

頼む[たのむ]
⑤ 의뢰하다, 부탁하다

❶

〜たいです。

〜하고 싶습니다.

〈동사 ます형(ます삭제)+たい〉는 '〜하고 싶어/싶다'라는 뜻이라고 배웠지요? 〜たい는 い형용사 활용을 하기 때문에 존댓말로 할 때는 뒤에 〜です만 붙이면 됩니다.

この仕事を江口さんに頼みたいです。

이 일을 えぐち씨에게 부탁하고 싶습니다.

ブログを作りたいです。

블로그를 만들고 싶습니다.

ヘアスタイルを変えたいです。

헤어스타일을 바꾸고 싶어요.

ちょっと座りたいです。

잠깐 앉고 싶어요.

---

❷

〜たくないです。

〜하고 싶지 않습니다.

〜たい(〜하고 싶어/싶다)의 활용 형태를 존댓말로 말하는 연습을 해 봅시다.

잠깐만요!

원래 '노래방'은 カラオケボックス(가라오케 박스)라고 하는데, 말할 때는 ボックス(박스)를 빼고 カラオケ(가라오케)라고만 합니다.

カラオケで歌いたかったです。

노래방에서 노래 부르고 싶었습니다.

ブログを作りたくないです。

블로그를 만들고 싶지 않습니다.

ヘアスタイルを変えたくなかったです。

헤어스타일을 바꾸고 싶지 않았어요.

ちょっと座りたかったです。

잠깐 앉고 싶었어요.

---

❸ ～が欲しいです。

～가 갖고 싶습니다.

명사를 사용하여 '～가 갖고 싶다'라고 할 때는 欲しい[ほしい]를 쓴다고 했지요. 그리고 조사는 기본적으로 ～が를 쓰는데 강조하고자 할 때나 주제로 부각시키고자 할 때는 ～は를 씁니다.

休みが欲しいです。	쉬는 시간을 갖고 싶습니다.
彼氏は欲しくないです。	남자 친구는 갖고 싶지 않습니다.
もっと時間が欲しかったです。	더 시간을 갖고 싶었어요.
二人目は欲しくなかったです。	둘째는 갖고 싶지 않았어요.

잠깐만요!

休み[やすみ](쉬는 시간, 휴일)는 休む[やすむ](쉬다)의 ます형 休みます에서 ます가 빠진 것인데 이와 같이 동사 ます형은 명사로 쓰이는 경우가 많습니다.

❹ ～に

～하러

〈동사 ます형(ます삭제)+に〉는 '～하러'라는 뜻이 된다고 배웠지요? 그런데 する(하다)가 붙어서 동사로 쓰일 수 있는 명사와 '동사적 의미', '움직임'의 뜻을 강하게 지닌 명사는 명사 뒤에 바로 ～に를 붙일 수도 있습니다. 여기에서는 그런 〈명사+に〉의 형태를 연습해 봅시다.

天気がいいから、散歩に行きたいです。	날씨가 좋으니까 산책하러 가고 싶습니다.
英語の勉強にイギリスに来ました。	영어 공부하러 영국에 왔습니다.
母と一緒に買い物に行きます。	어머니와 함께 쇼핑하러 가요.
今年の冬はスキーに行きたいです。	올해 겨울은 스키 타러 가고 싶어요.

母[はは]
어머니(높이지 않는 호칭)

잠깐만요!

勉強[べんきょう]する(공부하다)와 같이 する(하다)가 붙어서 동사로 쓰일 수 있는 명사의 경우에는 ～しに(勉強しに)라고 할 수도 있고, 명사 뒤에 바로 ～に(勉強に)를 붙일 수도 있습니다. 또 그 외에 スキー(스키)와 같이 '동사적 의미', '움직임'의 뜻을 강하게 지닌 명사도 이와 같은 형태(スキーに)로 쓰일 수 있습니다.

果物[くだもの] 과일
面白い[おもしろい]
재미있다

잠깐만요!

일본어는 복수형을 잘 쓰지
않습니다. 일상적으로 복수
도 단수로 나타내는 경우가
많습니다. 뜻이 복수인지 단
수인지는 앞뒤를 살펴보고
판단하세요.

❺ ～の中でどれが一番～。

～ 중에서 어떤 것이 제일 ～?

앞에서는 의문사가 대상에 따라 달라진다고 배웠지요? 그런데 대상이 한
정되어 있는 경우는 どれ(어느 것)나 どの(어느)를 씁니다. 예를 들어, 음
식 중에서 무엇을 가장 좋아하는지를 물어보는 것이 아니라, 지금 눈앞에
서 고를 수 있는 음식이 몇 가지 정해져 있는 상황 같은 경우입니다.

この花の中でどれが一番好きですか。

이 꽃들 중에서 어떤 것을 가장 좋아합니까?

この果物の中で、どれが一番おいしいですか。

이 과일들 중에서 어떤 것이 가장 맛있습니까?

その映画の中で、どの映画が一番面白いですか。

그 영화들 중에서 어떤 영화가 제일 재미있어요?

その歌の中でどの歌が一番いいですか。

그 노래들 중에서 어떤 노래가 제일 좋아요?

❻ ～が一番～。

～가 제일 ～.

～の中で、どれが一番～(～ 중에서 어떤 것이 제일 ～?)라는 질문에 대
한 대답은 ～が一番～(～가 제일 ～)의 형태로 하면 됩니다.

この花が一番好きです。

이 꽃을 제일 좋아합니다.

みかんが一番おいしいです。

귤이 제일 맛있습니다.

この映画が一番面白いです。

이 영화가 가장 재미있어요.

この歌が一番いいです。

이 노래가 가장 좋아요.

3단계
회화로 다지기

最近[さいきん]
요새, 최근

もう一度[もういちど]
다시 한 번, 한 번 더

잠깐만요!

もう一度[いちど]는 もう
(더)와 一度[いちど](한 번)
가 합해져서 만들어진 말로,
'한 번 더', '다시 한 번'이라
는 뜻입니다. もう가 '더'라
는 뜻으로 쓰일 때는 반드시
뒤에 一度나 ちょっと(조
금)와 같은 말이 붙어 있어
야 하며, 단독으로 쓰일 때
는 '더'라는 뜻으로는 쓰이
지 않습니다.

太田[おおた]씨가 영화라도 보러 갈까 하여 잡지에 나온 최신 영화 기사를 읽고 있어요.

太田 駿 : 最近、映画を見ましたか。

チン・ソヨン : ええ。このページの映画は全部見ました。

太田 駿 : そうですか。
この中で、どの映画が一番面白いですか。

チン・ソヨン : この映画が一番面白いですよ。

太田 駿 : そうですか。

チン・ソヨン : ええ。もう一度見たいです。

太田 駿 : そうですか。じゃ、一緒に見に行きませんか。
僕も見たいです。

チン・ソヨン : ええ、いいですよ。いつ行きますか。

太田 駿 : 今日はどうですか。

チン・ソヨン : 今日はちょっと……。

太田 駿 : じゃ、明日は？

チン・ソヨン : ええ、いいですよ。

おおた しゅん : 요새 영화를 봤어요?

おおた しゅん : 그래요. 이 중에서 어떤 영화가
가장 재미있어요?

おおた しゅん : 그렇군요.

おおた しゅん : 그래요? 그럼, 같이 보러 가지
않을래요? 나도 보고 싶어요.

おおた しゅん : 오늘은 어때요?

おおた しゅん : 그럼, 내일은요?

진소영 : 네. 이 페이지(에 있는) 영화들은 전부
다 봤어요.

진소영 : 이 영화가 제일 재미있어요.

진소영 : 네, 한 번 더 보고 싶어요.

진소영 : 네, 좋아요. 언제 갈까요?

진소영 : 오늘은 좀…….

진소영 : 네, 좋아요.

스키나 보드를 타신다면 일본 스키장에 가 보세요!

한국 스키장은 사람이 참 많더군요. 스키나 보드를 타신다면 겨울에 일본 스키장에 한 번 가 보세요. 대부분의 일본 스키장은 규모가 매우 크고 사람도 많지 않습니다. 또 헬리콥터로 산꼭대기까지 올라가 거기서 스키나 보드를 타고 내려오는 '헬리콥터 스키', 압설차로 정비하지 않은 즉, 아무도 밟지 않은 신설을 즐기는 '신설 스키'를 탈 수 있는 곳들도 있습니다. 일본 스키장은 천연 온천이 함께 있는 곳들이 많아 스키와 온천을 동시에 즐길 수 있는 여행이 될 겁니다.

1 주어진 문장을 ~たいです(~하고 싶습니다)라는 문장으로 바꿔 보세요.
시제와 긍정/부정은 주어진 문장에 맞추어 주세요.

> |보기| 日本に行く。(일본에 가.)
> → 日本に行きたいです。(일본에 가고 싶습니다.)

1. 🎤 ⋯⋯⋯⋯⋯⋯⋯⋯⋯⋯⋯⋯⋯⋯⋯⋯⋯⋯⋯
2. 🎤 ⋯⋯⋯⋯⋯⋯⋯⋯⋯⋯⋯⋯⋯⋯⋯⋯⋯⋯⋯
3. 🎤 ⋯⋯⋯⋯⋯⋯⋯⋯⋯⋯⋯⋯⋯⋯⋯⋯⋯⋯⋯
4. 🎤 ⋯⋯⋯⋯⋯⋯⋯⋯⋯⋯⋯⋯⋯⋯⋯⋯⋯⋯⋯

2 주어진 두 단어를 써서 ~の中で、どれが一番~ですか(~ 중에서 어떤 것이 제일 ~ㅂ니까?)라는 문장을 만들어 보세요.

> |보기| この料理 (이 요리) • 好きな (좋아하는, 좋은)
> → この料理の中で、どれが一番好きですか。
> (이 요리 중에서 어떤 것이 제일 좋습니까?)

1. 🎤 ⋯⋯⋯⋯⋯⋯⋯⋯⋯⋯⋯⋯⋯⋯⋯⋯⋯⋯⋯
2. 🎤 ⋯⋯⋯⋯⋯⋯⋯⋯⋯⋯⋯⋯⋯⋯⋯⋯⋯⋯⋯
3. 🎤 ⋯⋯⋯⋯⋯⋯⋯⋯⋯⋯⋯⋯⋯⋯⋯⋯⋯⋯⋯
4. 🎤 ⋯⋯⋯⋯⋯⋯⋯⋯⋯⋯⋯⋯⋯⋯⋯⋯⋯⋯⋯

3 ( ) 속에 들어갈 적절한 글자를 보기와 같이 써 보세요.

> |보기| ブログ(を)作(りたいです)。블로그를 만들고 싶습니다.

1. もっと時間(   )欲(   )。
   더 시간을 갖고 싶었습니다.

2. 母(   )一緒に買い物(   )行きます。 어머니와 함께 쇼핑하러 가요.

3. この果物(   )中(   )、(   )が一番おいしいですか。
   이 과일들 중에서 어떤 것이 가장 맛있어요?

4 주어진 단어를 우선 히라가나로 써 본 다음에 한자로도 써 보세요.

|보기|	앉다	히라가나			한자	
		す	わ	る	座	る

1. 만들다

히라가나

한자

2. 바꾸다

히라가나

한자

3. 쉬는 시간, 휴일

히라가나

한자

4. 올해

히라가나

한자

5. 꽃

히라가나

한자

동사의 ます형이 명사가 돼요!

이번 과에서 休み[やすみ](쉬는 시간, 휴일)라는 단어가 나왔지요. 이는 休む[やすむ](쉬다)라는 5단동사와 관련이 있는 단어입니다. 동사의 ます형에서 ます를 뗀 형태가 명사로 쓰이는 경우가 많습니다. 몇 가지 예를 살펴봅시다.

休む[やすむ] (쉬다) → 休みます (쉽니다) → 休み (쉼, 쉬는 날, 휴식)

遊ぶ[あそぶ] (놀다) → 遊びます (놉니다) → 遊び (놀이)

行く[いく] (가다) → 行きます (갑니다) → 行き (감, 가는 길, 갈 때)

帰る[かえる] (돌아가다) → 帰ります (돌아갑니다) → 帰り (돌아감, 귀로, 돌아갈 때)

泳ぐ[およぐ] (헤엄치다) → 泳ぎます (헤엄칩니다) → 泳ぎ (헤엄, 수영)

貸す[かす] (빌려주다) → 貸します (빌려줍니다) → 貸し (빌려줌, 꾸어 줌, 빌려준 것)

借りる[かりる] (빌리다) → 借ります (빌립니다) → 借り (빌림, 빚)

그리고 이 책에서는 나오지 않지만, い형용사는 끝소리 い를 さ로 바꾸면 명사가 됩니다.

高い[たかい] (높다, 비싸다) → 高さ (높이)

長い[ながい] (길다) → 長さ (길이)

広い[ひろい] (넓다) → 広さ (넓이)

大きい[おおきい] (크다) → 大きさ (크기)

暑い[あつい] (덥다)) → 暑さ (더위)

가타카나 고르기 (8)

주어진 단어의 가타카나 표기를 보기 안에서 골라 완성해 보세요.
(보기 안에 있는 가타카나는 여러 번 써도 됩니다.)

|보기|								
	ア	イ	カ	ク	コ	ス	ソ	チ	テ
	ト	ネ	マ	モ	ユ	リ	ル	レ	ロ
	ン	ガ	ジ	デ	パ	イ	ッ	ャ	ー

1. 스위치

→ _____

2. 터널

→ _____

3. 파자마, 잠옷

→ _____

4. 유머

→ _____

5. 스트로우, 빨대

→ _____

6. 레이디

→ _____

7. 이퀄(=)

→ _____

8. 스쿨

→ _____

9. 가솔린

→ _____

10. 칵테일

→ _____

정답 1. スイッチ 2. トンネル 3. パジャマ 4. ユーモア 5. ストロー
6. レディー 7. イコール 8. スクール 9. ガソリン 10. カクテル

장문 읽어 보기

🎧 예문 18-6.mp3

다음 장문을 처음에는 오디오만 들어보면서 내용을 파악해 본 다음에, 문장을 읽어 보며 의미를 확인해 보세요.

> 僕は学校の勉強の中で、英語が一番好きだった。英語の勉強をもっとしたいから、来年イギリスへ英語の勉強をしに行く。イギリスでは、イギリスの文化もよく知りたいから、イギリス人の家で1年間ホームステイをする。1年間英語を勉強した後で、イギリスの大学で勉強したい。旅行もたくさんしたい。フランス、イタリア、ドイツも行きたい。お金がちょっと心配だ。

▶ '대학교'는 일본어로 '교(校)'가 없는 大学[だいがく]라고만 합니다. '교(校)'가 붙는 대학교는 일부 특수한 대학교뿐입니다. 보통 '대학교'라고 말할 때는 '교(校)'를 붙이지 마세요~!

| 단어 | 文化[ぶんか] 문화　　　　　　～年間[～ねんかん] ～년간　　　　ホームステイ 홈스테이
大学[だいがく] 대학교　　　　たくさん 많이　　　　　　　心配[しんぱい] 걱정

| 해석 | 나는 학교 공부 중에서 영어를 제일 좋아했다. 영어 공부를 더 하고 싶어서 내년에 영국으로 영어 공부를 하러 간다. 영국에서는 영국 문화도 잘 알고 싶기 때문에 영국 사람 집에서 1년간 홈스테이를 한다. 1년간 영어를 공부한 후에 영국 대학에서 공부하고 싶다. 여행도 많이 하고 싶다. 프랑스, 이탈리아, 독일도 가고 싶다. 돈이 좀 걱정이다.

여섯째마디

●

한국 사람이
잘 틀리는 표현들

외국어를 배우다 보면 모국어에는 없는 단어, 모국어에는
없는 표현을 만날 때가 있지요. 이런 모국어에 없는 것들은
익히기가 참 어렵습니다. 일본어에도 한국어에 없는 것들이
꽤 있지요. 여기에서는 일본어를 배우는 한국 사람들이 초
급 단계에서 잘 틀리는 표현들을 배우겠습니다. 이런 것들
은 시험에도 잘 나오는 것이니 잘 익히도록 하세요~!

19

반말로 말해요

誰がいる?

누가 있어?

강의 및 예문 듣기

🎧 예문 19-1.mp3

워밍업

기본 회화 듣기

그림을 보면서 어떤 내용인지 추측하면서 회화를 들어 보세요.

🎧 예문 19-2.mp3

1단계

기본 단어 익히기

いる ① (사람, 동물 등이) 있다

ある ⑤ (물건 등이) 있다

後ろ[うしろ] 뒤

スタンド 스탠드

リモコン 리모컨

テーブル 테이블, 식탁

ソファー 소파

木[き] 나무

前[まえ] 앞, 전

잡깐만요!

いる와 ある는 다음과 같이 활용됩니다.

いる의 활용

いる 있다/있어	いない 없다/없어
いた 있었다/있었어	いなかった 없었다/없었어

ある의 활용

ある 있다/있어	ない 없다/없어
あった 있었다/있었어	なかった 없었다/없었어

❶

〜の〜に〜がいる/ある。 〜의 〜에 〜가 있어.

일본어에서는 '있다/없다'라는 말을 할 경우에 주어가 사람이나 동물과 같이 살아서 움직이는 것일 때는 いる를 쓰고, 물건처럼 움직이지 않는 것일 때는 ある를 씁니다. ある는 5단동사이지만 ない형이 ない가 된다는 점에 주의하세요. 존재하는 장소는 조사 〜に(〜에)로 나타냅니다.

先生の前に友達がいる。	선생님 앞에 친구가 있어.
ドアの後ろに猫がいる。	문 뒤에 고양이가 있어.
机の上にスタンドがある。	책상 위에 스탠드가 있어.
椅子の下にリモコンがある。	의자 밑에 리모컨이 있어.

❷

〜は〜の〜にいる/ある。 〜는 〜의 〜에 있어.

이번에는 어순을 바꿔서 〜は〜の〜にいる/ある(〜는 〜의 〜에 있어)의 형태로 연습해 봅시다.

잡깐만요!

식물은 いる를 쓸까요, ある를 쓸까요? 식물은 살아 있지만 움직이지 않죠? 그래서 보통 ある를 씁니다. 식물을 마치 아기처럼 예뻐하는 사람이라면 いる를 쓸지도 모르지만, 그런 사람을 만났다면 매우 특이한 경우라고 할 수 있어요.

友達は先生の後ろにいない。	친구는 선생님 뒤에 없어.
犬は窓の前にいた。	개는 창문 앞에 있었어.
スタンドは椅子の下にあった。	스탠드는 의자 밑에 있었어.
リモコンは机の上になかった。	리모컨은 책상 위에 없었어.

③ 誰が/何が いる/ある？

누가/뭐가 있어?

의문사를 사용할 때 주의해야 합니다. 사람에 대해서는 誰[だれ](누구)를 쓰고, 동물이나 곤충, 물건에 대해서는 何[なに](무엇)를 씁니다. 동물이나 곤충 등의 경우는 '있다'를 동사 いる로 쓰고 의문사는 何를 씁니다.

お風呂に誰がいる？	욕실에 누가 있어?
テーブルの上に何がある？	테이블 위에 뭐가 있어? [물건]
ソファーの下に何がいる？	소파 밑에 뭐가 있어? [동물, 곤충 등]
木の後ろに何があった？	나무 뒤에 뭐가 있었어? [물건]

④ ～か

～ㄴ가

이번에는 いつか(언젠가), どこか(어딘가), 誰か(누군가), 何か(무엇인가)와 같은 〈의문사+か〉(～ㄴ가)라는 표현을 연습해 봅시다.

お風呂に誰かいる？	욕실에 누군가 있어?
テーブルの上に何かある？	테이블 위에 뭔가 있어? [물건]
ソファーの下に何かいた？	소파 밑에 뭔가 있었어? [동물, 곤충 등]
木の後ろに何かあった？	나무 뒤에 뭔가 있었어? [물건]

잠깐만요!

〈의문사+か〉는 '～ㄴ가'라는 뜻인데, 해석할 때는 '욕실에 누가 있어?'라고 해석하기도 합니다. 그런데 일본어는 お風呂に誰かいる？(욕실에 누군가 있어?)와 お風呂に誰がいる？(욕실에 누가 있어?)를 확실히 구별해서 씁니다. 전자는 '사람이 있는지 없는지'의 존재 유무를 물어 보는 것이고, 후자는 사람이 있는 것을 아는 상태에서 '누가' 있는지를 구체적으로 물어 보는 것입니다.

즉, 誰かいる？라는 질문에는 うん/ううん으로 대답하게 되고, 誰がいる？라는 질문에는 ～がいる(～가 있어)로 대답하게 됩니다.

❺ うん、〜か〜。

응, ~ㄴ가 ~.

앞에서 연습한 〈의문사+か〉를 사용한 질문에 대한 대답을 연습해 봅시다. 긍정의 대답은 〈의문사+か〉를 사용하여 대답하면 됩니다.

잠깐만요!

물론 '~ㄴ가 있어'를 생략해서 '~가 있어'라고 대답할 수도 있습니다. 예를 들어, 첫 번째 문장은 うん、誰かいる(응, 누군가 있어)라고 하지 않고, うん、祖父がいる(응, 할아버지가 있어)라고 대답할 수도 있다는 뜻이지요.

うん、誰かいる。	응, 누군가 있어.
うん、何かある。	응, 뭔가 있어. [물건]
うん、何かいた。	응, 뭔가 있었어. [동물, 곤충 등]
うん、何かあった。	응, 뭔가 있었어. [물건]

❻ ううん、〜も〜。

아니, ~도 ~.

〈의문사+も+부정〉은 한국어에서도 똑같이 '의문사+도+부정'이라는 표현이 사용되기 때문에 쉽게 익힐 수 있을 겁니다. 〈의문사+も+부정〉을 사용하여 대답해 봅시다.

잠깐만요!

誰も[だれも](아무도), 何も[なにも](아무것도), どこ(に/へ)も(어디(에)도)는 항상 뒤에 부정이 오지만 いつも(언제나), どれも(어느 것도), どちらも(어느 쪽도) 등의 다른 의문사들은 뒤에 부정이 올 수도 긍정이 올 수도 있습니다.

그리고 どこ(に/へ)も를 보면 알 수 있듯이 의문사와 も 사이에 조사가 들어가는 경우도 있습니다.

ううん、誰もいない。	아니, 아무도 없어.
ううん、何もない。	아니, 아무것도 없어. [물건]
ううん、何もいなかった。	아니, 아무것도 없었어. [동물, 곤충 등]
ううん、何もなかった。	아니, 아무것도 없었어. [물건]

夢[ゆめ] 꿈
うそ 거짓말
本当に[ほんとうに]
정말로
希望[きぼう] 희망
昔[むかし] 옛날, 옛날에
高校[こうこう]
고등학교, 고교
ファッションデザイナ
ー 패션 디자이너
ファッションデザイン
패션 디자인

잠깐만요!

▶高校[こうこう]는 高等
学校[こうとうがっこう]
(고등학교)의 준말입니다.

▶밤에 꾸는 꿈도 夢[ゆめ]
라고 하며, '꿈을 꾸다'는 夢
を見る[みる](꿈을 보다)라
고 표현해요!

▶うそ(거짓말)는 한자로 嘘
라고 쓰는데, 놀라면서 '진
짜?!'라고 할 때 많이 쓰는
말입니다. 물론 '거짓말'이라
는 뜻으로도 씁니다.

舞[まい]는 친구 성민이에게 성민이의 장래 꿈이 뭔지 물어봅니다.

三浦 舞 ： ソンミンの夢は何？

オム・ソンミン ： 夢？　ん……ない。

三浦 舞 ： うそ?!

オム・ソンミン ： うそじゃないよ。

三浦 舞 ： 本当に何もないの？　全然？

オム・ソンミン ： うん。夢とか希望とかはない。

三浦 舞 ： へえ……。昔からなかった？

オム・ソンミン ： 昔はあったよ。でも、今はない。

三浦 舞 ： 昔、どんな夢があったの？

オム・ソンミン ： 高校の先生。舞は夢ある？

三浦 舞 ： うん。ファッションデザイナー。

オム・ソンミン ： ファッションデザインに興味があるの？

三浦 舞 ： うん。

みうら まい：성민이의 꿈은 뭐야?
みうら まい：진짜?![직역: 거짓말]
みうら まい：정말로 아무것도 없는 거야? 전혀?
みうら まい：허어……. 옛날부터 없었어?
みうら まい：옛날에 어떤 꿈이 있었던 거야?
みうら まい：응. 패션 디자이너야.
みうら まい：응.

엄성민 : 꿈? 음…… 없어.
엄성민 : 거짓말 아니야.
엄성민 : 응. 꿈이라든가 희망 같은 건 없어.
엄성민 : 옛날에는 있었어. 그런데 지금은 없어.
엄성민 : 고등학교 선생님. まい는 꿈(이) 있어?
엄성민 : 패션 디자인에 관심이 있는 거야?

일본에서 인기 있는 애완동물들!

한국이든 일본이든 '애완동물' 하면 犬[いぬ](개)와 猫[ねこ](고양이)가 가장 먼저 떠오를 겁니다. 그 밖의 애완동물로
는 金魚[きんぎょ](금붕어), 熱帯魚[ねったいぎょ](열대어), カメ(거북이), 小鳥[ことり](작은 새), フェレット(페
렛, 흰 족제비), ウサギ(토끼), ハムスター(햄스터) 등이 있는데, 이것들 역시 한국과 비슷하지 않나 싶습니다. 페
렛(페렛)는 한국에서는 아직 일반적이지 않은 애완동물이겠지만, 페렛은 호기심이 많고 사람도 잘 따르는데다가 개
나 고양이처럼 울음소리가 크지 않아서 아파트 같은 공동주택에서 키우기 편하다는 이유로 인기가 많아요.

1 주어진 세 단어를 써서 〜の〜に〜がいる/ある(〜의 〜에 〜가 있어)라는 문장을 만들어 보세요.

> |보기| 先生 (선생님) · 前 (앞) · 友達 (친구)
> → 先生の前に友達がいる。(선생님 앞에 친구가 있어.)

1. ✎ _____

2. ✎ _____

3. ✎ _____

4. ✎ _____

2 주어진 〈의문사+か〉(〜ㄴ가)를 쓴 질문에 ううん、〜もいない/ない(아니, 〜도 없어)를 써서 대답해 보세요.

> |보기| テーブルの上に何かある？ (테이블 위에 뭔가 있어?)
> →ううん、何もない。(아니, 아무것도 없어.) [물건]

1. ✎ _____

2. ✎ _____

3. ✎ _____

4. ✎ _____

3 (　　) 속에 들어갈 적절한 글자를 보기와 같이 써 보세요.

> |보기| うち(に)妹が(いる)。 집에 여동생이 있어.

1. スタンド(　　)椅子(　　)下(　　)(　　　　　　)。 스탠드는 의자 밑에 없어.

2. 机(　　)上(　　)何(　　)(　　　　　　)？ 책상 위에 뭔가 있었어? (물건)

3. ううん、何(　　)(　　　　　　)。 아니, 아무것도 없었어. (물건)

4. 猫(　　)窓(　　)前(　　)(　　　　)。 고양이는 창문 앞에 있었어.

4 주어진 단어를 우선 히라가나로 써 본 다음에 한자로도 써 보세요.

보기	꿈	ゆ	め		夢
		히라가나			한자

1. 뒤

히라가나　　　　　　　　　한자

2. 나무

히라가나　　한자

3. 앞

히라가나　　　　　　　　　한자

4. 욕실, 목욕

히라가나　　　　　　　　　한자

5. 아래, 밑

히라가나　　　　　　　　　한자

가타카나 고르기 (9)

주어진 단어의 가타카나 표기를 보기 안에서 골라 완성해 보세요.
(보기 안에 있는 가타카나는 여러 번 써도 됩니다.)

|보기|	イ カ キ ク コ サ ス セ テ ト ニ ネ ノ モ ヨ ル レ ロ ワ ン グ パ ピ プ ッ ャ ュ ー

1. 땡큐

→ _____

2. 콘센트

→ _____

3. 캡틴

→ _____

4. 스피커

→ _____

5. 네클리스, 목걸이

→ _____

6. 파일럿

→ _____

7. 모노레일

→ _____

8. 유럽

→ _____

9. 원피스

→ _____

10. 커닝

→ _____

정답 1. サンキュー 2. コンセント 3. キャプテン 4. スピーカー 5. ネックレス
6. パイロット 7. モノレール 8. ヨーロッパ 9. ワンピース 10. カンニング

20

존댓말로 말해요

兄弟がいますか。

형제가 있습니까?

강의 및 예문 듣기

🎧 예문 20-1.mp3

워밍업

기본 회화 듣기

그림을 보면서 어떤 내용인지 추측하면서 회화를 들어 보세요.

🎧 예문 20-2.mp3

1단계

기본 단어 익히기

잠깐만요!

'할머니'의 높이는 호칭은 おばあさん이고, 직접 '할머니'라고 부를 때 쓰는 호칭은 おばあちゃん입니다.

隣[となり] (바로)옆, 이웃

横[よこ] 옆, 가로

間[あいだ] 사이

裏[うら] 뒤, 뒷면

祖母[そぼ] 조모, 할머니 (높이지 않는 호칭)

箱[はこ] 상자

本棚[ほんだな] 책장

鏡[かがみ] 거울

トイレ 화장실

❶ 〜の〜に〜がいます/あります。

〜의 〜에 〜가 있습니다.

いる는 1단동사이기 때문에 ます형이 います가 되고, ある는 5단동사이기 때문에 ます형이 あります가 됩니다.

祖父の隣に祖母がいます。	할아버지 (바로) 옆에 할머니가 있습니다.
箱の中に鳥がいます。	상자 안에 새가 있습니다.
本棚の横に鏡があります。	책장 옆에 거울이 있어요.
家の外にトイレがあります。	집 바깥에 화장실이 있어요.

外[そと] 밖, 바깥

잠깐만요!

隣[となり]도 横[よこ]도 '옆'이라는 뜻이라서 바꿔 쓸 수 있는 경우가 대부분인데 약간 뉘앙스 차이가 있습니다. 隣는 한 줄로 쭉 늘어서 있는 상태에서 좌우 바로 옆에 있는 것을 나타내는 데 비해, 横는 가로세로 방향으로 보았을 때의 가로 방향. 수평 방향이라는 뜻으로의 '옆'을 나타냅니다. 또 隣는 '옆집', '이웃'을 뜻하기도 합니다.

❷ 〜は〜の〜にいます/あります。

〜는 〜의 〜에 있습니다.

이번에는 어순을 바꿔서 〜は〜の〜にいます/あります(〜는 〜의 〜에 있습니다)의 형태로 연습해 봅시다.

母は祖父と祖母の間にいます。	어머니는 할아버지와 할머니 사이에 있습니다.
鳥は箱の中にいました。	새는 상자 안에 있었습니다.
銀行は学校の裏にあります。	은행은 학교 뒤에 있어요.
トイレは家の外にありました。	화장실은 집 바깥에 있었어요.

銀行[ぎんこう] 은행

잠깐만요!

'화장실'을 お手洗い[おてあらい]라고 배웠죠? トイレ라고 해도 되지만 トイレ가 더 직설적인 말이니 공손하게 말해야 하는 경우는 お手洗い라고 말하세요.

❸ 誰が/何が いますか/ありますか。

누가/뭐가 있습니까?

앞에서도 배웠듯이 의문사는 사람에 대해서는 誰[だれ](누구)를 쓰고, 동물이나 곤충, 물건에 대해서는 何[なに]를 씁니다. 동사는 사람과 동물, 곤충에는 いる를 쓰고, 물건에는 ある를 씁니다.

祖母の隣に誰がいましたか。	할머니 (바로) 옆에 누가 있었습니까?
鏡と箱の間に何がいますか。	거울과 상자 사이에 뭐가 있습니까? [동물, 곤충 등]
本棚の横に何がありましたか。	책장 옆에 뭐가 있었어요? [물건]
学校の裏に何がありますか。	학교 뒤에 뭐가 있어요? [물건]

잠깐만요!

건물 등의 위치를 나타낼 때는 '뒤'를 後ろ[うしろ]가 아니라 裏[うら]로 나타내는 경우가 많습니다. 裏의 기본적인 뜻은 '뒷면'이에요. 당구 용어나 옷감을 나타내는 말로 '우라'라는 말을 들어 보신 분들도 계시죠? 일본어입니다~!

❹ ～か

～ㄴ가

이번에는 〈의문사+か〉(～ㄴ가)를 사용하여 존댓말로 질문해 봅시다.

家の外に誰かいますか。	집 바깥에 누군가 있습니까?
箱の中に何かいましたか。	상자 안에 뭔가 있었습니까? [동물, 곤충 등]
スーパーの裏に何かありますか。	슈퍼 뒤에 뭔가 있어요? [물건]
鏡の横に何かありましたか。	거울 옆에 뭔가 있었어요? [물건]

❺

はい、〜か〜。

네, ~ㄴ가 ~.

위에서 연습한 〈의문사+か〉를 사용한 질문에 대해 はい(네)를 사용하여 대답해 봅시다.

はい、誰かいます。	네, 누군가 있습니다.
はい、何かいました。	네, 뭔가 있었습니다. [동물, 곤충 등]
はい、何かあります。	네, 뭔가 있어요. [물건]
はい、何かありました。	네, 뭔가 있었어요. [물건]

❻

いいえ、〜も〜。

아니요, ~도 ~.

〈의문사+か〉를 사용한 질문에 대해 〈의문사+も＋부정〉을 사용하여 대답해 봅시다.

いいえ、誰もいません。	아니요, 아무도 없습니다.
いいえ、何もいませんでした。	아니요, 아무것도 없었습니다. [동물, 곤충 등]
いいえ、何もありません。	아니요, 아무것도 없어요. [물건]
いいえ、何もありませんでした。	아니요, 아무것도 없었어요. [물건]

3단계

회화로 다지기

兄弟[きょうだい] 형제
妹[いもうと] 여동생
一人っ子[ひとりっこ] 외동이(형제나 자매가 없는 사람)
寂しい[さびしい] 외롭다
動物[どうぶつ] 동물

잠깐만요!

한국어는 '형제'와 '자매', '남매'로 나누어 쓰지요? 일본어에서는 '자매'는 姉妹[しまい]라고 하지만, '형제'와 '남매'는 따로 구분하지 않고 兄弟[きょうだい](형제)라고 합니다. 한자로는 兄妹 혹은 姉弟로 쓰기도 하지만 발음은 きょうだい라고 하는 것이 일반적입니다.

회사에 입사한 원희진 씨에게 동료인 藤原[ふじわら]씨가 가족 관계를 물어봅니다.

藤原 翼 : ウォンさんは兄弟がいますか。

ウォン・ヒジン : はい、妹と弟がいます。

藤原 翼 : そうですか。

ウォン・ヒジン : 藤原さんは兄弟がいますか。

藤原 翼 : いいえ、いません。一人っ子です。

ウォン・ヒジン : そうですか。寂しいですね。

藤原 翼 : ええ。でも、うちに動物がたくさんいますから、それほど寂しくないです。

ウォン・ヒジン : そんなにたくさんいますか。

藤原 翼 : ええ。犬や猫や鳥がいます。

ウォン・ヒジン : そうですか。

ふじわら つばさ : 원(희진)씨는 형제가 있어요?
ふじわら つばさ : 그렇군요.
ふじわら つばさ : 아니요, 없어요. 외동이에요.
ふじわら つばさ : 네. 그렇지만, 집에 동물이 많이 있어서 그렇게 외롭지 않아요.
ふじわら つばさ : 네. 개라든가 고양이, 새가 있어요.

원희진 : 네, 여동생과 남동생이 있습니다.
원희진 : ふじわら씨는 형제가 있습니까?
원희진 : 그래요. 외롭겠네요.
원희진 : 그렇게 많이 있어요?

원희진 : 그렇군요.

자기 가족에 대해 말할 때 ある를 쓰기도 해요!

사람이나 동물처럼 살아서 움직이는 것에는 いる, 물건처럼 움직이지 않는 것에는 ある를 쓴다고 배웠죠? 그런데 자기 가족에 대해서 말할 때 娘[むすめ]があります(딸이 있습니다)와 같이 ある를 쓰는 경우도 있습니다. 이는 가정의 구성원으로서의 '소유'를 나타낼 때는 ある를 쓰고, 물리적인 존재를 나타낼 때는 いる를 쓴다는 뜻이지요. 하지만 요즘은 자기 가족에 대해 말할 때 ある를 쓰는 사람이 많지 않으니까 그냥 いる를 쓰세요. 혹시 ある를 쓰는 예를 접할 수 있어서 설명 드린 것뿐입니다.

1 주어진 세 단어를 써서 ～は～の～にいます/あります(～는 ～의 ～에 있습니다)라는 문장을 만들어 보세요.

> |보기| 鏡 (거울) • 本棚 (책장) • 横 (옆)
> → 鏡は本棚の横にあります。 (거울은 책장 옆에 있습니다.)

1. ✎ ....
2. ✎ ....
3. ✎ ....
4. ✎ ....

2 주어진 〈의문사+か〉(～ㄴ가)를 쓴 질문에 いいえ、～もいません/ありません(아니요, ～도 없습니다)을 써서 대답해 보세요.

> |보기| 家の外に誰かいますか。 (집 바깥에 누군가 있습니까?)
> → いいえ、誰もいません。 (아니요, 아무도 없습니다.)

1. ✎ ....
2. ✎ ....
3. ✎ ....
4. ✎ ....

3 ( ) 속에 들어갈 적절한 글자를 보기와 같이 써 보세요.

> |보기| 鳥(は)箱(の)中(に)いました。 새는 상자 안에 있었습니다.

1. 祖父(　　)隣(　　)祖母(　　)います。 할아버지 (바로) 옆에 할머니가 있습니다.

2. 鏡(　　)箱(　　)間(　　)何が(　　　　　)か。
   거울과 상자 사이에 뭐가 있습니까? (동물, 곤충 등)

3. スーパー(　　)裏(　　)何(　　)ありますか。 슈퍼 뒤에 뭔가 있어요?

4. 本棚(　　)横(　　)何が(　　　　　)か。
   책장 옆에 뭐가 있었어요? (물건)

4 주어진 단어를 우선 히라가나로 써 본 다음에 한자로도 써 보세요.

|보기| 뒤, 뒷면	히라가나	한자
	う ら	裏

1. 안, 속

히라가나   한자

2. 옆, 가로

히라가나   한자

3. 사이

히라가나   한자

4. 조모, 할머니(높이지 않는 호칭)

히라가나   한자

5. 상자

히라가나   한자

가타카나 고르기 ⑩

주어진 단어의 가타카나 표기를 보기 안에서 골라 완성해 보세요.
(보기 안에 있는 가타카나는 여러 번 써도 됩니다.)

| 보기 |
| ア イ ク コ サ シ ス セ タ |
| チ ト ナ ニ ネ フ ミ メ ラ |
| リ ル レ ロ ワ ン グ ジ ズ |
| ド オ ッ ャ ュ ョ ー |

1. 채널
→ _____

2. 뉘앙스
→ _____

3. 메시지
→ _____

4. 뮤직
→ _____

5. 러시아워
→ _____

6. 산타클로스
→ _____

7. 드라이클리닝
→ _____

8. 인포메이션
→ _____

9. 인터내셔널
→ _____

10. 콘택트렌즈
→ _____

정답 1. チャンネル 2. ニュアンス 3. メッセージ 4. ミュージック 5. ラッシュアワー 6. サンタクロース
7. ドライクリーニング 8. インフォメーション 9. インターナショナル 10. コンタクトレンズ

192

21

반말로 말해요

彼女に指輪をあげた。

여자 친구한테 반지를 줬어.

강의 및 예문 듣기

🎧 예문 21-1.mp3

워밍업

기본 회화 듣기

그림을 보면서 어떤 내용인지 추측하면서 회화를 들어 보세요.

🎧 예문 21-2.mp3

1단계

기본 단어 익히기

 잠깐만요!

한국어는 친척을 부르는 호칭이 매우 복잡한데 일본어는 아주 쉽습니다. 부모의 형제 중에서 남자는 모두 おじ(높이지 않는 호칭)/おじさん(높이는 호칭), 여자는 모두 おば(높이지 않는 호칭)/おばさん(높이는 호칭)이라고 합니다. 그리고 '아저씨'도 おじさん, '아줌마'도 おばさん입니다.

あげる　주다

おじ　큰아버지, 삼촌 등 부모의 남자 형제 (높이지 않는 호칭)

おば　큰어머니, 이모 등 부모의 여자 형제 (높이지 않는 호칭)

紅茶[こうちゃ]　홍차

お皿[おさら]　접시

ネクタイ　넥타이

ネックレス　목걸이

指輪[ゆびわ]　반지

お小遣い[おこづかい]　용돈

①

～に～をあげる。

～한테 ～를 줘.

일본어에서는 1인칭(나=화자)이나 1인칭의 가족이 2인칭(너, 당신=청자) 혹은 3인칭(화자와 청자 외의 다른 사람)에게 줄 때나 2인칭이 3인칭에게 줄 때는 あげる를 씁니다. あげる는 1단동사이지요. '～한테', '～에게'는 일본어로 ～に가 된다는 건 이미 배웠죠?

잠깐만요!

'너한테', '당신한테'라는 말은 생략되는 경우가 많습니다. 한국어도 마찬가지죠?

(私はあなたに)おいしい紅茶をあげる。 (나는 당신한테) 맛있는 홍차를 줄게.

(僕は)おばにきれいなお皿をあげる。 (나는) 큰어머니한테 예쁜 접시를 줄 거야.

私の姉はおじにネクタイをあげた。 내 언니는 큰아버지한테 넥타이를 줬어.

僕は彼女にネックレスをあげない。 나는 여자 친구한테 목걸이를 안 줄 거야.

---

②

～に～をくれる。

～한테 ～를 줘.

일본어에서는 2인칭이 1인칭에게 혹은 3인칭이 1인칭이나 2인칭에게 줄 때는 くれる를 씁니다. くれる도 1단동사입니다. 私/僕に(나한테), あなたに(당신한테) 등은 생략되는 경우가 많습니다.

잠깐만요!

일본어에서는 '우리 언니', '우리 부모님'과 같은 표현을 쓰지 않고 僕[ぼく]/俺[おれ]/私[わたし]の姉[あね]/両親[りょうしん](내 누나, 언니/부모님)이라는 표현을 씁니다. 그리고 자신의 부모에 대해서 다른 사람에게 말할 때는 ご両親(부모님)이라고 높이지 않고 両親(양친, 부모)이라고 합니다.

(あなたは)私にそのお皿、くれる？ (당신은) 나한테 그 접시, 줄래?

彼氏が(あなたに)指輪をくれた？ 남자 친구가 (당신한테) 반지를 줬어?

僕の両親は僕にお小遣いをくれる。 내 부모님은 나한테 용돈을 줘.

おばが兄にネクタイをくれた。 이모가 오빠한테 넥타이를 줬어.

〜に〜をあげる/くれる。

〜한테 〜를 줘.

主人[しゅじん]
남편(높이지 않는 호칭)

앞에서 배웠듯이 あげる는 '나'에게 가까운 사람이 먼 사람에게 주는 경우에 쓰고, くれる는 '나'로부터 먼 사람이 가까운 사람에게 주는 경우에 씁니다. 3인칭과 3인칭 사이에서도 둘 중의 누가 더 '나'에게 가깝고 누가 더 '나'로부터 머냐에 따라 あげる와 くれる를 구분합니다.

妹が隣のおばさんにネックレスをあげた。

여동생이 옆집 아줌마한테 목걸이를 줬어.

弟が裏のおじさんに紅茶をあげた。　남동생이 뒷집 아저씨한테 홍차를 줬어.

先生が友達にプレゼントをくれなかった。

선생님이 친구한테 선물을 주지 않았어.

社長が主人にネクタイをくれた。　　사장님이 남편한테 넥타이를 줬어.

❹

〜に〜をもらう。

〜한테 〜를 받아.

彼[かれ] 남자 친구. 그
誕生日[たんじょうび]
생일

'받다'는 もらう라고 합니다. 이때 '〜한테'에 해당하는 조사도 〜に를 쓰면 됩니다.

私は彼に指輪をもらわなかった。　　나는 남자 친구한테 반지를 안 받았어.

僕はおじにお小遣いをもらった。　　나는 삼촌한테 용돈을 받았어.

今年の誕生日におばにネックレスをもらう。

올해 생일에 고모한테 목걸이를 받을 거야.

祖母にきれいなお皿をもらった。　　할머니한테 예쁜 접시를 받았어.

잠깐만요!

お小遣い[こづかい](용돈)
도 お皿[おさら](접시)도
小遣い[こづかい], 皿[사
라]라는 단어 앞에 お가 붙
어 말을 공손하게(부드럽게)
만든 것입니다. お 없이 쓰
면 매우 거친 말투가 되므로
お가 붙은 형태로 소개해
드렸어요.

❺

～から～をもらう。

～로부터 ～를 받아.

手紙[てがみ] 편지

조사 ～に를 ～から로 바꿔 써도 됩니다. 단 주의해야 할 것은 ～に, ～から 앞에 들어가는 단어가 사람일 때는 ～に와 ～から 둘 다 쓸 수 있지만, 사람이 아닐 때는 ～に는 쓰지 못하고 ～から만 써야 한다는 점입니다.

彼氏から指輪をもらわなかった。 남자 친구로부터 반지를 안 받았어.

私は両親からお小遣いをもらわない。 나는 부모님으로부터 용돈을 받지 않아.

学校から手紙をもらった。 학교로부터 편지를 받았어.

その会社から新しい仕事をもらう。 그 회사로부터 새 일을 받을 거야.

일본어는
이렇대!

あげる와 くれる 정리하기 (1)

한국어에서는 '주다'라는 말 하나만 쓰이지만 일본어에서는 あげる와 くれる로 나누어지니 구분하기가 좀 어렵죠? あげる와 くれる의 사용법을 이해하기 쉽게 그림으로 나타내면 아래와 같습니다.

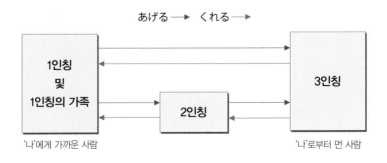

3단계

회화로 다지기

春斗[はると]는 수빈이가 남자 친구한테 어떤 생일 선물을 받았는지 물어봅니다.

まあね 뭐 그냥, 그냥 뭐,
뭐 그렇지(애매하게 맞장구
를 칠 때)
おごる ⑤ (먹을 것을) 사
주다, 한턱 내다

金子 春斗 : 彼氏に誕生日のプレゼント、何かもらった？

ヒョン・スビン : ううん、何ももらわなかった。

金子 春斗 : 何もくれなかったの?!

ヒョン・スビン : うん。

金子 春斗 : けんかした？

ヒョン・スビン : うん、ちょっとね。

金子 春斗 : また？　よくけんかするね。

ヒョン・スビン : まあね。

金子 春斗 : 今日、晩ご飯一緒にどう？　僕がおごるよ。

ヒョン・スビン : ありがとう。でも、いい。

金子 春斗 : そうか。わかった。

かねこ はると : 남자 친구한테 생일 선물 뭔가 받았어?	현수빈 : 아니, 아무것도 안 받았어.
かねこ はると : 아무것도 주지 않은 거야?	현수빈 : 응.
かねこ はると : 싸웠어?	현수빈 : 응, 좀.
かねこ はると : 또야? 자주 싸우네.	현수빈 : 뭐 그렇지.
かねこ はると : 오늘, 저녁 같이 (먹는 거) 어때? 내가 사 줄게.	현수빈 : 고마워. 근데 됐어.
かねこ はると : 그래. 알았어.	

먹을 것을 사 주는 문화

한국에서는 여러 사람이 함께 먹으러 가면 같이 간 사람들 중에서 누군가가 음식 값을 다 내는 경우가 많지요? 그런데 일본에서는 나이 차이가 많이 나는 경우는 나이가 많은 사람이 내는 경우가 많지만, 나이 차이가 나지 않으면서 '내가 사 줄게'라는 말이 없을 때는 각자 자기가 먹은 것만 계산하는 경우가 많습니다. 나갈 때 계산대로 가서 뭘 먹었는지 말하고 그 값만 계산하기도 하고, 테이블에서 각자 먹은 금액을 대표에게 주기도 합니다. 먹을 것을 사 줄 때 반말을 쓰는 사람에게는 おごる를 쓰지만 공손하게 말해야 하는 사람에게는 ごちそうする를 써야 합니다. ごちそう는 '진수성찬', '맛있는 음식'이라는 뜻이라서 ごちそうさまでした라는 인사말은 '진수성찬이었습니다' 즉 '맛있게 잘 먹었습니다'라는 뜻이 됩니다. 그런데 조심해야 할 점! 상대방이 사 준다는 말 없이 같이 먹으러 갔는데 먹고 나서 ごちそうさまでした라고 하면 '얻어 먹겠다'는 뜻이 되어 상대방이 깜짝 놀랄 수 있어요.

1 주어진 세 단어를 써서 ～は～に～をあげた/くれた(～는 ～한테 ～를 줬어)라는 문장을 만들어 보세요. 내용에 맞추어 あげる를 써야 할지 くれる를 써야 할지 판단하세요.

> |보기| 僕 (나) • おば (큰어머니) • お皿 (접시)
> → 僕はおばにお皿をあげた。 (나는 큰어머니한테 접시를 줬어.)

1. _____
2. _____
3. _____
4. _____

2 주어진 세 단어를 써서 ～は～に/から～をもらった(～는 ～한테/～로부터 ～를 받았어)라는 문장을 만들어 보세요. ～に와 ～から 둘 다 쓸 수 있는 경우는 ～に를 쓰세요.

> |보기| 私 (나) • 彼 (남자 친구) • 指輪 (반지)
> → 私は彼に指輪をもらった。 (나는 남자 친구한테 반지를 받았어.)

1. _____
2. _____
3. _____
4. _____

3 ( ) 속에 들어갈 적절한 글자를 보기와 같이 써 보세요.

> |보기| 私(は)おじ(に)ネクタイ(を)あげた。 나는 삼촌한테 넥타이를 줬어.

1. 僕(　　)両親(　　)僕(　　)お小遣いを(　　　　)なかった。
내 부모님은 나한테 용돈을 주지 않았어.

2. 妹(　　)おば(　　)ネックレスを(　　　　)。
여동생이 이모한테 목걸이를 줬어.

3. 私(　　)彼(　　)指輪を(　　　　)。
나는 남자 친구한테 반지를 받았어.

4 주어진 단어를 우선 히라가나로 써 본 다음에 한자로도 써 보세요.

| |보기| 편지 | 히라가나 て が み | 한자 手 紙 |

1. 홍차

히라가나 | | | | 　　　　한자 | |

2. 접시

히라가나 | | | 　　　　한자 | |

3. 반지

히라가나 | | | 　　　　한자 | |

4. 용돈

히라가나 | | | | | 　　　　한자 | | | | |

5. 양친, 부모

히라가나 | | | | | | 　　　　한자 | |

가타카나 쓰기 (1)

주어진 단어의 가타카나 표기를 직접 써 보세요.

1. 도어, 문   → _____

2. 빵   → _____

3. 가스   → _____

4. 껌   → _____

5. 펜   → _____

6. 프로   → _____

7. 메모   → _____

8. 미스   → _____

9. 고무   → _____

10. 버스   → _____

정답 1. ドア 2. パン 3. ガス 4. ガム 5. ペン 6. プロ 7. メモ 8. ミス 9. ゴム 10. バス

22

존댓말로 말해요

おばにもらいました。

이모에게 받았습니다.

강의 및 예문 듣기

🎧 예문 22-1.mp3

워밍업

기본 회화 듣기

그림을 보면서 어떤 내용인지 추측하면서 회화를 들어 보세요.

🎧 예문 22-2.mp3

1단계

기본 단어 익히기

잠깐만요!

일본의 전통 의상은 和服[わふく]라고도 합니다. 원래 着物는 '입는 옷'이라는 뜻이고 和服(일본식 옷)가 洋服[ようふく](서양식 옷)와 대비되는 명칭으로 쓰였지만, 현재는 着物와 和服가 같은 의미로 쓰입니다. 좋은 着物는 매우 비싸며 자식들에게 재산으로 물려주기도 합니다.

珍しい[めずらしい] 희귀하다, 드물다

娘[むすめ] 딸

着物[きもの] 기모노(일본 전통 의상)

切手[きって] 우표

花瓶[かびん] 꽃병

ハガキ 엽서

❶

〜に〜をあげます。

~에게 ~를 줍니다.

앞에서 배웠듯이 '나'에게 가까운 사람이 먼 사람에게 줄 때 あげる를 씁니다. あげる는 1단동사이기 때문에 ます형이 あげます가 됩니다.

잠깐만요!

ハガキ(엽서)는 한자로는 葉書라고 쓰고 교과서에서는 보통 한자로 표기합니다만, 일상적으로는 가타카나로 쓰는 경우가 많아서 가타카나로 소개해 드렸습니다.

私は娘に着物をあげます。	저는 딸에게 기모노를 줄 겁니다.
私は息子に珍しい切手をあげました。	저는 아들에게 희귀한 우표를 줬습니다.
おばに花瓶をあげました。	큰어머니에게 꽃병을 줬어요.
おじにハガキをあげませんでした。	고모부에게 엽서를 주지 않았어요.

❷

〜に〜をくれます。

~에게 ~를 줍니다.

'나'에게 먼 사람이 가까운 사람에게 줄 때 くれる를 씁니다. くれる도 1단동사이기 때문에 ます형이 くれます가 됩니다.

잠깐만요!

飴[あめ](사탕)를 キャンディー라고 하는 경우도 있지만 일상회화에서는 飴라고 하는 경우가 많습니다. 제품 이름에는 キャンディー를 쓰는 경우가 많아요.

先生は娘にいつも飴をくれます。	선생님은 딸에게 늘 사탕을 줍니다.
課長は息子に仕事をくれません。	과장님은 아들에게 일을 주지 않습니다.
おじが私に花瓶をくれました。	삼촌이 나에게 꽃병을 줬어요.
おばが息子にハガキをくれませんでした。	이모가 아들에게 엽서를 안 줬어요.

❸ ～に～をあげます/くれます。

～에게 ～를 줍니다.

あげる와 くれる의 구분에 유의하면서 한 번 더 연습해 봅시다.

祖父が隣の子に切手をあげました。 할아버지가 옆집 아이에게 우표를 줬습니다.

姉は友達に花瓶をあげました。 누나는 친구에게 꽃병을 줬어요.

祖母が娘に着物をくれました。 할머니가 딸에게 기모노를 줬습니다.

会社の人が兄にハガキをくれました。 회사 사람이 오빠에게 엽서를 줬어요.

❹ ～に～をもらいます。

～에게 ～를 받습니다.

이번에는 조사 ～に를 사용하여 もらう를 쓰는 문장을 연습해 봅시다.

私は母に着物をもらいます。 저는 어머니에게 기모노를 받을 겁니다.

僕は父にお小遣いをもらいません。 나는 아버지에게 용돈을 받지 않습니다.

息子に花瓶をもらいました。 아들에게 꽃병을 받았어요.

娘に切手をもらいませんでした。 딸에게 우표를 안 받았어요.

⑤ ～から～をもらいます。 ~로부터 ~를 받습니다.

書類[しょるい] 서류

이번에는 조사 ～から를 사용하여 もらう를 쓰는 문장을 연습해 봅시다.
앞에 사람이 아닌 대상이 올 경우는 ～から를 써야 한다고 배웠지요?

娘はおばから着物をもらいます。　딸은 외숙모로부터 기모노를 받을 겁니다.

私はおじから花瓶をもらいません。　저는 이모부로부터 꽃병을 안 받을 겁니다.

息子の会社からハガキをもらいました。 아들(의) 회사로부터 엽서를 받았어요.

学校から書類をもらいませんでした。　학교로부터 서류를 받지 않았어요.

あげる와 くれる 정리하기 (2)

あげる는 화자인 '나'에게 가까운 사람이 '나'로부터 먼 사람에게 주는 경우에 쓰고, くれ
る는 '나'로부터 먼 사람이 '나'에게 가까운 사람에게 주는 경우에 쓰지요. 3인칭끼리 주고
받는 때도 똑같이 '나'와의 거리에 따라 구분하면 되는데, 같은 사람이라도 상황에 따라 あ
げる를 쓸지 くれる를 쓸지 바뀔 수가 있지요. 예를 들어, A와 B 둘 다 나와 똑같이 친한
친구인 상황에서 공부 잘하는 A가 B와 나에게 노트를 보여 주었다면 '나'와 같은 입장인 B
가 가까운 사람이 되고 A가 먼 사람이 되는 것입니다. 밥을 먹으러 간 상황에서 B가 A와
'나'에게 밥을 사 주었다면 '나'와 같은 입장인 A가 가까운 사람이 되고 B가 먼 사람이 되는
것입니다.

3단계

회화로 다지기

成人式[せいじんしき]
성인식
色々な[いろいろな]
여러 가지의
この前[このまえ]
저번, 요전

잠깐만요!

'준형'이라는 이름을 일본어로 표기할 때는 ジュニョン 혹은 ジュンヒョン으로 표기할 수 있습니다. ジュニョン으로 쓰면 소리가 '준영'에 가깝고 ジュンヒョン으로 쓰면 소리가 '중형'에 가깝습니다. 정확히 '준형'이라고 표기할 방법이 없으니 맘에 드는 걸로 쓰시면 돼요.

美佳[みか]네 집에 온 준형이가 기모노를 예쁘게 입은 美佳의 사진을 보았어요.

ハム・ジュニョン：成人式の写真ですか。

原田 美佳：ええ。

ハム・ジュニョン：きれいな着物ですね。

原田 美佳：そうですか。ありがとうございます。
　　　　　　この着物はおばにもらいました。

ハム・ジュニョン：そうですか。

原田 美佳：おばは娘がいませんから、
　　　　　　いつも私に色々な物をくれます。

ハム・ジュニョン：そうですか。

原田 美佳：この前はとてもきれいな花瓶をくれました。

ハム・ジュニョン：その花瓶ですか。

原田 美佳：ええ、そうです。

ハム・ジュニョン：いい花瓶ですね。

함준형 : 성인식 사진이에요?
함준형 : 예쁜 기모노네요.

함준형 : 그래요.

함준형 : 그렇군요.
함준형 : 그 꽃병인가요?
함준형 : 좋은 꽃병이네요.

はらだ みか : 네.
はらだ みか : 그래요? 감사합니다. 이 기모노는 이모에게 받았어요.
はらだ みか : 이모는 딸이 없어서, 늘 저에게 여러 가지 것들을 줘요.
はらだ みか : 요전에는 너무 예쁜 꽃병을 줬어요.
はらだ みか : 네, 그래요.

일본의 성인식

일본에서는 1월 둘째 월요일이 成人の日[せいじんのひ](성인의 날:공휴일)로(1999년까지는 1월 15일이었음) 각지에서 成人式[せいじんしき](성인식)가 행해집니다. 일본에서는 만으로 20세가 되면 성인이 됩니다. 그러니 만 20세 전에는 음주 흡연은 위법입니다. 성인식은 주로 그 지역에 관련되는 사람의 강연, 그 지역 자치단체장의 축사, 성인 대표의 인사 등으로 이루어지지만 젊은 사람들의 취향을 받아들여 가수를 불러 콘서트를 하는 곳도 있답니다. 참석자 대부분은 오래간만에 동창들과 만나는 자리로 인식하는 것 같습니다.

성인식 때 여자들이 着物[きもの]를 입는 사람이 많은데 着物 중에서도 振袖[ふりそで]라고 불리는 소매가 긴 着物를 입습니다. 着物에는 종류가 많은데 이 振袖는 원칙적으로는 미혼여성만 입을 수 있는 것으로 振袖를 입을 수 있는 기회는 주로 성인식과 결혼식에 손님으로 갈 때입니다.

1 주어진 세 단어를 써서 ～は～に～をあげました/くれました(～는 ～에게 ～를 줬습니다)라는 문장을 만들어 보세요. 내용에 맞추어 あげる를 써야 할지 くれる를 써야 할지 판단하세요.

> |보기| 私 (저) · 娘 (딸) · 着物 (기모노)
> → 私は娘に着物をあげました。(저는 딸에게 기모노를 줬습니다.)

1. ✎ _____

2. ✎ _____

3. ✎ _____

4. ✎ _____

2 주어진 세 단어를 써서 ～は～に/から～をもらいました(～는 ～에게/～로부터 ～를 받았습니다)라는 문장을 만들어 보세요. ～に와 ～から 둘 다 쓸 수 있는 경우는 ～に를 쓰세요.

> |보기| 私 (저) · 息子 (아들) · 花瓶 (꽃병)
> → 私は息子に花瓶をもらいました。(저는 아들에게 꽃병을 받았습니다.)

1. ✎ _____

2. ✎ _____

3. ✎ _____

4. ✎ _____

3 (   ) 속에 들어갈 적절한 글자를 보기와 같이 써 보세요.

> |보기| 私は息子(に)珍しい切手を(あげ)ました。
> 저는 아들에게 희귀한 우표를 줬습니다.

1. 祖母(   )娘(   )着物を(   )ました。
   할머니가 딸에게 기모노를 줬습니다.

2. 私(   )おば(   )花瓶を(   )ました。 저는 고모에게 꽃병을 줬습니다.

3. 私(   )学校(   )書類を(   )でした。
   저는 학교로부터 서류를 받지 않았어요.

206

4 주어진 단어를 우선 히라가나로 써 본 다음에 한자로도 써 보세요.

|보기| 저번, 요전	히라가나				한자		
		こ	の	ま	え	こ	の	前

1. 희귀하다, 드물다

히라가나

한자

2. 딸

히라가나

한자

3. 기모노(일본 전통 의상)

히라가나

한자

4. 우표

히라가나

한자

5. 아들

히라가나

한자

가타카나 쓰기 (2)

주어진 단어의 가타카나 표기를 직접 써 보세요.

1. 클래스, 학급 → _____

2. 케이크 → _____

3. 캐나다 → _____

4. 베드, 침대 → _____

5. 러시아 → _____

6. 사인 → _____

7. 사이즈 → _____

8. 노크 → _____

9. 잉크 → _____

10. 버튼, 단추 → _____

정답 1. クラス 2. ケーキ 3. カナダ 4. ベッド 5. ロシア 6. サイン 7. サイズ 8. ノック 9. インク 10. ボタン

장문 읽어 보기

🎧 예문 22-6.mp3

다음 장문을 처음에는 오디오만 들어보면서 내용을 파악해 본 다음에, 문장을 읽어 보며 의미를 확인해 보세요.

婚約指輪について、20代から30代の人に聞きました。男性は56％が婚約者に指輪をあげたいと答えました。女性は79％が婚約者に指輪をもらいたいと答えました。婚約指輪は20万円から40万円くらいです。ダイヤモンドが一番人気があります。結婚指輪は婚約指輪より安いです。結婚指輪は10万円から20万円くらいです。

▶ 한국어에서는 '약혼'이라고 하는데 일본에서는 거꾸로 '혼약'이라고 합니다. 그리고 일본어에서는 '약혼자', '약혼녀' 구별 없이 둘 다 婚約者[こんやくしゃ](약혼자)라고 합니다.

| 단어 | 婚約[こんやく] 약혼 　　　　　～について ～에 대해서 　　　　　～代[だい] ～대, 대금, 값
男性[だんせい] 남성 　　　　　女性[じょせい] 여성 　　　　　％[パーセント] 퍼센트
婚約者[こんやくしゃ] 약혼자, 약혼녀 　　　　　人気[にんき] 인기

| 해석 | 약혼 반지에 대해서 20대에서 30대의 사람들에게 물었습니다. 남성은 56%가 약혼녀에게 반지를 주고 싶다고 답했습니다. 여성은 79%가 약혼자에게 반지를 받고 싶다고 답했습니다. 약혼 반지는 20만 엔에서 40만 엔 정도입니다. 다이아몬드가 가장 인기가 있습니다. 결혼 반지는 약혼 반지보다 쌉니다. 결혼 반지는 10만 엔에서 20만 엔 정도입니다.

동사 て형을
정복해라!

일곱째마디 ・ て형 기본
여덟째마디 ・ て형 발전편

이제 일본어 감각이 꽤 생기셨죠? 셋째마당에서는 일본어 표현력을 확~ 늘려 볼까요? 소리학습으로 일본어 공부를 시작하면 처음에는 진도가 빨리 빨리 나가지 않는 것 같아서 좀 불안하지 않으셨나요? 걱정 마세요. 소리학습은 거북이로 시작했다가 토끼로 가는 길입니다. 흔히들 하는 것처럼 글자 외우기 부터 시작하는 방법은 토끼로 시작했다가 거북이로 가는 길입니다. 앞으로는 일본어를 익혀 나가는 속 도가 붙을 거예요! 글자 외우기부터 시작했던 사람들은 나중에 귀와 입을 열기 위한 시간이 상당히 걸 리게 됩니다. 그리고 공부가 답답해지고요. 왜냐하면 읽기는 대학생 수준인데 말하기 듣기가 초등학생 수준이면 당연히 답답할 수밖에 없겠죠? 스스로가 괜히 바보처럼 느껴지기도 하고요. 소리학습으로 시 작한 여러분은 이런 걱정은 안 하셔도 됩니다~!

て형 기본

일본어 동사 활용 중에서 て형이라는 것이 있습니다. 한국어로 말하면 '~하고', '~해서'에 해당되는 형태입니다. 한국어에서도 '~하고', '~해서'라는 형태를 알면 표현할 수 있는 것들이 매우 많아지죠? '~하고 ~한다', '~해서 ~', '~하고 있어', '~하고 나서', '~해 주세요' 등등 여러 가지 다양한 표현들이 있지요. 일본어도 마찬가지입니다. 표현력을 늘리기 위해 て형을 정복하러 갑시다~!

23

반말로 말해요

道が暗くて怖かった。

길이 어두워서 무서웠어.

강의 및 예문 듣기

🎧 예문 23-1.mp3

워밍업
기본 회화 듣기

그림을 보면서 어떤 내용인지 추측하면서 회화를 들어 보세요.

🎧 예문 23-2.mp3

1단계
기본 단어 익히기

잠깐만요!

'따님'을 娘[むすめ](딸)에 さん을 붙여서 娘さん이라고 할 수도 있지만 お嬢さん에는 '귀하게 자란 좋은 집 딸'이라는 느낌이 있어 이 말을 쓰는 편이 듣는 사람은 기분이 좋지요.

疲れる[つかれる] ① 지치다, 피곤하다

引く[ひく] ⑤ 끌어당기다, (감기에)걸리다

びっくりする 놀라다, 깜짝 놀라다

明るい[あかるい] 밝다

暗い[くらい] 어둡다

気持ち悪い[きもちわるい]
　　　　　　　속이 안 좋다, 징그럽다

怖い[こわい] 무섭다

お嬢さん[おじょうさん] 따님,
　　　　　　　　　　　아가씨

風邪[かぜ] 감기

気分[きぶん] 기분

ホテル 호텔

道[みち] 길

213

① 　　　　　　　　　　　　　　　　　て형

～て～。

～하고 ～.

て형을 만드는 방법은 동사 た형의 た, だ를 て, で로 바꿔 주기만 하면 됩니다. 예를 들어 食べる[たべる](먹다), 飲む[のむ](마시다)의 た형인 食べた(먹었다), 飲んだ(마셨다)의 た, だ를 て, で로 바꿔서 食べて, 飲んで라고 하면 て형이 되는 거예요.

本[ほん] 책

잠깐만요!

シャワーを浴びる(샤워를 하다)를 シャワーをする라고 해도 됩니다. 浴びる[あびる]는 '뒤집어쓰다', '(물을)들쓰다'라는 뜻입니다.

晩ご飯を食べて、テレビを見た。　　　저녁을 먹고 TV를 봤어.

友達に会って、一緒にお茶を飲んだ。　　친구를 만나고 같이 차를 마셨어.

プールで泳いで、シャワーを浴びた。　　수영장에서 수영하고 샤워를 했어.

本を読んで、レポートを書いた。　　책을 읽고 리포트를 썼어.

---

②

～で～。

～이고 ～.

명사와 な형용사의 경우는 〈명사+で〉, 〈な형용사(な삭제)+で〉로 하면 '～이고', '～하고'라는 뜻이 됩니다.

大学生[だいがくせい] 대학생
中学生[ちゅうがくせい] 중학생
高校生[こうこうせい] 고등학생
親切な[しんせつな] 친절한
簡単な[かんたんな] 간단한, 쉬운

私の兄は大学生で、妹は中学生。　内 오빠는 대학생이고, 여동생은 중학생이야.

小野さんのお子さんはお嬢さんで、今高校生。
　　　　　　　おの씨(의) 자녀분은 따님이고, 지금 고등학생이야.

田村さんは親切で、竹内さんはまじめ。
　　　　　　　たむら씨는 친절하고, たけうち씨는 성실해.

これは簡単で、おいしい料理。　　이건 쉽고 맛있는 요리야.

---

③

～くて～。

～하고 ～.

い형용사의 경우는 끝소리 い를 く로 바꿔서 て를 붙이면 됩니다. 다만 いい(좋다)는 활용이 불규칙적이었죠? 여기에서도 역시 어두의 い가 よ로 바뀌어 よくて가 된다는 점에 주의하세요.

おじは背が高くて、おばは背が低い。 삼촌은 키가 크고, 외숙모는 키가 작아.

明日香は頭がよくて、妹はかわいい。 아스카는 머리가 좋고, 여동생은 귀여워.

この部屋は広くて明るい。 이 방은 넓고 밝아.

僕の家は古くて暗い。 우리 집은 낡았고 어두워.

④

～て～。

て형
～해서 ～.

て형에는 '～하고'라는 뜻 외에 '～해서'(이유)라는 뜻도 있습니다. 이번에는 '～해서'라는 뜻으로 사용되는 て형을 연습해 봅시다.

お酒をたくさん飲んで、気持ち悪い。 술을 많이 마셔서 속이 안 좋아.

今日はたくさん歩いて疲れた。 오늘은 많이 걸어서 지쳤어.

風邪をひいて、学校を休んだ。 감기에 걸려서 학교를 쉬었어.

一人で外国に行って、ちょっと怖かった。 혼자 외국에 가서 좀 무서웠어.

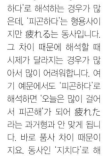

難しい[むずかしい]
어렵다

❺

～で～。

～여서 ～.

이번에는 명사와 な형용사를 ～で로 연결해서 '～여서'(이유)라는 문장을 연습해 봅시다.

難しい言葉でわからなかった。　　　　어려운 말이라서 이해 못했어.

風邪で学校を休んだ。　　　　　　감기 때문에 학교를 쉬었어.

トイレがきれいで気分がよかった。　　화장실이 깨끗해서 기분이 좋았어.

ここは静かでいい。　　　　　　　여기는 조용해서 좋아.

잠깐만요!

'감기에 걸리다'는 風邪を
ひく[かぜをひく]라고 합
니다. ひく(끌어당기다)라
는 동사를 쓴다는 점이 특이
하죠? 직역하면 '감기를 끌
어당기다' 즉, 감기를 끌어
당겨와서 걸리는 거죠. 한국
어는 조사 '～에'를 써서 '감
기에 걸리다'지만 일본어는
～를 써서 風邪をひく
라고 한다는 점에 주의하세
요. ひく는 한자로 引く로
쓰지만 '감기에 걸리다'라고
할 때는 히라가나로 쓰는 경
우가 많습니다.

❻

～くて～。

～해서 ～.

이번에는 い형용사를 ～くて로 연결해서 '～해서'(이유)라는 문장을 연습해 봅시다.

ホテルの部屋が明るくて、気分がよかった。

호텔 방이 밝아서 기분이 좋았어.

道が暗くて怖かった。　　　　　　길이 어두워서 무서웠어.

この料理は気持ち悪くて食べたくない。

이 요리는 징그러워서 먹고 싶지 않아.

電気代が高くてびっくりした。　　전기세가 비싸서 깜짝 놀랐어.

잠깐만요!

～代[だい]는 앞에서 나
온 20代(20대)처럼 쓰이기
도 하고, 여기에서 나온 電
気代[でんきだい](전기세)
처럼 '대금', '값'의 뜻으로도
쓰입니다.

3단계

회화로 다지기

顔色[かおいろ] 안색
気を付ける[きをつける]
조심하다

잠깐만요!

どうしたの？(왜 그래?)
에서 どうした를 직역하면
'어떻게 했어?'라는 뜻입니
다. 병원에 가면 의사가 '어
떻게 오셨어요?'라고 물어
보죠? 일본어로는 どうし
ましたか(어떻게 했습니
까?)라고 합니다.

술자리에서 옆에 앉은 大樹[たいき]의 안색이 너무 안 좋아 보이네요.

ヤン・ヘジン： どうしたの？

横山 大樹： ちょっと気持ち悪くて……。

ヤン・ヘジン： 大丈夫？

横山 大樹： 楽しいから、お酒、たくさん飲んで、
たくさん食べて……。それで……。

(大樹が吐きそうなのを見て)

ヤン・ヘジン： トイレに行った方がいい？

横山 大樹： ……うん。

ヤン・ヘジン： (화장실에 갔다 온 大樹가 자리에 앉자) 大丈夫？

横山 大樹： うん、もう大丈夫。

ヤン・ヘジン： さっきは顔色が悪くてびっくりした。

横山 大樹： ごめんね。ちょっと疲れたから、もう帰る。

ヤン・ヘジン： そう。気を付けてね。

양혜진 : 왜 그래?

양혜진 : 괜찮아?

(たいき가 토할 것 같은 것을 보고)

양혜진 : 화장실에 가는 편이 좋겠어?

양혜진 : (화장실에 갔다 온 たいき가 자리에 앉
자) 괜찮아?

양혜진 : 아까는 안색이 안 좋아서 깜짝 놀랐어.

양혜진 : 그래. 조심해서 가.

よこやま たいき : 좀 속이 안 좋아서…….

よこやま たいき : 즐거워서 술 많이 마시고 많
이 먹고……. 그래서…….

よこやま たいき : …… 응.

よこやま たいき : 응, 이제 괜찮아.

よこやま たいき : 미안해. 좀 피곤하니까 이제
집에 갈게.

일본 집은 작다는 오해!

흔히 일본 집은 작다는 말을 하지만 사실 그것은 오해입니다. 주택의 평균 크기를 비교한 자료를 보면 가장 집이 큰 나라는 미국이고, 2위 룩셈부르크, 3위 슬로베니아, 4위 덴마크, 그리고 5위가 일본입니다. 일본 집이 작다는 오해는 일본을 소개할 때 프랑스어인 'cage a lapins'(도시형 아파트단지)를 영어로 번역할 때 '토끼 집'으로 잘못 번역된 데에서 비롯되었답니다. 그런데 일본은 도쿄와 지방의 땅 값, 집 값이 크게 차이가 나서 도쿄는 다른 지역에 비해 집 크기가 아주 작습니다. 도쿄와 서울만 비교해 보면 서울 집이 훨씬 큽니다.

1 주어진 두 문장을 ～て(～하고/～해서)를 써서 한 문장으로 만들어 보세요.

> |보기| 晩ご飯を食べる (저녁을 먹다) • テレビを見た (TV를 봤다)
> → 晩ご飯を食べて、テレビを見た。(저녁을 먹고 TV를 봤어.)

1. ✎ _____
2. ✎ _____
3. ✎ _____
4. ✎ _____

2 이번에는 명사와 형용사입니다. 주어진 두 문장을 ～て/で(～하고/～해서)를 써서 한 문장으로 만들어 보세요.

> |보기| 私の兄は大学生 (내 오빠는 대학생이다) • 妹は中学生 (여동생은 중학생이다)
> → 私の兄は大学生で、妹は中学生。
> (내 오빠는 대학생이고, 여동생은 중학생이야.)

1. ✎ _____
2. ✎ _____
3. ✎ _____
4. ✎ _____

3 (   ) 속에 들어갈 적절한 글자를 보기와 같이 써 보세요.

> |보기| お酒をたくさん飲(んで)、気持ち悪い。술을 많이 마셔서 속이 안 좋아.

1. 田村さんは親切(   )、竹内さんはまじめ。
   たむら씨는 친절하고, たけうち씨는 성실해.

2. ホテルの部屋が明る(   )、気分がよかった。
   호텔 방이 밝아서 기분이 좋았어.

3. プールで泳(   )、シャワーを浴びた。 수영장에서 수영하고 샤워를 했어.

4. 今日はたくさん歩(   )疲れた。 오늘은 많이 걸어서 지쳤어.

4 주어진 단어를 우선 히라가나로 써 본 다음에 한자로도 써 보세요.

		히라가나			한자	
|보기|	무섭다	こ	わ	い	怖	い

1. 지치다, 피곤하다

히라가나   한자

2. 밝다

히라가나   한자

3. 어둡다

히라가나   한자

4. 기분

히라가나   한자

5. 길

히라가나   한자

'기분'이란 뜻인 気持ち[きもち]와 気分[きぶん]의 차이

이번 과에서 気持ち悪い[きもちわるい](속이 안 좋다, 징그럽다)라는 단어가 나왔지요. 직역하면 '기분이 나쁘다'인데 한국어에서는 '기분이 안 좋다'고 쓰는 경우가 많아 해석을 '기분이 안 좋다'로 해 놓았습니다.

이 표현은 원래 気持ちが悪い라는 형태입니다. 気持ち[きもち]도 気分[きぶん]도 '기분'이라고 해석되는 경우가 많아 차이를 알기 어려우니 여기에서 한 번 정리하고 넘어가겠습니다.

흔히 실수를 하는 것이 다음과 같은 사용법입니다.

気持ち(が)いい	気持ち(が)悪い
気分がいい	気分が悪い

해석할 때 왼쪽을 '기분이 좋다', 오른쪽을 '기분이 나쁘다'라고 해석하는 경우가 많아 오해가 생기는 경우가 많습니다. 한국어와 똑같이 '기분이 좋다', '기분이 나쁘다'를 나타내는 것은 아래쪽의 気分がいい, 気分が悪い입니다.

気持ち(が)いい도 '기분이 좋다'로 해석할 수 있지만, 정신적인 느낌에서 오는 '기분이 좋다'가 아니라 신체적인 느낌에서 오는 '기분이 좋다'의 경우에 쓰입니다. 예를 들어 선생님한테 칭찬을 받아서 기분 좋은 거라면 '정신적'인 느낌이기 때문에 気分がいい가 되고, 아주 부드러운 담요를 덮어서 기분 좋은 거라면 '신체적'인 느낌이기 때문에 気持ちがいい가 됩니다.

또 다른 예로, 땀을 많이 흘린 후에 샤워를 해서 개운하여 기분이 좋은 것은 '신체적'인 느낌이기 때문에 気持ちがいい가 되는데, 개운해서 기분이 좋은 것이 정신적인 쾌감으로 이어진다면 気分がいい로 표현할 수도 있어요. 즉 샤워를 막 끝냈을 때 신체적인 상쾌감은 気持ちがいい이고, 그 결과 정신적인 기분이 좋아지는 것은 気分がいい가 되는 것이죠. 그러니 막 샤워를 하면서 '오~~ 기분 좋아~'라고 하는 건 気持ちいい가 되겠죠.

気持ち(が)悪い와 気分が悪い는 いい(좋다)와는 약간 차이가 납니다. 気持ち(が)悪い는 気持ち(が)いい와 마찬가지로 신체적인 느낌에서 오는 경우에 쓰인다는 것은 같지만, 気分が悪い도 신체적인 느낌에 쓰이기도 합니다. 몸 컨디션이 안 좋아서 어지러울 때 気分が悪い라고 하는데, 구역질이 나거나 구역질이 날 것처럼 속이 안 좋을 때는 気持ち(が)悪い라고 합니다. 그러니 술을 많이 먹고 토할 것 같은 상태일 때는 気持ち(が)悪い가 맞는 표현이고 気分が悪い라고 하면 안 됩니다. 그리고 気持ち(が)悪い에는 이런 구역질과 연관되는 것인 '징그럽다'의 뜻도 있습니다.

그 외 気持ち는 감정이나 구체적인 생각 내용을 나타내는데 비해, 気分은 '유쾌 불쾌', '명암' 등 의 좀 더 막연한 경우를 나타냅니다. 그래서 気持ち는 '마음', '생각'으로 해석되는 경우도 있습니다. 예를 들어 彼に対[たい]する気持ち(그에 대한 마음/기분) 같은 경우는 구체적인 생각이라서 気持ち가 쓰이지 気分은 쓰이지 않습니다.

가타카나 쓰기 (3)

주어진 단어의 가타카나 표기를 직접 써 보세요.

1. 셔츠 → _____

2. 수프 → _____

3. 데이터 → _____

4. 센스 → _____

5. 피아노 → _____

6. 벤치 → _____

7. 호텔 → _____

8. 코트 → _____

9. 레벨 → _____

10. 세트 → _____

정답 1. シャツ 2. スープ 3. データ 4. センス 5. ピアノ 6. ベンチ 7. ホテル 8. コート 9. レベル 10. セット

24

존댓말로 말해요

電話を無くして困りました。

전화를 잃어버려서 난처했어요.

강의 및 예문 듣기

🎧 예문 24-1.mp3

워밍업
기본 회화 듣기

그림을 보면서 어떤 내용인지 추측하면서 회화를 들어 보세요.

🎧 예문 24-2.mp3

1단계
기본 단어 익히기

일본어에서는 '저장'을 保存 [ほぞん](보존)이라는 말로 표현합니다.

開く[ひらく] ⑤ 펴다, 열다

閉じる[とじる] ① 접다, 닫다

取り消す[とりけす] ⑤ 취소하다

付ける[つける] ① 붙이다

文書[ぶんしょ] 문서

保存[ほぞん] 저장

上書き保存[うわがきほぞん]
덮어쓰기

ワード 워드

ファイル 파일

プリントアウト 출력

アプリ 앱

ソフト 소프트웨어

チャット 채팅

223

①

～て～。

て형
～하고 ～.

동사 て형을 사용하여 두 개의 문장을 연결해 봅시다. 동사 て형은 た형의 た, だ를 て, で로 바꾸면 된다고 했지요?

잠깐만요!

名前を付けて保存[なまえをつけてほぞん]은 직역하면 '이름을 붙이고 저장'이 되는데 '다른 이름으로 저장'이라는 뜻으로 쓰이는 말입니다.

ワードで文書を作って保存しました。　워드로 문서를 만들고 저장했습니다.

ファイルを開いてプリントアウトしました。　파일을 열고 출력했습니다.

ファイルを上書き保存して閉じました。　파일을 덮어쓰고 닫았어요.

上書き保存を取り消して、名前を付けて保存しました。
덮어쓰기를 취소하고, 다른 이름으로 저장했어요.

---

②

～で～。

～이고 ～.

有名な[ゆうめいな] 유명한

大きい[おおきい] 크다

便利な[べんりな] 편리한

명사와 な형용사는 명사, な형용사(な삭제) 뒤에 바로 で를 붙이면 되지요.

こっちは新しいデータで、そっちは古いデータです。
이쪽은 새 데이터이고, 그쪽은 오래된 데이터입니다.

これは新しいアプリで、ちょっと高いです。
이것은 새 앱이고, 좀 비쌉니다.

잠깐만요!

アプリ(앱)는 アプリケーション(애플리케이션)의 준말입니다.

この会社は有名で、その会社は大きいです。
이 회사는 유명하고, 그 회사는 커요.

このソフトは簡単で便利です。　이 소프트웨어는 간단하고 편리해요.

❸ ～くて～。

～하고 ～.

い형용사의 경우는 끝소리 い를 くて로 바꾸면 된다고 했지요?

このスマホは高くて、そのケータイは安いです。

이 스마트폰은 비싸고, 그 일반 핸드폰은 쌉니다.

新しいソフトは易しくて、古いソフトは難しいです。

새 소프트웨어는 쉽고, 오래된 소프트웨어는 어렵습니다.

このノートパソコンは小さくて便利です。

이 노트북PC는 작고 편리해요.

このテレビは大きくて薄いです。

이 TV는 크고 얇아요.

❹ ～て～。

て형
～해서 ～.

이유를 나타내는 ～て(～해서)를 존댓말로 연습해 봅시다.

朝から夜まで仕事をして、疲れました。

아침부터 밤까지 일을 해서 지쳤습니다.

電話を無くして困りました。

전화를 잃어버려서 난처했습니다.

ノートパソコンを売ってお金を作りました。

노트북PC를 팔아서 돈을 마련했어요.

友達とチャットして、楽しかったです。

친구와 채팅을 해서 즐거웠어요.

❺
～で～。

～여서 ～.

이번에는 명사와 な형용사로 연습해 봅시다.

雪で、買い物に行きませんでした。　눈이 와서 장보러 가지 않았습니다.

朝で、お店に人があまりいません。아침이라서 가게에 사람들이 별로 없습니다.

仕事が嫌で、会社を休みました。　　　일이 싫어서 회사를 쉬었어요.

ケータイは不便で、スマホを買いました。

일반 핸드폰은 불편해서 스마트폰을 샀어요.

❻
～くて～。

～해서 ～.

이번에는 い형용사로 연습해 봅시다.

このケータイは厚くて嫌です。　　　이 일반 핸드폰은 두꺼워서 싫습니다.

このソフトは難しくてよくわかりません。

이 소프트웨어는 어려워서 잘 모르겠습니다.

新しいパソコンが欲しくて、バイトをしました。

새 PC를 갖고 싶어서 알바를 했어요.

お金が無くて困りました。　　　　　돈이 없어서 난처했어요.

3단계
회화로 다지기

料金[りょうきん] 요금

직장 동료인 中川莉緒[なかがわ りお]가 일반 핸드폰에서 스마트폰으로 바꾼 모양이에요.

(스마트폰으로 통화하는 中川씨를 보고, 통화가 끝난 후에)

イ・ドンウク： スマホ、買ったんですか。

中川 莉緒： ええ。ケータイは不便で、スマホを買いました。

イ・ドンウク： そうですか。スマホはどうですか。

中川 莉緒： とても便利でいいですよ。

イ・ドンウク： そうですか。

中川 莉緒： イさんはスマホを買いませんか。

イ・ドンウク： 料金が心配で……。

中川 莉緒： 料金はケータイよりスマホの方が高いですね。

イ・ドンウク： それで、スマホに変えたくないんです。
お金がありませんから。

中川 莉緒： そうですか。

(스마트폰으로 통화하는 なかがわ씨를 보고, 통화가 끝난 후에)

이동욱 : 스마트폰 산 거예요?

이동욱 : 그래요. 스마트폰은 어때요?

이동욱 : 그렇군요.

이동욱 : 요금이 걱정이라서…….

이동욱 : 그래서 스마트폰으로 바꾸고 싶지 않아요.
돈이 없거든요.

なかがわ りお : 네, 일반 핸드폰은 불편해서 스마트폰을 샀어요.

なかがわ りお : 아주 편리하고 좋아요.

なかがわ りお : 이(동욱)씨는 스마트폰을 안 사요?

なかがわ りお : 요금은 일반 핸드폰보다 스마트폰이 더 비싸죠.

なかがわ りお : 그래요.

일본의 일반 핸드폰은 갈라파고스 휴대폰!

일본에서는 일반 핸드폰을 ガラケー라고 부르는데, 이는 ガラパゴスケータイ(갈라파고스 핸드폰)의 준말입니다. 일본의 일반 핸드폰은 통신방식이 세계 표준과 달라서 해외로 수출되거나 일본으로 수입되는 일이 없었는데, 이후에 독자적으로 발전한 일본의 일반 핸드폰이 다른 섬들과 접촉 없이 독자적인 진화를 이루어낸 갈라파고스제도의 생물과 같다는 생각에 붙여진 말입니다. 최근에는 일본에서 스마트폰에서 다시 일반 핸드폰으로 돌아가는 사람들이 있다고 하네요. 참고로 '셀카봉'은 일본어로 自撮り棒[じどりぼう] 혹은 セルカ棒[ぼう]라고 하는데, セルカ는 한국어 '셀카'에서 온 말입니다.

1 주어진 두 문장을 〜て(〜하고/〜해서)를 써서 한 문장으로 만들어 보세요.

> |보기| ワードで文書を作りました (워드로 문서를 만들었습니다)
> 保存しました (저장했습니다)
> → ワードで文書を作って保存しました。
> (워드로 문서를 만들고 저장했습니다.)

1. 🎤 ....

2. 🎤 ....

3. 🎤 ....

4. 🎤 ....

2 이번에는 명사와 형용사입니다. 주어진 두 문장을 〜て/で(〜하고/〜해서)를 써서 한 문장으로 만들어 보세요.

> |보기| このソフトは簡単です (이 소프트웨어는 간단합니다)
> 便利です (편리합니다)
> → このソフトは簡単で便利です。 (이 소프트웨어는 간단하고 편리합니다.)

1. 🎤 ....

2. 🎤 ....

3. 🎤 ....

4. 🎤 ....

3 ( ) 속에 들어갈 적절한 글자를 보기와 같이 써 보세요.

> |보기| 上書き保存を取り消(して)、名前を付けて保存しました。
> 덮어쓰기를 취소하고 다른 이름으로 저장했습니다.

1. これは新しいアプリ( )、ちょっと高いです。
이것은 새 앱이고, 좀 비쌉니다.

2. このテレビは大き( )薄いです。 이 TV는 크고 얇습니다.

3. ノートパソコンを売( )お金を作りました。
노트북PC를 팔아서 돈을 마련했어요.

228

4 주어진 단어를 우선 히라가나로 써 본 다음에 한자로도 써 보세요.

		히라가나					한자	
|보기|	요금	り	ょ	う	き	ん	料	金

1. 펴다, 열다

히라가나

한자

2. 접다, 닫다

히라가나

한자

3. 붙이다

히라가나

한자

4. 문서

히라가나

한자

5. 저장

히라가나

한자

PC 용어

일상적으로 흔히 사용하는 PC 용어를 소개해 드리겠습니다.

이메일과 관련된 용어들

メールアドレス 메일 주소

(メアド 혹은 メルアド로 줄여 말하는 경우도 많습니다.)

受信箱[じゅしんばこ] 받은 편지함

送信済み[そうしんずみ] 보낸 편지함

(정확히는 送信済みトレイ 혹은 送信済みフォルダ인데, 표시에는 送信済み라고만 나옵니다.)

下書き[したがき] 임시 보관함

(下書き의 원래 뜻은 '초고', '초안'인데, PC나 핸드폰에서는 '임시 저장'의 뜻으로 쓰입니다.)

ごみ箱[ごみばこ] 쓰레기통

添付する[てんぷする] 첨부하다

添付ファイル[てんぷふぁいる] 첨부파일

迷惑メール[めいわくめーる] 스팸메일
スパムメール

写メール[しゃめーる] 사진 메일

(사진을 첨부한 메일로, 주로 写メ[しゃめ]로 줄여 말합니다. 일본은 핸드폰으로 주고 받는 '문자'가 없고, 전부 메일 형식으로 주고받습니다.)

문서 작성과 관련된 용어들

圧縮[あっしゅく] 압축	削除[さくじょ] 삭제
切り取り[きりとり] 잘라내기 カット	印刷[いんさつ] 인쇄
コピー 복사하기	印刷プレビュー [いんさつぷれびゅー] 미리보기
貼り付け[はりつけ] 붙여넣기	取り込む[とりこむ] 읽어들이다
コピー＆ペース 복사하여 붙여넣기 (보통 コピペ라고 줄여서 말합니다.)	凍る[こおる] 다운되다 フリーズする

PC 사용 및 인터넷과 관련된 용어들

お気に入り[おきにいり] 즐겨찾기	再起動[さいきどう] 재부팅
アップデート 업데이트	インストール 인스톨
ウイルス 바이러스	ウイルスチェック 바이러스 검사
アップロード 업로드	ダウンロード 다운로드
メモリ 메모리	ログイン 로그인
ログアウト 로그아웃	アイコン 아이콘
バックアップ 백업	バグ 버그

'열다'와 '닫다'

〈일본어 무작정 따라하기〉에서 開ける[あける](열다)/閉める[しめる](닫다)를 배웠죠? 여기서는 開く[ひらく](펴다, 열다)/閉じる[とじる](접다, 닫다)라는 단어를 배웠는데, 헷갈릴지도 모르니 설명하고 넘어가겠습니다.

開ける[あける]에는 '막혀 있던 것을 없애다', '가리고 있었던 것을 없애다'라는 뜻밖에 없는 데 비해, 開く[ひらく]에는 이런 뜻 외에 '펴다', '펼치다'라는 뜻도 있습니다. 따라서 '창문'은 開ける[あける]라고 할 수도 있고 開く[ひらく]라고 할 수도 있는 것이지요. 당연히 반대말인 閉める[しめる], 閉じる[とじる]도 양쪽 다 쓸 수 있고요.

그런데 '책을 펴다'라고 할 때는 開ける[あける]에 '펴다'라는 뜻이 없기 때문에 開く[ひらく]를 써야 합니다. '파일을 열다'라고 할 때도 마찬가지로 開く[ひらく]라고 해야 합니다. 왜냐하면 파일을 여는 것은 '막혀 있던 것을 없애거나 가리고 있었던 것'을 없애는 것이 아니기 때문이죠.

하지만 누가 보내 준 파일을 열어볼 때 등은 마치 선물 상자를 열어 보는 것처럼 느끼기도 하죠? 그런 경우에는 開ける[あける]라고 쓰기도 합니다. 선물 상자를 여는 것은 '가리고 있던 것(포장)을 없애다'라는 뜻이기 때문에 開ける[あける]와 開く[ひらく] 양쪽 다 쓰이는 것입니다.

가타카나 쓰기 (4)

주어진 단어의 가타카나 표기를 직접 써 보세요.

1. 마스크 → _____

2. 와인 → _____

3. 코스 → _____

4. 드라마 → _____

5. 벨트 → _____

6. 카드 → _____

7. 나이프 → _____

8. 샐러드 → _____

9. 게임 → _____

10. 세일 → _____

정답 1. マスク 2. ワイン 3.コース 4. ドラマ 5. ベルト 6. カード 7. ナイフ 8. サラダ 9. ゲーム 10. セール

25

傘を持って出かけた。

우산을 가지고 나갔어.

강의 및 예문 듣기

🎧 예문 25-1.mp3

워밍업
기본 회화 듣기

그림을 보면서 어떤 내용인지 추측하면서 회화를 들어 보세요.

🎧 예문 25-2.mp3

1단계
기본 단어 익히기

잠깐만요!

ひらく(펴다, 열다)와 あく (열리다)는 둘 다 한자로는 開く로 쓰기 때문에, ひら く로 읽는지 あく로 읽는지 는 문맥을 보고 판단해야 합 니다.

上げる[あげる] ① 올리다, 들다

渡る[わたる] ⑤ 건너다

出る[でる] ① 나가다, 나오다

終わる[おわる] ⑤ 끝나다

開く[あく] ⑤ 열리다

閉まる[しまる] ⑤ 닫히다

見せる[みせる] ① 보여주다

予習[よしゅう] 예습

復習[ふくしゅう] 복습

❶

～て～。

～하고/～해서 ～.

～て에는 나열하거나(～하고 ～하고) 이유를 말하는 것(～해서) 외에 어떤 상태로 했는지를 나타내기도 합니다. 한국어에서도 '～하고', '～해서'로 해석되기 때문에 나열과 굳이 구별해서 기억하실 필요는 없습니다.

手[て] 손

잠깐만요!

授業に出た를 직역하면 '수업에 나갔어/나갔다'가 됩니다. 수업에 출석하는 것을 出る[でる]로 표현할 수 있는데, 出席する[しゅっせきする](출석하다)라는 말도 씁니다.

手を上げて道を渡った。	손을 들고 길을 건넜어.
窓を開けて寝た。	창문을 열고 잤어.
傘を持って出かけた。	우산을 가지고 나갔어.
予習をして授業に出た。	예습을 하고 수업에 출석했어.

❷

～ないで～。

～하지 않고 ～.

〈동사 ない형＋で〉로 ～ないで라고 하면 '～하지 않고'라는 뜻이 됩니다. 1번에서 연습한 ～て의 부정 형태지요.

잠깐만요!

～ないで는 '～하지 않고'라는 뜻으로 쓰이는 경우가 많지만 '～하지 않아서'라는 뜻으로 쓰이기도 합니다. '～하지 않아서'라는 뜻으로 쓰일 때는 3번에서 배우는 ～なくても 바꿔 쓸 수 있습니다.

子供が勉強しないで困る. (아이가 공부하지 않아서 곤란해.)

手を上げないで道を渡った。	손을 들지 않고 길을 건넜어.
窓を閉めないで寝た。	창문을 닫지 않고 잤어.
傘を持たないで出かけた。	우산을 안 가지고 나갔어.
予習をしないで授業に出た。	예습을 하지 않고 수업에 출석했어.

235

❸ 〜なくて〜。

동사 ない형의 끝소리 い를 くて로 바꿔서 〜なくて라고 하면 '〜하지 않아서'라는 뜻이 됩니다. 〜なくて가 '〜하지 않고'의 뜻으로 쓰일 때도 있지만, 대부분 '〜하지 않아서'의 뜻으로 쓰입니다.

잠깐만요!

〜ないで는 동사에만 쓰이지만 〜なくて는 동사 외에 명사와 형용사에도 쓰입니다. 〜なくて가 동사에 사용될 때는 대부분 '〜하지 않아서'의 뜻이지만, 명사나 형용사에 사용될 때는 '〜하지 않아서' 외에 '〜하지 않고'의 뜻으로도 쓰입니다.

その人は会社員じゃなくて、学生です。(그 사람은 회사원이 아니라 학생입니다.)

そこは人があまり多くなくていい。(거기는 사람이 별로 많지 않아서 좋아.)

仕事が終わらなくて、大変だった。	일이 끝나지 않아서 힘들었어.
部屋のドアが開かなくて困った。	방문이 안 열려서 난처했어.
窓が閉まらなくて寒かった。	창문이 닫히지 않아서 추웠어.
声が全然出なくて、病院に行った。	목소리가 전혀 안 나와서 병원에 갔어.

❹ 〜て。

〜해 줘.

〜て로 문장이 끝나면 '〜해 줘'라는 부탁하는 의미가 됩니다. 한국어로 '〜해 줘'라고 번역하기가 어색할 때는 '〜해'로 해석하기도 합니다. '〜해'로 해석해도 부탁하는 말투라는 것을 알아 두세요.

잠깐만요!

ちょっと待って는 직역하면 '잠깐 기다려 줘'인데, '잠깐만'으로 짧게 해석하는 경우도 많아요.

ちょっと待って。	잠깐 기다려 줘.
この単語の意味、教えて。	이 단어(의) 뜻, 알려 줘.
英語のノート、ちょっと見せて。	영어 노트, 잠깐 보여 줘.
うちに遊びに来て。	우리 집에 놀러 와.

236

❺ 〜ないで。

〜하지 말아 줘.

〜ないで로 문장이 끝나면 '〜하지 말아 줘'라는 뜻이 되는데, 이것 역시 '〜하지 마'로 해석하는 경우가 있습니다. '〜하지 마'로 해석해도 금지 명령이 아니라 부탁하는 말투라는 것을 알아 두세요.

잠깐만요!

〜ないで는 직역하면 '〜하지 말아 줘'가 되는데 '〜하지 마'로 해석하기도 합니다. 한국어에서는 '〜하지 마'라는 말이 친한 사이에서는 흔히 쓰는 말이죠. 그런데 '〜하지 마'를 일본어로 직역해서 〜するな(〈사전형+な〉(금지형))로 말하면 매우 거친 말이 됩니다. 직역해서 쓰지 마세요~!

その川を渡らないで。	그 강을 건너지 말아 줘.
もうその人と会わないで。	이제 그 사람과 만나지 말아 줘.
そんな物、私に見せないで。	그런 거, 나한테 보여 주지 마.
手を上げないで。	손을 들지 마.

❻ 〜てから

〜하고 나서

〈동사 て형+から〉는 '〜하고 나서'라는 뜻입니다. 〜から가 '〜부터'라는 뜻의 조사라는 것과 연관지어 기억하면 좋습니다.

잠깐만요!

▶ 手を上げる[てをあげる](손을 들다/올리다)에는 손을 높이 올린다는 뜻 외에도 '항복하다'라는 뜻과 '(때리려고) 손을 올리다', '폭력을 휘두르다'라는 뜻도 있습니다.

▶ 목적어 없이 飲む[のむ](마시다)라고만 하면 '술을 마시다'라는 뜻입니다.

手を上げてから質問して。	손을 들고 나서 질문해 줘.
授業を聞いてから復習する。	수업을 듣고 나서 복습해.
仕事が終わってから飲みに行く。	일이 끝나고 나서 술 마시러 갈 거야.
川を渡ってからバスを降りた。	강을 건너고 나서 버스에서 내렸어.

3단계
회화로 다지기

학교에 와 보니, 짝꿍 윤지가 우울한 표정으로 자리에 앉아 있네요.

小林 海斗 : どうしたの？

ヤン・ユンジ : ん？ 今日、英語の予習をしないで来たの。

小林 海斗 : え?! いつも予習するの？

ヤン・ユンジ : うん。予習をしてから授業を聞いて、授業を
聞いてから復習するよ。

小林 海斗 : うっそ〜！ まじ?!

ヤン・ユンジ : 海斗は予習、復習をしないの？

小林 海斗 : 復習はたまにするよ。

ヤン・ユンジ : たまに?!

小林 海斗 : うん。予習はしたことない。

ヤン・ユンジ : 予習、復習はちゃんとした方がいいよ。

小林 海斗 : はいはい、わかりました。

まじ 진짜, 정말(속어)
たまに 어쩌다가, 어쩌다 한 번
ちゃんと 제대로

잠깐만요!

▶ うそ(거짓말)는 놀라면서 '진짜?!'라고 할 때 많이 쓰는 말이라고 했지요? '진짜야? 에~이, 거짓말이지~?'라는 느낌으로 말할 때는 うそ〜처럼 끝을 길게 발음하고, 정말 깜짝 놀랐을 때는 여기 회화처럼 うっそ〜!라고 발음합니다.

▶ まじ는 まじめ(성실한, 진지한)에서 나온 말인데, '진짜, 진심'이라는 뜻으로 쓰는 속어입니다.

こばやし かいと : 왜 그래?
こばやし かいと : 뭐?! 항상 예습하는 거야?

こばやし かいと : 헐~! 진짜?!
こばやし かいと : 복습은 어쩌다 한 번 해.
こばやし かいと : 응. 예습은 한 적 없어.
こばやし かいと : 네네, 알겠습니다.

양윤지 : 어? 오늘, 영어 예습을 안 하고 왔거든.
양윤지 : 응. 예습을 하고 나서 수업을 듣고, 수업을 듣고 나서 복습해.
양윤지 : 가이토는 예습, 복습을 안 하는 거야?
양윤지 : 어쩌다 한 번?!
양윤지 : 예습, 복습은 제대로 하는 편이 좋아.

'님아, 그 강을 건너지 마오'(2014)

'님아, 그 강을 건너지 마오'라는 한국 영화가 있지요. 이 원고를 쓰고 있는 시점에서 아직 일본에서 개봉되지 않아 공식적인 명칭은 정해지지 않았지만 '그 강을 건너지 마오'는 その川[かわ]を渡[わた]らないで로 번역 소개하는 곳이 대부분입니다. 渡らないで는 이번 과에서 ~ないで(~하지 말아 줘)라는 표현을 배웠으니 '건너지 말아 줘'라는 뜻이라는 건 아시겠죠? '님아'는 あなた(당신)로 번역하는 곳이 많지만 愛[あい]する人[ひと]よ(사랑하는 사람이여)로 번역한 곳도 있습니다.

1 주어진 두 문장을 ～て(~하고) 혹은 ～ないで(~하지 않고)를 써서 한 문장으로 만들어 보세요.

> |보기| 手を上げません (손을 들지 않습니다) ・ 道を渡りました (길을 건넜습니다)
> → 手を上げないで道を渡った。(손을 들지 않고 길을 건넜어.)

1. 🎙 _____

2. 🎙 _____

3. 🎙 _____

4. 🎙 _____

2 주어진 두 문장을 ～てから(~하고 나서)를 써서 한 문장으로 만들어 보세요.

> |보기| 手を上げる (손을 들다) ・ 質問する (질문하다)
> → 手を上げてから質問する。(손을 들고 나서 질문해.)

1. 🎙 _____

2. 🎙 _____

3. 🎙 _____

4. 🎙 _____

3 ( ) 속에 들어갈 적절한 글자를 보기와 같이 써 보세요.

> |보기| 手を上げ(て)道を渡った。 손을 들고 길을 건넜어.

1. 仕事が終わら( )、大変だった。 일이 안 끝나서 힘들었어.

2. ちょっと待( )。 잠깐 기다려 줘.

3. こっちを見( )。 이쪽을 보지 말아 줘.

4. 川を渡( )バス( )降りた。
　강을 건너고 나서 버스에서 내렸어.

4 주어진 단어를 우선 히라가나로 써 본 다음에 한자로도 써 보세요.

|보기| 닫히다	히라가나			한자		
	し	ま	る	閉	ま	る

1. 올리다, 들다

히라가나

한자

2. 나가다, 나오다

히라가나

한자

3. 끝나다

히라가나

한자

4. 열리다

히라가나

한자

5. 예습

히라가나

한자

見せる[みせる]와 見える[みえる]의 차이

이번 과에 見せる[みせる](보여주다)라는 동사가 나왔지요. 見せる는 사전으로 찾아보면 '보이다'라고 해석되어 있습니다. 그런데 왜 제가 '보이다'로 해석하지 않고 굳이 '보여주다'로 해석했냐면 자연스럽게 눈에 들어와서 보이는 '보이다'와 헷갈릴 수 있기 때문입니다.

이것 때문에 잘못 쓰는 사람들이 꽤 있어요. 자연스럽게 눈에 들어와서 보이는 '보이다'는 일본어로 見える[みえる]이고 남에게 보도록 하는 '보이다'는 見せる입니다. 見せる를 '보여주다'로 기억하시면 헷갈리지 않아요. 見せる도 見える도 모두 1단동사입니다.

友達に写真を見せた。	친구에게 사진을 보여주었다.
山が見える。	산이 보인다.

見せる(보여주다)는 타동사이기 때문에 앞에 ～を(～를)가 오고, 見える(보이다)는 자동사이기 때문에 앞에 ～が(～가) 혹은 ～は(～는) 등이 옵니다. 조사와 함께 〈～を見せる〉의 형태로, 〈～が見える〉의 형태로 기억해 두는 것도 헷갈리지 않을 수 있는 좋은 방법이 되겠네요~!

가타카나 쓰기 (5)

주어진 단어의 가타카나 표기를 직접 써 보세요.

1. 런치　　　　　→ _____

2. 풀, 수영장　　→ _____

3. 카페　　　　　→ _____

4. 김치　　　　　→ _____

5. 사이트　　　　→ _____

6. 데이트　　　　→ _____

7. 소프트　　　　→ _____

8. 모델　　　　　→ _____

9. 로비　　　　　→ _____

10. 팬(fan)　　　→ _____

정답　1. ランチ　2. プール　3. カフェ　3. キムチ　5. サイト　6. デート　7. ソフト　8. モデル　9. ロビー　10. ファン

26

존댓말로 말해요

立たないでください。

일어서지 마세요.

강의 및 예문 듣기

🎧 예문 26-1.mp3

워밍업

기본 회화 듣기

그림을 보면서 어떤 내용인지 추측하면서 회화를 들어 보세요.

🎧 예문 26-2.mp3

1단계

기본 단어 익히기

잠깐만요!

しょうゆ(간장)는 한자로 쓰면 醤油입니다. 한자가 어려워서 히라가나로 소개했지만 한자로 나오는 경우도 많으니 쓸 수는 없어도 보면 알아볼 수 있도록 기억해 두세요.

かける   ① 뿌리다

つける   ① 찍다, 묻히다

立つ[たつ]   ⑤ 서다, 일어서다

塩[しお]   소금

しょうゆ   간장

化粧[けしょう]   화장

～書[しょ]   ～서, ～책자

パスポート   여권

1

～て～。

～하고/～해서 ～.

어떤 상태로 했는지를 나타내는 ～て(～하고, ～해서)를 존댓말로 연습해 봅시다.

잠깐만요!

かける, つける의 한자는 掛ける, 付ける이지만, '뿌리다', '찍다'라는 뜻으로 쓰일 때는 보통 히라가나로 씁니다.

これは塩をかけて食べます。	이것은 소금을 뿌려서 먹습니다.
それはしょうゆをつけて食べます。	그것은 간장을 찍어서 먹습니다.
立って話をしました。	일어서서 이야기를 했어요.
化粧をして出かけました。	화장을 하고 외출했어요.

2

～ないで～。

～하지 않고 ～.

이번에는 부정 ～ないで(～하지 않고)를 존댓말로 연습해 봅시다.

잠깐만요!

化粧[けしょう]는 メイク라고도 많이 합니다. メイク는 メイクアップ(메이크업)의 준말이지요. 화장을 전혀 안 한 것은 ノーメイク(노 메이크) 또는 すっぴん(민낯)이라고 합니다.

これは塩をかけないで食べます。	이것은 소금을 뿌리지 않고 먹습니다.
それはしょうゆをつけないで食べます。	그것은 간장을 찍지 않고 먹습니다.
目を見ないで話しました。	눈을 보지 않고 이야기했어요.
化粧をしないで出かけました。	화장을 안 하고 외출했어요.

～なくて～。

～하지 않아서 ～.

結果[けっか] 결과
残念な[ざんねんな]
아쉬운. 유감스러운

잠깐만요!

聞く[きく]에는 '듣다'라는
뜻 외에 '묻다'라는 뜻도 있
습니다. 質問する[しつも
んする]라는 말은 교실 상
황에서 쓰는 말이고, 일상적
인 상황에서는 聞く라는 말
을 씁니다. 한국어에서 '질
문하다'라고 안 하고 '묻다'
라고 하는 것과 마찬가지죠.

이번에는 ～なくて(～하지 않아서)를 존댓말로 연습해 봅시다. 앞에서
도 설명 드렸지만 ～なくて는 '～하지 않고'로 해석하기도 하지만 대부
분 '～하지 않아서'의 뜻으로 쓰입니다.

仕事が終わらなくて困りました。　일이 끝나지 않아서 난처했습니다.

試合でいい結果が出なくて残念でした。
시합에서 좋은 결과가 안 나와서 아쉬웠습니다.

その飛行機に乗らなくてよかったです。그 비행기를 안 타서 다행이었어요.

意味がわからなくて先生に聞きました。
의미가 이해되지 않아서 선생님에게 물었어요.

❹

～てください。

～해 주세요.

잠깐만요!

立つ[たつ](서다, 일어서다)
의 반대말은 座る[すわる]
(앉다)입니다. 이미 18과에서
배웠답니다.

～て(～해 줘)의 존댓말은 ～て 뒤에 ください(주세요)를 붙여서 ～て
ください(～해 주세요, ～하세요)라고 하면 됩니다.

パスポートを見せてください。　여권을 보여 주세요.

ちょっと立ってください。　잠깐 일어서 주세요.

これは塩をかけてください。　이것은 소금을 뿌리세요.

それはしょうゆをつけてください。　그것은 간장을 찍으세요.

❺ ～ないでください。

～하지 말아 주세요.

～ないで(～하지 말아 줘)의 존댓말도 뒤에 ください(주세요)를 붙여서 ～ないでください(～하지 말아 주세요, ～하지 마세요)라고 하면 됩니다.

たばこを吸わないでください。	담배를 피우지 말아 주세요.
電気を消さないでください。	불을 끄지 말아 주세요.
立たないでください。	일어서지 마세요.
心配しないでください。	걱정하지 마세요.

잠깐만요!

'불을 켜다/끄다'라고 할 때의 '불'을 한국어 '불'로 직역하여 火[ひ]로 잘못 쓰는 사람이 있더군요. 電気[でんき](전기, 불)라고 해야 합니다~!

❻ ～てから

～하고 나서

～てから(～하고 나서)를 존댓말로 연습해 봅시다.

朝、顔を洗ってからご飯を食べます。	아침에 세수를 하고 나서 밥을 먹습니다.
ちゃんと歯を磨いてから寝ました。	제대로 이를 닦고 나서 잤어요.
説明書を読んでから薬を飲んでください。	설명서를 읽고 나서 약을 먹어 주세요.
道を渡ってからバスに乗ってください。	길을 건너고 나서 버스를 타세요.

3단계
회화로 다지기

召し上がる[めしあがる]
⑤ 잡수시다. 드시다
天ぷら[てんぷら] 튀김

잠깐만요!

소금을 뿌려 먹지 않고 찍어 먹을 수도 있겠지요. 찍어 먹을 때는 塩をつける라고 합니다. 그리고 '간장'과 '소금'은 しょうゆ, 塩[しお]인데 공손하게 말할 때, 그리고 보통 여자들이 말할 때는 앞에 お를 붙여서 おしょうゆ, お塩[おしお]라고 하는 경우가 많습니다.

이규현 씨가 加藤[かとう]씨네 집에 초대를 받고 갔는데, 식사 대접까지 해 주시네요.

加藤 愛 : どうぞ、召し上がってください。

イ・ギュヒョン : はい。いただきます。

加藤 愛 : あ、天ぷらにおしょうゆをつけないでください。

イ・ギュヒョン : え?! 天ぷらにしょうゆをつけないんですか。

加藤 愛 : ええ。おしょうゆをつけないで、お塩をかけて食べてください。

イ・ギュヒョン : 塩ですか?!

加藤 愛 : ええ。

(소금을 뿌려서 먹어 보더니)

イ・ギュヒョン : あ、おいしい!

加藤 愛 : 天ぷらはおしょうゆよりお塩をかけた方がおいしいんですよ。

イ・ギュヒョン : へえ、知りませんでした。

かとう あい : 어서 드세요.

かとう あい : 아, 튀김에 간장을 찍지 마세요.

かとう あい : 네. 간장을 찍지 말고 소금을 뿌려서 드세요.

かとう あい : 네.

かとう あい : 튀김은 간장보다 소금을 뿌리는 편이 맛있거든요.

이규현 : 네. 잘 먹겠습니다.

이규현 : 어?! 튀김에 간장을 찍지 않는 거예요?

이규현 : 소금이요?

(소금을 뿌려서 먹어 보더니)

이규현 : 아, 맛있다!

이규현 : 허어, 몰랐어요.

튀김 요리에 어울리는 것은 간장? 소금?

일본 사람들은 한국 사람들보다 튀김을 좋아하는 것 같아요. 그리고 '일본 음식'이라고 하면 '담백하다'고 생각하는 사람들이 많은데, 일본 가정요리에서는 의외로 기름을 많이 씁니다. 한국 음식이 훨씬 기름을 적게 써요. 기름을 쓰는 요리 중의 대표선수는 天ぷら[てんぷら](튀김)입니다. 天ぷら를 먹을 때 식당에서는 天つゆ[てんつゆ]라는 튀김을 찍어 먹기 위한 묽은 소스를 찍어 먹는 경우가 많은데, 가정에서는 간장을 찍어서 먹는 경우가 많아요. 그런데 天つゆ나 간장을 찍으면 바삭바삭한 튀김옷이 눅눅해져서 맛이 없어지기 때문에 튀김옷의 바삭함을 그대로 맛볼 수 있는 소금을 찍어 먹는 것이 더 맛있다는 사람들도 있답니다. 한 번 튀김을 소금으로 즐겨 보세요~!

1 주어진 두 문장을 ～なくて(～하지 않아서)를 써서 한 문장으로 만들어 보세요.

> |보기| 仕事が終わりませんでした (일이 끝나지 않았습니다)
> 困りました (난처했습니다)
> → 仕事が終わらなくて困りました。 (일이 끝나지 않아서 난처했습니다.)

1. 🖋 ....
2. 🖋 ....
3. 🖋 ....
4. 🖋 ....

2 주어진 문장을 ～てください(～해 주세요, ～하세요) 혹은 ～ないでください(～하지 말아 주세요, ～하지 마세요)를 쓴 문장으로 바꿔 보세요.

> |보기| たばこを吸いません。 (담배를 피우지 않습니다.)
> → たばこを吸わないでください。 (담배를 피우지 말아 주세요.)

1. 🖋 ....
2. 🖋 ....
3. 🖋 ....
4. 🖋 ....

3 ( ) 속에 들어갈 적절한 글자를 보기와 같이 써 보세요.

> |보기| これは塩をかけ(て)食べます。 이것은 소금을 뿌려서 먹습니다.

1. 目を見(　　　　　　)話しました。 눈을 보지 않고 이야기했습니다.

2. 試合でいい結果が出(　　　　　　)残念でした。
   시합에서 좋은 결과가 안 나와서 아쉬웠어요.

3. ちょっと立(　　　　　)ください。 잠깐 일어서 주세요.

4. 道を渡(　　　　　　　)バスに乗ってください。
   길을 건너고 나서 버스를 타세요.

4 주어진 단어를 우선 히라가나로 써 본 다음에 한자로도 써 보세요.

|보기| 열리다	히라가나 あ く	한자 開 く

1. 서다, 일어서다

   히라가나 [　｜　]　　한자 [　｜　]

2. 소금

   히라가나 [　｜　]　　한자 [　]

3. 화장

   히라가나 [　｜　｜　]　　한자 [　｜　]

4. ~서, ~책자

   히라가나 [　｜　]　　한자 [　]

5. 튀김

   히라가나 [　｜　｜　]　　한자 [　｜　]

가타카나 쓰기 (6)

주어진 단어의 가타카나 표기를 직접 써 보세요.

1. 베테랑   → _____

2. 뉴스   → _____

3. 주스   → _____

4. 스타트   → _____

5. 샘플   → _____

6. 택시   → _____

7. 서비스   → _____

8. 포크(fork)   → _____

9. 파일   → _____

10. 칼로리   → _____

정답 1. ベテラン 2. ニュース 3. ジュース 4. スタート 5. サンプル
6. タクシー 7. サービス 8. フォーク 9. ファイル 10. カロリー

장문 읽어 보기

🎧 예문 26-6.mp3

다음 장문을 처음에는 오디오만 들어보면서 내용을 파악해 본 다음에, 문장을 읽어 보며
의미를 확인해 보세요.

ひどい風邪をひいて、学校を1週間休んだ。熱が出て、頭も痛くて、食
欲もなかった。風邪が治って、学校へ行った。勉強を全然しないで行
ったから、授業がよくわからなかった。学校が終わってから、友達に
ノートを借りた。友達のノートをコピーして、うちで勉強してから、
学校へ行った。ちゃんと勉強したから、その日は授業がよくわかっ
た。

| 단어 |　ひどい 심하다　　　　　　～週間[しゅうかん] ～주간, ～주일　　　熱[ねつ] 열
　　　　 頭[あたま] 머리　　　　　 痛い[いたい] 아프다　　　　　　　　食欲[しょくよく] 식욕
　　　　 治る[なおる] 낫다, 치유되다　 日[ひ] 날

| 해석 |　심한 감기에 걸려서 학교를 1주일 쉬었다. 열이 나고 머리도 아프고 식욕도 없었다. 감기가 나아서 학교로 갔다. 공부를 전혀 하
　　　 지 않고 가서 수업이 잘 이해되지 않았다. 학교가 끝나고 나서 친구에게 노트를 빌렸다. 친구 노트를 복사해서 집에서 공부하고
　　　 나서 학교로 갔다. 제대로 공부를 해서 그 날은 수업이 잘 이해됐다.

여덟째마디

·

て형 발전편

일본어 동사 て형이 이제 좀 입에 붙었나요? 한국어도 '〜하고'나 '〜해서'에 연결되는 표현들이 많지요? 일본어도 마찬가지입니다. 이제 て형으로 어떤 표현들을 만들 수 있는지 연습해 보기로 합시다. 여기에서 연습하지 못하는 것들 중에도 〜てみる(〜해 보다)와 같이 한국어와 똑같이 구성된 일본어 표현들이 참 많습니다. て형이 사용되는 기본적인 표현들을 연습해 놓으면 유추할 수 있는 말들이 참 많아집니다. 여기에서 て형의 감각을 충분히 익히고 공부를 마무리합시다〜!

27

パソコンを直してあげた。

PC를 고쳐 줬어.

강의 및 예문 듣기

🎧 예문 27-1.mp3

워밍업
기본 회화 듣기

그림을 보면서 어떤 내용인지 추측하면서 회화를 들어 보세요.

🎧 예문 27-2.mp3

1단계
기본 단어 익히기

잠깐만요!

ゴミ(쓰레기)는 히라가나 ごみ로도 쓰이는데 가타카나로 쓰이는 경우가 더 많기 때문에 가타카나로 소개해 드립니다.

送る[おくる] ⑤ 보내다, 바래다주다

取る[とる] ⑤ 집다, 잡다, 취하다

探す[さがす] ⑤ 찾다

直す[なおす] ⑤ 고치다

入れる[いれる] ① 넣다

置く[おく] ⑤ 놓다, 두다

捨てる[すてる] ① 버리다

起こす[おこす] ⑤ 깨우다, 일으키다

荷物[にもつ] 짐

ゴミ 쓰레기

❶

〜てあげる。

〜해 줘.

あげる는 '주다'라는 뜻이죠. 〈동사 て형+あげる〉라고 하면 '〜해 주다'라는 뜻이 됩니다.

잠깐만요!

送る[おくる]의 원래 뜻은 '보내다', '부치다'인데, '바래다주다', '데려다주다'라는 뜻으로도 쓰여요.

僕は彼女をうちまで送ってあげた。　나는 여자 친구를 집까지 바래다줬어.

私は父に塩を取ってあげた。　나는 아버지한테 소금을 건네 줬어.

私は友達のバイトを一緒に探してあげた。
나는 친구(의) 알바를 같이 찾아 줬어.

俺は後で姉のパソコンを直してあげる。
나는 이따가 누나(의) PC를 고쳐 줄 거야.

❷

〜てくれる。

〜해 줘.

くれる도 '주다'라는 뜻이지만 あげる와 어떤 차이가 있는지 배웠지요. くれる는 '나'로부터 먼 사람이 가까운 사람에 주는 경우에 쓰고, あげる는 반대로 '나'에게 가까운 사람이 먼 사람에게 주는 경우에 쓰죠. 이때 '나'라는 단어는 생략하는 경우가 많습니다.

잠깐만요!

取る[とる]는 '잡다', '집다', '취하다' 등의 뜻인데, 식탁 등에서 소금이 손에 닿지 않는 곳에 있어서 다른 사람이 소금을 건네 줄 때 塩を取ってくれる라고 합니다. 소금을 손으로 집어서 주기 때문인가 봐요.

彼氏が(私を)うちまで送ってくれた。　남자 친구가 (나를) 집까지 바래다줬어.

娘が(私に)塩を取ってくれた。　딸이 (나한테) 소금을 건네 줬어.

友達が(私の)バイトを一緒に探してくれた。
친구가 (내) 알바를 같이 찾아 줬어.

後で弟が(私の)パソコンを直してくれる。
이따가 남동생이 (내) PC를 고쳐 줄 거야.

❸ 〜てもらう。

〜해 줘.(〜해 받아.)

もらう는 '받다'인데 일본어에서는 〜てもらう(〜해 받다)라는 표현이 있어요. 해석할 때는 'A가 B한테 〜해 받다'를 'B가 A한테 〜해 주다'로 바꿔 말하면 자연스러운 한국어가 됩니다.

잠깐만요!

後で[あとで]는 '나중에'라고 해석되는 경우도 많아서 오해하는 사람들이 많은데, 보통 後で라고 하면 '이따가'라는 뜻으로 '오늘 중'이라는 느낌입니다. '오늘 중'이 아니라 '며칠 후', '다음 번'이라는 느낌의 '나중에'로 말하려면 今度[こんど]라는 말을 쓰세요.

(私は)彼氏にうちまで送ってもらった。
남자 친구가 (나를) 집까지 바래다줬어.
((나는) 남자 친구한테 집까지 바래다 받았어.)

(私は)娘に塩を取ってもらった。
딸이 (나한테) 소금을 건네 줬어.
((나는) 딸한테 소금을 건네 받았어.)

(私は)友達にバイトを一緒に探してもらった。
친구가 (내) 알바를 같이 찾아 줬어.
((나는) 친구한테 알바를 같이 찾아 받았어.)

(私は)後で弟にパソコンを直してもらう。
이따가 남동생이 (내) PC를 고쳐 줄 거야.
((나는) 이따가 남동생한테 PC를 고쳐 받을 거야.)

❹ 〜てくれない？

〜해 주지 않을래?

〜てくれる(〜해 주다)를 부정인 〜てくれない(〜해 주지 않다)로 바꿔서 물어보면 '〜해 주지 않을래?'라는 부탁하는 말이 됩니다.

잠깐만요!

▶入れる[いれる]는 '넣다'라는 뜻인데, '차를 타다'고 할 때 入れる를 씁니다. 찻잔에 차를 넣기 때문에 그런 것 같지만 관용적인 표현이니 お茶を入れる의 형태로 기억해 두세요.

▶ 〜てくれる?(〜해 줄래?)라고 물어볼 수도 있지만, 약간 명령의 느낌을 받을 수 있으니 〜てくれない?로 물어보는 것이 좋아요.

お茶を入れてくれない？
차를 타 주지 않을래?

荷物をそこに置いてくれない？
짐을 거기에 놓아 주지 않을래?

このゴミ、捨ててくれない？
이 쓰레기, 버려 주지 않을래?

明日、早く起こしてくれない？
내일, 일찍 깨워 주지 않을래?

⑤

～てもらえる？

～해 줄 수 있어?(~해 받을 수 있어?)

아직 배우지 않았는데, もらう를 もらえる(〈5단동사 え단+る〉)라고 하면 '받을 수 있다'라는 가능형이 됩니다. 〈て형+もらえる?〉라고 하면 '~해 받을 수 있어?' 즉, '~해 줄 수 있어?'라는 뜻이 됩니다.

お茶を入れてもらえる？　　　　　차를 타 줄 수 있어?(타 받을 수 있어?)

荷物をそこに置いてもらえる？　짐을 거기에 놓아 줄 수 있어?(놓아 받을 수 있어?)

このゴミ、捨ててもらえる？　　이 쓰레기, 버려 줄 수 있어?(버려 받을 수 있어?)

明日、早く起こしてもらえる？　내일, 일찍 깨워 줄 수 있어?(깨워 받을 수 있어?)

⑥

～てもらえない？

～해 줄 수 없어?(~해 받을 수 없어?)

～てもらえる?(~해 받을 수 있어?)를 부정으로 바꿔서 ～てもらえない?라고 하면 '~해 받을 수 없어?' 즉, '~해 줄 수 없어?'라는 뜻이 됩니다.

お茶を入れてもらえない？　　　　차를 타 줄 수 없어?(타 받을 수 없어?)

荷物をそこに置いてもらえない？

짐을 거기에 놓아 줄 수 없어?(놓아 받을 수 없어?)

このゴミ、捨ててもらえない？　이 쓰레기, 버려 줄 수 없어?(버려 받을 수 없어?)

明日、早く起こしてもらえない？

내일, 일찍 깨워 줄 수 없어?(깨워 받을 수 없어?)

3단계
회화로 다지기

저녁 설거지도 끝나고 잠잘 준비도 끝났을 때가 되어서야 아들이 집에 왔네요.

吉田 太一 : ただいま。

吉田 友美 : お帰り。今日は遅かったね。

吉田 太一 : うん。彼女をうちまで送ってあげたんだ。

吉田 友美 : そう。

吉田 太一 : 彼女のお母さんがお茶を入れてくれて……。

吉田 友美 : そう。

吉田 太一 : ねえ、何かちょっと食べたい。

吉田 友美 : ご飯あるよ。食べる？

吉田 太一 : うん。

吉田 友美 : でも、もう遅いから、早く食べてもらえる？

吉田 太一 : 食べた後で、洗い物は俺がするよ。

吉田 友美 : そう？　じゃ、お願いね。

ただいま
다녀왔어, 다녀왔습니다
お帰り[おかえり]
어서 와, 잘 다녀왔어?
遅い[おそい] 늦다, 느리다
洗い物[あらいもの]
설거지

잠깐만요!

▶ ただいま(다녀왔어, 다녀
왔습니다)는 존댓말과 반말
구별 없이 쓰지만, 이에 대
한 대답에는 반말인 お帰り
[おかえり](어서 와, 잘 다
녀왔어?), 존댓말인 お帰り
なさい(어서 와요, 잘 다녀
왔어요?)가 각각 따로 쓰입
니다.

▶ '설거지'는 皿洗い[さら
あらい]라고도 합니다. 식
당 주방에서 하는 '설거지'
는 皿洗い라고 하지만, 가
정에서의 '설거지', '설거지
거리'는 洗い物[あらいも
の]라고 하는 경우가 더 많
습니다.

よしだ たいち : 다녀왔습니다.

よしだ たいち : 응. 여자 친구를 집까지 바래다
　　　　　　　　 줬거든.

よしだ たいち : 여자 친구(의) 어머니가 차를
　　　　　　　　 타 줘서…….

よしだ たいち : 저기~, 뭐 좀 먹고 싶어(뭔가
　　　　　　　　 좀 먹고 싶어).

よしだ たいち : 응.

よしだ たいち : 먹고 나서 설거지는 내가 할게.

よしだ ともみ : 잘 다녀왔니? 오늘은 늦었네.

よしだ ともみ : 그렇구나.

よしだ ともみ : 그래.

よしだ ともみ : 밥 있어. 먹을래?

よしだ ともみ : 그런데 이제 (시간이) 늦었으
　　　　　　　　 니까 빨리 먹어 줄 수 있겠니?

よしだ ともみ : 그래? 그럼 부탁해.

~てあげる(~해 주다)는 거만하게 들릴 수 있다?!

한국어에서는 '~해 주다'라는 표현이 친절한 표현으로 느껴지는 경우가 많죠? 그래서 일본어를 쓸 때도 ~てあげる
를 쓰는 사람이 많은 것 같아요. 그런데 ~てあげる(~해 주다)는 주어가 다른 사람에게 은혜를 베풀어 주는 행위이기
때문에 일본어에서는 '나'가 주어이고 상대방(청자)에게 뭔가를 해 줄 때 ~てあげる를 쓰면 듣기 거북한 경우가 많습
니다. 예를 들어 남편이 '오늘은 내가 설거지를 해 줄게'라고 말한다면 아내가 '뭐? '해 준다'고? '해 주는' 게 아니라 당
연히 '해야 하는' 일이지'라고 대답하는 감각, 이해가 되세요? 일본어에서 '나'가 주어일 때 ~てあげる를 쓰면 들은
사람이 '네가 뭔데~!'라고 느낄 때가 많기 때문에, 상대방이 친하고 편한 사이가 아닌 상황에서 뭔가를 해 주려고 할 때
는 그냥 ~します(~할게요)라고 하세요.

1 주어진 문장을 ～てくれない？(～해 주지 않을래?)를 쓴 문장으로 바꿔 보세요.

> |보기| お茶を入れる。(차를 타.)
> → お茶を入れてくれない？(차를 타 주지 않을래?)

1. 🎤 _____

2. 🎤 _____

3. 🎤 _____

4. 🎤 _____

2 주어진 문장을 ～てもらえない？(～해 줄 수 없어?(～해 받을 수 없어?))를 쓴 문장으로 바꿔 보세요.

> |보기| 荷物をそこに置く。(짐을 거기에 놓아.)
> → 荷物をそこに置いてもらえない？(짐을 거기에 놓아 줄 수 없어?)

1. 🎤 _____

2. 🎤 _____

3. 🎤 _____

4. 🎤 _____

3 (   ) 속에 들어갈 적절한 글자를 보기와 같이 써 보세요.

> |보기| 明日、早(く)起こして(くれない)？ 내일, 일찍 깨워 주지 않을래?

1. 僕は彼女をうち(   )送って(   )。
   나는 여자 친구를 집까지 바래다줬어.

2. 娘(   )(私に)塩を取って(   )。 딸이 (나한테) 소금을 건네 줬어.

3. (私は)友達(   )バイトを一緒に探して(   )。
   친구가 (내) 알바를 같이 찾아 줬어. ((나는) 친구한테 알바를 같이 찾아 받았어.)

4. (私は)後で弟(   )パソコンを直して(   )。
   이따가 남동생이 (내) PC를 고쳐 줄 거야. ((나는) 남동생한테 PC를 고쳐 받을 거야.)

4 주어진 단어를 우선 히라가나로 써 본 다음에 한자로도 써 보세요.

| |보기| 놓다, 두다 | 히라가나
お \| く | 한자
置 \| く |

1. 보내다, 바래다주다

히라가나   한자

2. 집다, 잡다, 취하다

히라가나   한자

3. 고치다

히라가나   한자

4. 넣다

히라가나   한자

5. 깨우다, 일으키다

히라가나   한자

~てあげる, ~てくれる, ~てもらう의 차이

あげる와 くれる의 차이 구별이 참 어렵죠? 여기에서 다시 한 번 설명 드릴게요. あげる는 '나'에게 가까운 사람이 '나'로부터 먼 사람에게 주는 경우에 쓰고, くれる는 '나'로부터 먼 사람이 '나'에게 가까운 사람에게 주는 경우에 씁니다(196쪽과 204쪽 그림 참고).

~てあげる와 ~てくれる도 이와 같은 구별이 됩니다. 구체적인 예문으로 보여 드릴게요. 예문에서 생략되는 것이 더 자연스러운 말은 생략되어 있습니다.

1인칭 → 3인칭

僕は彼女をうちまで送ってあげた。　　　나는 여자 친구를 집까지 바래다줬어.

1인칭 → 2인칭 〈'너를'이라는 말이 생략됨〉

今日は僕がうちまで送るよ。　　　오늘은 내가 집까지 바래다줄게.

2인칭 → 3인칭 〈'네가'라는 말이 생략됨〉

彼女をうちまで送ってあげた？　　　여자 친구를 집까지 바래다줬어?

('나'에게 가까운) 3인칭 → ('나'로부터 먼) 3인칭

友達がお客さんをうちまで送ってあげた。　　친구가 손님을 집까지 바래다줬어.

3인칭 → 1인칭 〈'나를'이라는 말이 생략됨〉

彼氏がうちまで送ってくれた。　　　남자 친구가 집까지 바래다줬어.

2인칭 → 1인칭 〈'네가 나를'이라는 말이 생략됨〉

うちまで送ってくれる？　　　　　　　　　　　　집까지 바래다줄래?

3인칭 → 2인칭 〈'너를'이라는 말이 생략됨〉

彼氏がうちまで送ってくれた？　　　　　　남자 친구가 집까지 바래다줬어?

('나'로부터 먼) 3인칭 → ('나'에게 가까운) 3인칭

先生が友達をうちまで送ってくれた。　　　선생님이 친구를 집까지 바래다줬어.

~てくれる와 ~てもらう는 해석이 같아질 수 있다는 것은 이번 과에서 배웠으니 아시겠죠? 彼氏がうちまで送ってくれた와 彼氏にうちまで送ってもらった라는 두 문장은 둘 다 '남자 친구가 집까지 바래다 주었어'로 해석되지요. 그런데 약간 뉘앙스 차이가 있습니다. ~てくれる를 써서 彼氏がうちまで送ってくれた라고 하면 彼氏(남자 친구)가 자발적으로 '바래다줄게'라고 해서 바래다 준 느낌인데 비해, ~てもらう를 써서 彼氏にうちまで送ってもらった라고 하면 '내'가 '바래다줘'라고 부탁해서 彼氏가 바래다준 느낌이에요.

友達がバイトを一緒に探してくれた。　　　친구가 알바를 같이 찾아 줬어.
　　　　　　　　　　　　　　　　→ 친구가 스스로 원해서 도와주었다.

友達にバイトを一緒に探してもらった。　　친구가 알바를 같이 찾아 줬어.
　　　　　　　　　　　　　　　　→ 내가 친구에게 부탁해서 친구가 도와주었다.

이와 같이 ~てくれる는 행위자가 자발적으로 행동했다는 느낌이고, ~てもらう는 행위를 받는 사람이 부탁해서 행위자가 해 주었다는 느낌이라는 차이가 있습니다. 실제 상황에 맞춰서 이야기하면 ~てもらう가 맞는 경우라도 ~てくれる를 써서 행위자가 친절한 사람인 것처럼 표현해 주기도 합니다.

가타카나 쓰기 (7)

주어진 단어의 가타카나 표기를 직접 써 보세요.

1. 디자인   → _____

2. 디저트   → _____

3. 커피   → _____

4. 샤워   → _____

5. 스포츠   → _____

6. 테이블   → _____

7. 넥타이   → _____

8. 로커(locker, 사물함) → _____

9. 코너   → _____

10. 오픈   → _____

정답   1. デザイン   2. デザート   3. コーヒー   4. シャワー   5. スポーツ
6. テーブル   7. ネクタイ   8. ロッカー   9. コーナー   10. オープン

28 존댓말로 말해요

母がほめてくれました。

어머니가 칭찬해 줬어요.

강의 및 예문 듣기

🎧 예문 28-1.mp3

워밍업

기본 회화 듣기

그림을 보면서 어떤 내용인지 추측하면서 회화를 들어 보세요.

🎧 예문 28-2.mp3

1단계

기본 단어 익히기

締める[しめる] ① 매다, 죄다

案内する[あんないする] 안내하다

育てる[そだてる] ① 키우다, 기르다

ほめる ① 칭찬하다

急ぐ[いそぐ] ⑤ 서두르다

くださる ⑤ 주시다

届ける[とどける] ① 가져다 주다

いただく ⑤ 받다(공손함)

姪[めい] 조카딸, 질녀

잠깐만요!

届ける[とどける]는 그냥 '보내다'라고 해석하기도 하지만 '직접 가져가서 전달한다'는 느낌이 강합니다. 그래서 저는 '가져다 주다', '갖다 주다'로 해석합니다. 그냥 우편으로 부치는 경우는 送る[おくる]라고 합니다.

263

①

～てあげます。

～해 줍니다.

～てあげる(～해 주다)를 존댓말로 연습해 봅시다.

毎朝、主人のネクタイを締めてあげます。

매일 아침에 남편(의) 넥타이를 매 줍니다.

外国人に道を案内してあげました。

외국인에게 길을 안내해 줬습니다.

姪を育ててあげました。

조카딸을 키워 줬어요.

子供をほめてあげました。

아이를 칭찬해 줬어요.

잠깐만요!

'외국인'이라는 뜻의 말에는 外国人[がいこくじん] 외에 外人[がいじん]이라는 말도 있어요. 일상적으로는 外人이라는 말을 쓰는 경우가 더 많은 것 같지만 外人이라는 말은 안 좋은 뉘앙스(차별하는 느낌)로 쓰이는 경우도 있으니 外国人을 쓰세요.

❷

～てくれます。

～해 줍니다.

이번에는 ～てくれる(～해 주다)를 존댓말로 연습해 봅시다. ～てあげる와 ～てくれる를 잘 구분하셔야 해요.

毎朝、妻がネクタイを締めてくれます。

매일 아침에 아내가 넥타이를 매 줍니다.

親切な人が道を案内してくれました。 친절한 사람이 길을 안내해 줬습니다.

おばが育ててくれました。

이모가 키워 줬어요.

母がほめてくれました。

어머니가 칭찬해 줬어요.

잠깐만요!

'넥타이를 매다'라는 말에는 締める[しめる]라는 동사를 쓰는데, ネクタイを結ぶ[むすぶ](넥타이를 묶다) 혹은 ネクタイをする(넥타이를 하다)라는 표현도 쓰입니다.

毎朝[まいあさ] 매일 아침
外国人[がいこくじん] 외국인

❸

～てもらいます。　～해 줍니다.(～해 받습니다.)

～てもらう(～해 주다(～해 받다))를 존댓말로 연습해 봅시다.

毎朝、妻にネクタイを締めてもらいます。

> 매일 아침에 아내가 넥타이를 매 줍니다.
> (매일 아침에 아내에게 넥타이를 매 받습니다.)

親切な人に道を案内してもらいました。

> 친절한 사람이 길을 안내해 줬습니다.
> (친절한 사람에게 길을 안내해 받았습니다.)

おばに育ててもらいました。　이모가 키워 줬어요.(이모에게 키워 받았어요.)

母にほめてもらいました。　어머니가 칭찬해 줬어요.(어머니에게 칭찬해 받았어요.)

❹

～てくださいませんか。～해 주시지 않겠습니까?

くれる를 더 공손한 말인 くださる(주시다)로 바꾼 ～てくださいませ
んか를 연습해 봅시다. すみませんが는 '죄송하지만'이라는 뜻입니다.

すみませんが、急いでくださいませんか。

> 죄송하지만, 서둘러 주시지 않겠습니까?

すみませんが、この荷物を届けてくださいませんか。

> 죄송하지만, 이 짐을 갖다 주시지 않겠습니까?

すみませんが、そこまで案内してくださいませんか。

> 죄송하지만, 거기까지 안내해 주시지 않을래요?

すみませんが、この子を育ててくださいませんか。

> 죄송하지만, 이 아이를 키워 주시지 않을래요?

❺ ～ていただけますか。

～해 주실 수 있습니까?(～해 받을 수 있습니까?)

もらう(받다)를 더 공손한 말인 いただく((공손한)받다)로 바꾼 ～ていただけますか를 연습해 봅시다.

잠깐만요!

もらう(받다)의 공손한 말인 いただく는 한국어로 직역하기가 어려운 말인데 그래도 굳이 느낌을 살려서 번역하자면 '있사옵니다'라는 표현과 같은 느낌입니다. 즉, '받사옵니다'라는 뜻이 되어 청자를 높이는 경어가 됩니다.

すみませんが、急いでいただけますか。
죄송하지만, 서둘러 주실 수 있습니까?(서둘러 받을 수 있습니까?)

すみませんが、この荷物を届けていただけますか。
죄송하지만, 이 짐을 갖다 주실 수 있습니까?(갖다 줘 받을 수 있습니까?)

すみませんが、そこまで案内していただけますか。
죄송하지만, 거기까지 안내해 주실 수 있어요?(안내해 받을 수 있어요?)

すみませんが、この子を育てていただけますか。
죄송하지만, 이 아이를 키워 주실 수 있어요?(키워 받을 수 있어요?)

❻ ～ていただけませんか。

～해 주실 수 없겠습니까?(～해 받을 수 없겠습니까?)

～ていただけますか(～해 주실 수 있습니까?)를 부정으로 바꿔서 ～ていただけませんか라고 하면 더욱 공손한 말투가 됩니다.

잠깐만요!

여러 가지 부탁 표현을 연습했는데, 이 중에서 ～ていただけませんか가 가장 공손한 부탁 표현입니다. 누군가에게 무슨 부탁을 공손하게 하려 할 때는 이 표현을 쓰는 것이 가장 좋습니다.

すみませんが、急いでいただけませんか。
죄송하지만, 서둘러 주실 수 없겠습니까?(서둘러 받을 수 없겠습니까?)

すみませんが、この荷物を届けていただけませんか。
죄송하지만, 이 짐을 갖다 주실 수 없겠습니까?(갖다 줘 받을 수 없겠습니까?)

すみませんが、そこまで案内していただけませんか。
죄송하지만, 거기까지 안내해 주실 수 없겠어요?(안내해 받을 수 없겠어요?)

すみませんが、この子を育てていただけませんか。
죄송하지만, 이 아이를 키워 주실 수 없겠어요? (키워 받을 수 없겠어요?)

3단계
회화로 다지기

作り方[つくりかた]
만드는 방법
趣味[しゅみ] 취미

잠깐만요!

한국 사람의 성(姓)인 '배'는 일본어로 ペ와 ベ 둘 다 쓸 수 있습니다. 제 생각에는 영어로 쓸 때 P로 표기한다면 ペ로 쓰고, B로 표기한다면 ベ로 쓰면 된다고 생각해요. 다만 몇 년 전에 '욘사마 붐'을 일으킨 한국 배우 배용준이 일본에서 ペ・ヨンジュン으로 소개되어 일본 사람들에게는 ペ가 더 익숙하긴 합니다.

理恵[りえ]는 집에 놀러 온 직장 동료 성호에게 차와 케이크를 대접합니다.

橋本 理恵 : どうぞ。

ペ・ソンホ : あ、ありがとうございます。いただきます。
おいしいケーキですね。

橋本 理恵 : そうですか。よかった。
そのケーキ、私が作ったんです。

ペ・ソンホ : え?! 作ったんですか。

橋本 理恵 : ええ。おばに作り方を教えてもらいました。

ペ・ソンホ : へえ～。
私にも作り方を教えていただけませんか。

橋本 理恵 : え?!

ペ・ソンホ : 実は、私、料理が趣味なんです。

橋本 理恵 : そうなんですか。ええ、いいですよ。

はしもと りえ : 드세요.

はしもと りえ : 그래요? 다행이에요.
그 케이크, 제가 만들었거든요.

はしもと りえ : 네. 이모가 만드는 방법을
가르쳐 줬어요.

はしもと りえ : 네?!

はしもと りえ : 그렇군요. 네, 좋아요.

배성호 : 아, 감사합니다. 잘 먹겠습니다.
맛있는 케이크네요.

배성호 : 네?! 만든 거예요?

배성호 : 허어~. 저에게도 만드는 방법을
가르쳐 주실 수 없나요?

배성호 : 실은, 저, 요리가 취미거든요.

취미로 요리를 하는 남자들이 꽤 있어요!

일본에서는 요리를 취미로 하는 남자들이 꽤 있습니다. 한국도 취미로 요리를 하는 남자들이 늘고 있는 것 같아요. 일본에서는 '요리가 취미'인 남자들은 여자들에게 인기가 좋아요. 그런데 취미로 요리를 하는 남편이나 남자 친구가 있는 여자들의 불만이 뭐냐면 요리만 하고 설거지를 안 한다. 좋은 재료를 쓰려고 하다 보니 외식하는 것보다 돈이 더 들 때가 많다. 요리에 대해 장황하게 설명해서 듣기 짜증난다 등이라고 하네요. 이런 경우에 여자들은 남자가 요리하는 것을 '귀찮다'고 느낀답니다～! 취미로 요리를 배우려는 남자 분들은 조심하세요～^^

1 주어진 문장을 **すみませんが、～てくださいませんか**(죄송하지만, ～해 주시지 않겠습니까?)를 쓴 문장으로 바꿔 보세요.

> |보기| この荷物を届ける。(이 짐을 갖다 줘.)
> → すみませんが、この荷物を届けてくださいませんか。
> (죄송하지만, 이 짐을 갖다 주시지 않겠습니까?)

1. ✎ _____
2. ✎ _____
3. ✎ _____
4. ✎ _____

2 주어진 문장을 **すみませんが、～ていただけませんか**(죄송하지만, ～해 주실 수 없겠습니까?(～해 받을 수 없겠습니까?))를 쓴 문장으로 바꿔 보세요.

> |보기| そこまで案内する。(거기까지 안내해.)
> → すみませんが、そこまで案内していただけませんか。
> (죄송하지만, 거기까지 안내해 주실 수 없겠습니까?)

1. ✎ _____
2. ✎ _____
3. ✎ _____
4. ✎ _____

3 ( ) 속에 들어갈 적절한 글자를 보기와 같이 써 보세요.

> |보기| 姪を育てて(あげました)。(내가) 조카딸을 키워 줬습니다.

1. 親切な人( )道を案内して( )。
친절한 사람이 (나에게) 길을 안내해 줬습니다.

2. 外国人( )道を案内して( )。
(내가) 외국인에게 길을 안내해 줬습니다.

3. 母にほめて( )。
어머니가 칭찬해 줬어요.(어머니에게 칭찬해 받았어요.)

4 주어진 단어를 우선 히라가나로 써 본 다음에 한자로도 써 보세요.

히라가나			한자		
|보기| 매다, 죄다	し	め	る	締	め	る

1. 안내하다

히라가나					한자				

2. 키우다, 기르다

히라가나				한자			

3. 서두르다

히라가나			한자		

4. 가져다 주다

히라가나				한자		

5. 매일 아침

히라가나				한자	

~方[かた] (~하는 방법)

이번 과의 〈회화로 다지기〉에서 作り方[つくりかた](만드는 방법)라는 단어가 나왔지요? 사실 이 단어는 作る[つくる](만들다)라는 단어와 ~方[かた](~하는 방법)라는 단어가 합해져서 만들어진 것입니다. 즉 〈동사 ます형(ます 삭제)+方〉가 '~하는 방법'이라는 말이 됩니다.

書きます[かきます] + ~方　→　書き方[かきかた] 쓰는 방법

使います[つかいます] + ~方　→　使い方[つかいかた] 사용하는 방법

食べます[たべます] + ~方　→　食べ方[たべかた] 먹는 방법

〈동사 ます형(ます삭제)+方〉로 합성명사를 만들지 않고 方法[ほうほう](방법)라는 명사를 동사로 수식해서 '~하는 방법'이라고 말할 수도 있습니다. 〈동사 사전형+方法〉라고 하는 방법입니다. 이와 같이 동사 사전형을 명사 바로 앞에 붙이면 '~하는 ~'라는 문장이 됩니다.

覚える方法[おぼえる ほうほう] 외우는 방법

取り消す方法[とりけす ほうほう] 취소하는 방법

飲む方法[のむ ほうほう] 마시는 방법

가타카나 쓰기 (8)

주어진 단어의 가타카나 표기를 직접 써 보세요.

1. 비즈니스 → _____

2. 센터 → _____

3. 포켓, 호주머니 → _____

4. 미디어 → _____

5. 가솔린 → _____

6. 프랑스 → _____

7. 아메리카, 미국 → _____

8. 스타일 → _____

9. 비타민 → _____

10. 시스템 → _____

정답 1. ビジネス 2. センター 3. ポケット 4. メディア 5. ガソリン
6. フランス 7. アメリカ 8. スタイル 9. ビタミン 10. システム

29

반말로 말해요

計画はもう立ててある。

계획은 이미 세워져 있어.

강의 및 예문 듣기

🎧 예문 29-1.mp3

워밍업
기본 회화 듣기

그림을 보면서 어떤 내용인지 추측하면서 회화를 들어 보세요.

🎧 예문 29-2.mp3

1단계
기본 단어 익히기

立てる[たてる] ① 세우다

直る[なおる] ⑤ 고쳐지다

焼く[やく] ⑤ 굽다

焼ける[やける] ① 구워지다

割る[わる] ⑤ 깨다

割れる[われる] ① 깨지다

計画[けいかく] 계획

間違い[まちがい] 틀린 것, 잘못, 실수

魚[さかな] 생선, 물고기

ガラス 유리

잠깐만요!

일본어에서는 '생선'과 '물고기' 구분 없이 둘 다 魚[さかな]라고 합니다. 제가 예전에 연못 속의 잉어들을 보고 '생선이 많이 있네요'라고 해서 한국 사람들이 배 잡고 웃은 적이 있답니다. 일본 사람에게는 '생선'과 '물고기' 구분이 어려워요~!

❶
～て(い)る。

～하고 있어.

〈동사 て형+いる〉라고 하면 '～하고 있다'라는 '진행, 계속'의 뜻이 됩니다. 그런데 회화에서는 い를 생략해서 ～てる라고 하는 경우가 많습니다. い를 생략한 형태로 연습해 봅시다.

今、旅行の計画を立ててる。　　　지금 여행(의) 계획을 세우고 있어.

今、テストの間違いを直してる。　　지금 시험(의) 틀린 것을 고치고 있어.

今、魚を焼いてる。　　　　　　　지금 생선을 굽고 있어.

今、ガラスを割ってる。　　　　　지금 유리를 깨고 있어.

❷
～て(い)る。

～해(져) 있어.

〈동사 て형+いる〉에는 '～해 있다'라는 '상태', 정확히 말하자면 어떤 동작의 결과가 남아 있음을 나타내는 뜻도 있습니다. 이때도 역시 회화에서는 い를 생략하는 경우가 많습니다.

잠깐만요!

旅行の計画は立ってる (여행 계획은 서 있어)에 나오는 立ってる의 사전형은 立つ[たつ](서다)입니다.

旅行の計画は立ってる。　　　　　여행(의) 계획은 서 있어.

テストの間違いは全部直ってる。　시험(의) 틀린 것은 전부 다 고쳐져 있어.

魚が焼けてる。　　　　　　　　　생선이 구워져 있어.

ガラスが割れてる。　　　　　　　유리가 깨져 있어.

❸

～ておく。

～해 놓아.

〈동사 て형+おく〉라고 하면 '～해 놓다', '～해 두다'라는 뜻이 됩니다.

置く[おく](놓다. 두다)라는 단어를 배웠으니 ～ておく가 '～해 놓다', '～해 두다'가 된다는 것은 쉽게 이해가 되죠? 그런데 ～ておく로 쓸 때는 보통 히라가나로 씁니다. 그리고 반말 대화에서는 ～ておく를 ～とく로 줄여 쓰는 경우가 많습니다.

旅行の計画を立てておく。	여행(의) 계획을 세워 놓을 거야.
テストの間違いを直しておいた。	시험(의) 틀린 것을 고쳐 놨어.
魚を焼いておく。	생선을 구워 놓을 거야.
ガラスを割っておいた。	유리를 깨 놨어.

❹

～てある。

～해(져) 있어, ～해 놨어.

2번에서 배운 〈동사 て형+いる〉로 상태를 나타내는 것은 모두 자동사이며 상태 자체를 뜻하지만, 타동사일 때는 〈동사 て형+ある〉로 상태를 나타내고 어떤 목적을 가지고 한 행동의 결과가 남아 있음을 뜻합니다. 해석할 때는 문맥에 따라 '～해(져) 있다', '～해 놓았다' 둘 다 쓸 수 있습니다.

～てある는 2번에서 배운 ～ている(～해(져) 있다)와 3번에서 배운 ～ておく(～해 놓다/두다)의 두 가지 표현이 모두 포함된 것입니다. 예를 들어 ガラスが割れている(유리가 깨져 있다)는 단순히 '유리가 깨져 있다'는 사실만을 나타내는 데 비해, ガラスが割ってある는 '누군가가 목적이 있어서 일부러 유리를 깨뜨렸고 그 결과로 유리가 깨져 있다'는 뜻입니다. 따라서 '상태' 쪽에 중점을 두려면 '～해(져) 있다'로, '의도' 쪽에 중점을 두려면 '～해 놨다'로 해석하면 됩니다.

旅行の計画は立ててある。	여행(의) 계획은 세워져 있어(세워 놨어).
テストの間違いは直してある。	시험(의) 틀린 것은 고쳐져 있어(고쳐 놨어).
魚が焼いてある。	생선이 구워져 있어.(생선을 구워 놨어.)
ガラスが割ってある。	유리가 깨져 있어.(유리를 깨 놨어.)

❺ もう〜た？

벌써 〜했어?

もう(벌써, 이미)와 まだ(아직)라는 부사를 연습해 보려고 합니다. もう는 비교적 쉽지만 まだ의 사용이 한국어와 다르기 때문에 주의하셔야 합니다. 우선 もう부터 연습해 봅시다.

잠깐만요!

▶ ガラス(유리)는 네덜란드어에서 들어온 말입니다.

▶ もう에는 '벌써', '이미'라는 뜻 외에 '이제'라는 뜻도 있습니다.

旅行の計画はもう立てた？	여행(의) 계획은 벌써 세웠어?
テストの間違いはもう直した？	시험(의) 틀린 것은 벌써 고쳤어?
魚はもう焼けた？	생선은 벌써 구워졌어?
ガラスはもう割れた？	유리는 벌써 깨졌어?

❻ まだ〜て(い)ない。

아직 〜하지 않았어.

한국어는 '아직'을 쓸 때 '〜하지 않았어'라는 과거형의 부정문이 함께 쓰이죠? 일본어 まだ(아직)는 〜ていない(〜해 있지 않다)와 함께 쓰입니다. 일본어에서 동사 과거형은 이미 완료된 일, 과거의 일에 대해 쓰고, まだ(아직)라는 완료되지 않은 일에는 쓰지 않습니다.

ううん、まだ立ててない。	아니, 아직 세우지 않았어.
ううん、まだ直してない。	아니, 아직 고치지 않았어.
ううん、まだ焼けてない。	아니, 아직 안 구워졌어.
ううん、まだ割れてない。	아니, 아직 안 깨졌어.

3단계
회화로 다지기

ずいぶん 꽤, 몹시
のんきな
느긋한, 무사태평한
ネット 인터넷
(インターネット의 준말)
調べる[しらべる]
① 조사하다, 찾아보다

잠깐만요!

~てあげる(~해 주다)라
는 표현을 배웠을 때 주어
가 '나'인 경우는 쓰지 말라
고 했는데 여기 회화에서는
'나'가 주어인데도 썼지요?
왜냐하면 친한 사이이기 때
문입니다. 다만 친한 사이라
고 해도 ~てあげる를 쓰
면 '좋은 일을 너를 위해 해
준다'는 약간 생색을 내는
느낌이 있으니 상황에 따라
서는 듣는 사람이 기분 나빠
할 수도 있어요.

어릴 적 동네 친구인 서윤이가 여행을 간다고 했었기에 어떤 계획인지 물어봅니다.

山下 徹 : 旅行の計画はもう立てた？

ペク・ソユン : ううん、まだ全然立ててない。

山下 徹 : え?! まだ立ててないの？
旅行は来週じゃないの？

ペク・ソユン : うん、来週。もうそろそろ計画立てなきゃ。

山下 徹 : ずいぶんのんきだね。

ペク・ソユン : でも、本は買っておいたよ。

山下 徹 : ネットで調べた方がいいよ。

ペク・ソユン : うん、ネットでも調べるよ。

山下 徹 : 俺がいいサイトを知ってるから、
後で教えてあげるよ。

ペク・ソユン : サンキュー。

やました とおる : 여행 계획은 벌써 세웠어?
やました とおる : 뭐?! 아직 안 세운 거야?
여행은 다음 주 아니니?
やました とおる : 상당히 느긋하네.
やました とおる : 인터넷으로 찾아보는 편이
좋을 거야.
やました とおる : 내가 좋은 사이트 알고 있으
니까, 이따가 알려 줄게.

백서윤 : 아니, 아직 전혀 안 세웠어.
백서윤 : 응, 다음 주야. 이제 슬슬 계획을 세워
야지.
백서윤 : 그래도 책은 사 놨어.
백서윤 : 응, 인터넷으로도 찾아볼 거야.

백서윤 : 땡큐.

ガラスとグラス

ガラス(유리)라는 단어는 네덜란드어(glas)에서 들어온 말이랍니다. 이와 비슷한 말로 グラス도 있는데 영어(glass)에서 들어온 말로 와인잔과 같이 '유리로 된 술잔'을 뜻합니다(~グラス와 같이 다른 단어 뒤에 붙어서 '유리'를 나타내는 경우도 있음). 또 다른 예를 들면, 물 마실 때 쓰는 유리컵은 コップ라고 하며 네덜란드어(kop)에서 들어왔다고 해요. 이와 비슷한 말로 カップ도 있는데 영어(cup)에서 들어온 말로 커피잔과 같이 '손잡이가 있는 찻잔'을 뜻합니다. 일본에서 쓰이는 외래어에는 네덜란드어나 포르투갈어에서 온 것들이 많습니다. 네덜란드어나 포르투갈어를 통해 들어온 외래어가 이미 정착되어 있는데 나중에 영어에서 다시 들어와서 ガラス와 グラス, コップ와 カップ처럼 다른 단어로 쓰이는 말들이 있는 겁니다.

1 주어진 문장을 ～てる(～하고 있어)를 쓴 문장으로 바꿔 보세요.
원래는 ～ている이지만, 여기에서는 い를 생략한 형태로 연습합시다.

> |보기| 旅行の計画を立てる。 (여행(의) 계획을 세워.)
> → 旅行の計画を立ててる。 (여행(의) 계획을 세우고 있어.)

1. 🎤 _____

2. 🎤 _____

3. 🎤 _____

4. 🎤 _____

2 주어진 もう～た？(벌써 ～했어?)를 쓴 질문에 まだ～てない(아직 ～하지 않았어)를 써서 대답해 보세요.

> |보기| テストの間違いはもう直した？ (시험(의) 틀린 것은 벌써 고쳤어?)
> → ううん、まだ直してない。 (아니, 아직 고치지 않았어.)

1. 🎤 _____

2. 🎤 _____

3. 🎤 _____

4. 🎤 _____

3 ( ) 속에 들어갈 적절한 글자를 보기와 같이 써 보세요.
い를 생략하지 않은 형태로 쓰세요.

> |보기| 今、魚を焼(いて)(い)る。 지금 생선을 굽고 있어.

1. ガラスが割( )( )。 유리가 깨져 있어.

2. 旅行( )計画を立てて( )。
여행(의) 계획을 세워 놨어.('세워져 있어'로 해석하지 못하는 것)

3. テスト( )間違いは直して( )。 시험(의) 틀린 것은 고쳐져 있어(고쳐 놨어).

4. 荷物がまだ届( )( )。 짐이 아직 도착하지 않았어.

4 주어진 단어를 우선 히라가나로 써 본 다음에 한자로도 써 보세요.

|보기|	조사하다 찾아보다	히라가나 し ら べ る	한자 調 べ る

1. 세우다

히라가나   한자

2. 고쳐지다

히라가나   한자

3. 깨다

히라가나   한자

4. 계획

히라가나   한자

5. 생선, 물고기

히라가나   한자

~ている에 관해서

~ている라는 표현을 배웠는데 이 말이 '~하고 있다'로 쓰이기도 하고 '~해(져) 있다'로 쓰이기도 하지요. '~하고 있다'라는 '진행, 계속'을 나타내는 경우는 書く[かく](쓰다), 食べる[たべる]와 같이 동작을 할 때 일정한 시간이 걸리는 동사가 쓰이고, '~해(져) 있다'라는 '상태(어떤 동작의 결과가 남아 있는 것)'를 나타내는 경우는 起きる[おきる](일어나다), 開く[あく](열리다)와 같이 동작이 순간적으로 끝나는 동사가 쓰입니다.

メールを書いている。	메일을 쓰고 있다.
ご飯を食べている。	밥을 먹고 있다.
もう起きている。	이미 일어나 있다.
ドアが開いている。	문이 열려 있다.

다만 起きる와 같은 동작이 순간적으로 끝나는 동사라도 습관적인 행위나 반복되는 행위를 나타낼 때는 '~하고 있다'라는 뜻이 되지요.

もう起きている。	이미 일어나 있어.
ここで毎年[まいとし]、事故[じこ]が起きている。	여기에서 매년 사고가 일어나고 있어.

이 두 가지 구별은 다음과 같이 대부분의 한국어와 일본어가 맞아떨어져서 크게 신경 쓰지 않아도 될 것 같지만 헷갈리는 분들이 가끔 계셔서 설명 드렸어요.

書いている	(O) 쓰고 있다	(×) 써 있다
食べている	(O) 먹고 있다	(×) 먹어 있다
立っている	(×) 서고 있다	(O) 서 있다
割れている	(×) 깨지고 있다	(O) 깨져 있다
起きている	(O) 일어나고 있다	(O) 일어나 있다

行く[いく](가다), 来る[くる](오다), 帰る[かえる](돌아가다, 돌아오다)와 같은 이동을 나타내는 동사의 ～ている는 오해하는 경우가 많으니 조심하세요. 行っている(가 있다 → 가서 거기에 있고 여기에는 없다), 来ている(와 있다 → 와서 지금 여기에 있다), 帰っている(돌아가 있다 → 돌아가서 거기에 있다)라는 뜻이 됩니다. 이것을 '가고 있다', '오고 있다', '돌아가고 있다'라는 진행의 뜻으로 잘못 아는 사람들이 많으니 조심하세요.

그리고 또 한국어와 다른 표현 중의 하나가 結婚[けっこん]している입니다. 직역하면 '결혼해 있다'가 되지요. 한국어로는 '결혼했다'가 되어 일본어와 시제가 다르니 조심하세요. 과거에 결혼해서 결혼한 상태가 남아 있는 것이기 때문에 結婚している라고 표현합니다.

来月、結婚する。	다음 달에 결혼한다.
3年前に結婚した。	3년 전에 결혼했다.
結婚している。	결혼했다. [결혼한 상태이다, 지금 기혼이다.]
結婚していた。	결혼했었다. [지금 현재는 이혼한 상태이다.]
結婚していない。	결혼하지 않았다. [결혼한 상태가 아니다, 지금 미혼이다.]
結婚していなかった。	결혼하지 않았었다. [그때는 결혼 안 했었고, 지금은 결혼했다.]

가타카나 쓰기 (9)

주어진 단어의 가타카나 표기를 직접 써 보세요.

1. 바이올린 → _____

2. 콘서트 → _____

3. 레스토랑 → _____

4. 알코올 → _____

5. 오토바이 → _____

6. 액센트 → _____

7. 프로그램 → _____

8. 프라이팬 → _____

9. 메시지 → _____

10. 아르바이트 → _____

정답 1. バイオリン 2. コンサート 3. レストラン 4. アルコール 5. オートバイ
6. アクセント 7. プログラム 8. フライパン 9. メッセージ 10. アルバイト

30

존댓말로 말해요

駐車場にとめておきました。

주차장에 세워 놓았습니다.

강의 및 예문 듣기

🎧 예문 30-1.mp3

워밍업

기본 회화 듣기

그림을 보면서 어떤 내용인지 추측하면서 회화를 들어 보세요.

🎧 예문 30-2.mp3

1단계

기본 단어 익히기

消える[きえる] ① 지워지다, 꺼지다

集める[あつめる] ① 모으다

集まる[あつまる] ⑤ 모이다

折る[おる] ⑤ 부러뜨리다, 접다

折れる[おれる] ① 부러지다, 접히다

とめる ① 세우다, 멈추게 하다

とまる ⑤ 멈추다, 서다

黒板[こくばん] 칠판

字[じ] 글씨, 글자

枝[えだ] (나뭇)가지

駐車場[ちゅうしゃじょう] 주차장

①

～ています。

～하고 있습니다.

～ている(～하고 있어/있다)를 존댓말로 연습해 봅시다. 존댓말에서도 い를 생략해서 ～てます로 쓰는 경우도 많지만, 여기에서는 い를 생략하지 말고 연습해 봅시다.

잠깐만요!

'칠판'은 일본어로 黒板[こくばん](검은 판)이라고 합니다. '까맣다'는 黒い[くろい]입니다. 참고로 '분필'은 チョーク, '칠판 지우개'는 黒板消し[こくばんけし], '화이트보드'는 ホワイトボード라고 합니다. 그냥 '지우개'는 消しゴム[けしごむ]라고 합니다.

黒板の字を消しています。	칠판(의) 글씨를 지우고 있습니다.
人を集めています。	사람을 모으고 있습니다.
木の枝を折っています。	(나뭇)가지를 부러뜨리고 있어요.
今、車を駐車場にとめています。	지금 차를 주차장에 세우고 있어요.

②

～ています。

～해(져) 있습니다.

～ている(～해(져) 있어/있다)를 존댓말로 연습해 봅시다. 이번에도 い를 생략하지 말고 연습해 봅시다.

잠깐만요!

일본어는 복수형을 잘 안 쓰고 대부분의 경우 단수로 복수를 나타냅니다. 人が集まっています(사람들이 모여 있습니다)도 그런 예지요. '사람들'을 人たち[ひとたち]라고 하면 매우 어색한 일본어가 됩니다.

黒板の字が消えています。	칠판(의) 글씨가 지워져 있습니다.
人が集まっています。	사람들이 모여 있습니다.
木の枝が折れています。	(나뭇)가지가 부러져 있어요.
車が駐車場にとまっています。	차가 주차장에 서 있어요.

❸

～ておきます。

～해 놓습니다.

이번에는 ～ておく(～해 놓다/두다)를 존댓말로 연습해 봅시다.

黒板の字を消しておきます。	칠판(의) 글씨를 지워 놓습니다.
人を集めておきます。	사람들을 모아 놓습니다.
木の枝を折っておきます。	(나뭇)가지를 부러뜨려 놓을게요.
車を駐車場にとめておきます。	차를 주차장에 세워 둘게요.

잠깐만요!

～てある에는 ～ている (～해 있다)와 ～ておく(～해 놓다/두다)의 두 가지 표현이 모두 포함되어 있다고 했지요? 그런데 해석할 때 '상태' 쪽에 중점을 두어 '～해 있다'로 해야 할지, '의도' 쪽에 중점을 두어 '～해 놓았다'로 해야 할지 고민될 겁니다. 이럴 때는 어떤 조사가 쓰였는지에 따라 판단하면 됩니다.

車が駐車場にとめてあります와 같이 が가 쓰이면 '차가'가 되니까 '세워져 있다'라는 뉘앙스가 강하니 '차가 주차장에 세워져 있습니다'로 해석하고, 車を駐車場にとめてあります와 같이 を가 쓰이면 '차를'이 되니까 '세우다'라는 뉘앙스가 강하니 '차를 주차장에 세워 놓았습니다'로 해석하면 느낌이 더 명확해집니다.

❹

～てあります。

～해(져) 있습니다, ～해 놨습니다.

이번에는 ～てある(～해(져) 있다, ～해 놨다)를 존댓말로 연습해 봅시다.

黒板の字は消してあります。	칠판(의) 글씨는 지워져 있습니다(지워 놨습니다).
人を集めてあります。	사람들을 모아 놨습니다.(사람들이 모여 있습니다.)
木の枝が折ってあります。	(나뭇)가지가 부러져 있어요.((나뭇)가지를 부러뜨려 놨어요.)
車は駐車場にとめてあります。	차는 주차장에 세워 놨어요(서 있어요).

284

❺ もう～ましたか。

벌써 ~했습니까?

もう(벌써, 이미)라는 부사를 사용한 질문을 존댓말로 연습해 봅시다.

黒板の字はもう消しましたか。	칠판(의) 글씨는 벌써 지웠습니까?
人はもう集めましたか。	사람들은 벌써 모았습니까?
木の枝をもう折りましたか。	(나뭇)가지를 벌써 부러뜨렸어요?
車を駐車場にもうとめましたか。	차를 주차장에 벌써 세웠어요?

잠깐만요!

'주차장'을 パーキング라는 단어로 쓰는 경우도 꽤 있습니다. 주차 관리하는 사람이 없는 '무인 주차장'은 コインパーキング(coin parking)라고 하고, 고속도로나 유료 도로에 있는 '소규모 휴게소'는 パーキングエリア(parking area)라고 합니다. 참고로 '일반 휴게소'는 サービスエリア(service area)라고 합니다.

❻ まだ～ていません。

아직 ~하지 않았습니다.

まだ(아직)라는 부사를 사용한 대답을 존댓말로 연습해 봅시다. 동사의 시제가 한국어와 다르니 잘못 사용하지 않도록 주의하세요!

いいえ、まだ消していません。	아니요, 아직 지우지 않았습니다.
いいえ、まだ集めていません。	아니요, 아직 모으지 않았습니다.
いいえ、まだ折っていません。	아니요, 아직 부러뜨리지 않았어요.
いいえ、まだとめていません。	아니요, 아직 세우지 않았어요.

3단계
회화로 다지기

間に合う[まにあう]
⑤ 시간에 대다, 늦지 않다
うっかり 깜빡, 무심코
寝坊[ねぼう] 늦잠
駅前[えきまえ]
역 앞, 역전
空く[あく]
⑤ (속, 안이)비다

같이 출장을 가야 하는 전규현이 기차 문이 닫히기 직전에 가까스로 뛰어탔네요.

チョン・ギュヒョン： (숨을 헐떡이며) ああ、間に合ってよかった。

松田 亜由美： チョンさん、大丈夫ですか。

チョン・ギュヒョン： はい。うっかり寝坊して……。

松田 亜由美： そうですか。

チョン・ギュヒョン： 時間がありませんでしたから、駅まで
車で来ました。

松田 亜由美： 車はどこにとめてありますか。

チョン・ギュヒョン： 駅前の駐車場にとめておきました。

松田 亜由美： 空いていましたか。

チョン・ギュヒョン： ええ。

松田 亜由美： よかったですね。駅前の駐車場はいつも
空いてないんですよ。

チョン・ギュヒョン： そうなんですか。知りませんでした。
ああ、よかったぁ～!

전규현 : (숨을 헐떡이며) 아~, 안 늦어서 다행
이다.
전규현 : 네. 깜빡 늦잠 자서…….
전규현 : 시간이 없었기 때문에 역까지 차로 왔
어요.
전규현 : 역 앞(에 있는) 주차장에 세워 놨어요.
전규현 : 네.

전규현 : 그래요? 몰랐어요. 아~, 다행이다~!

まつだ あゆみ : 전(규현)씨, 괜찮아요?

まつだ あゆみ : 그렇군요.
まつだ あゆみ : 차는 어디에 세워져 있어요?

まつだ あゆみ : 비어 있었어요?

まつだ あゆみ : 다행이네요. 역 앞(에 있는) 주
차장은 항상 안 비어 있거든요.

아하,
일본에서는!

とめる(세우다)에는 止める, 停める, 駐める가 있어요!

とめる(세우다, 멈추게 하다), とまる(세워지다, 멈추다)는 한자 止める, 止まる로 쓰는 경우가 많습니다. 한자로 소
개해 드릴까 했는데 '차를 세우다'라는 뜻으로 쓸 때는 한자를 다르게 쓰는 경우가 많아서 히라가나로 소개해 드렸어
요. 일상적으로 車を止める는 남이 운전하는 차를 세울 때 쓰고, 車を停める는 운전하던 차를 잠깐 길가에 세울 때
쓰고, 車を駐める는 주차장에 차를 세울 때 씁니다. 그런데 駐める는 사전에는 안 나와 있는 사용법이라서 일본어
교재에서는 소개해 드릴 수 없습니다. 그렇다고 해서 止める나 停める로 알려 드리는 것도 애매하여 히라가나로 소
개해 드린 겁니다. 사전적으로는 止める, 止まる가 맞는 표기로 되어 있지만 일상적으로는 다르게 쓰기 때문에 히라
가나로 쓰는 것이 무난합니다. 단, 차가 아닌 다른 것을 세우거나 멈추는 경우는 止める, 止まる로 쓰세요~!

1 주어진 문장을 ～てあります(～해(져) 있습니다, ～해 놨습니다)를 쓴 문장으로 바꿔 보세요.

> |보기| 黒板の字は消します。 (칠판(의) 글씨는 지웁니다.)
> → 黒板の字は消してあります。 (칠판(의) 글씨는 지워져 있습니다.)

1. 🎤 _____

2. 🎤 _____

3. 🎤 _____

4. 🎤 _____

2 주어진 もう～ましたか(벌써 ～했습니까?)를 쓴 질문에 まだ～ていません(아직 ～하지 않았습니다)을 써서 대답해 보세요.

> |보기| 人はもう集めましたか。 (사람들은 벌써 모았습니까?)
> → いいえ、まだ集めていません。 (아니요, 아직 모으지 않았습니다.)

1. 🎤 _____

2. 🎤 _____

3. 🎤 _____

4. 🎤 _____

3 ( ) 속에 들어갈 적절한 글자를 보기와 같이 써 보세요.

> |보기| 人を集めて(あります)。 사람들을 모아 놨습니다.(사람들이 모여 있습니다.)

1. 木( )枝を折って( )。 (나뭇)가지를 부러뜨리고 있습니다.

2. 車が駐車場にとまって( )。 차가 주차장에 서 있습니다.

3. 黒板( )字を消して( )。 칠판(의) 글씨를 지워 놓아요.

4. テスト( )間違いはまだ直( )( )。
시험(의) 틀린 것은 아직 안 고쳤어요.

287

4 주어진 단어를 우선 히라가나로 써 본 다음에 한자로도 써 보세요.

| |보기| (나뭇)가지 | 히라가나 え \| だ | 한자 枝 |

1. 지워지다, 꺼지다

히라가나

한자

2. 모으다

히라가나

한자

3. 부러지다, 접히다

히라가나

한자

4. 칠판

히라가나

한자

5. 글씨, 글자

히라가나

한자

가타카나 쓰기 (10)

주어진 단어의 가타카나 표기를 직접 써 보세요.

1. 산타클로스 → _____

2. 러시아워 → _____

3. 마케팅 → _____

4. 에스컬레이터 → _____

5. 아이스크림 → _____

6. 콘택트렌즈 → _____

7. 드라이클리닝 → _____

8. 커뮤니케이션 → _____

9. 인포메이션 → _____

10. 인터내셔널 → _____

정답 1. サンタクロース 2. ラッシュアワー 3. マーケティング 4. エスカレーター
5. アイスクリーム 6. コンタクトレンズ 7. ドライクリーニング
8. コミュニケーション 9. インフォメーション 10. インターナショナル

장문 읽어 보기

🎧 예문 30-6.mp3

다음 장문을 처음에는 오디오만 들어보면서 내용을 파악해 본 다음에, 문장을 읽어 보며 의미를 확인해 보세요.

私は今、家族と一緒に東京に住んでいます。東京の大学で、これから1年間、勉強するつもりです。家は学校で準備してくれました。韓国の家は人に貸してあります。妻と二人の子供は日本語学校で日本語の勉強をしています。毎週金曜日には、ボランティアの学生にうちで日本語を教えてもらっています。日本料理も習うつもりですが、まだ習っていません。ぜひ習いたいです。

| 단어 | 東京[とうきょう] 도쿄(지명)　　日本語学校[にほんごがっこう] 일본어학교　　毎週[まいしゅう] 매주
金曜日[きんようび] 금요일　　ボランティア 자원 봉사　　学生[がくせい] 학생
日本語[にほんご] 일본어　　日本料理[にほんりょうり] 일본요리

| 해석 | 저는 지금 가족과 함께 とうきょう에 살고 있습니다. とうきょう에 있는 대학에서 앞으로 1년간 공부할 생각입니다. 집은 학교에서 준비해 주었습니다. 한국(의) 집은 다른 사람에게 빌려준 상태입니다. 아내와 두 아이는 일본어학교에서 일본어 공부를 하고 있습니다. 매주 금요일에는 자원봉사 학생이 집에서 일본어를 가르쳐 주고 있습니다. 일본요리도 배울 생각입니다만, 아직 배우지 않았습니다. 꼭 배우고 싶습니다.

• 특별 부록 •

연습문제 정답

01 起きた？ 일어났어?

1 1. 夕べは早く寝た？ (어젯밤에는 일찍 잤어?) → ううん、早く寝なかった。(아니, 일찍 자지 않았어.)

2. 新しい単語、覚えた？ (새 단어 외웠어?) → ううん、覚えなかった。(아니, 안 외웠어.)

3. 昨日は出かけた？ (어제는 외출했어?) → ううん、出かけなかった。(아니, 외출하지 않았어.)

4. ご両親に電話かけた？ (부모님한테 전화 걸었어?) → ううん、かけなかった。(아니, 안 걸었어.)

2 1. バス、降りなかった？ (버스 내리지 않았어?) → ううん、降りた。(아니, 내렸어.)

2. 今朝、シャワーを浴びなかった？ (오늘 아침에 샤워를 하지 않았어?)

   → ううん、浴びた。(아니, 했어.)

3. 窓、開けなかった？ (창문 안 열었어?) → ううん、開けた。(아니, 열었어.)

4. 電話番号、教えなかった？ (전화번호 안 알려줬어?) → ううん、教えた。(아니, 알려줬어.)

3 1. 今朝、早く起き(た)。오늘 아침에 일찍 일어났어.

2. 夕べ(は)遅く寝(なかった)。어젯밤에는 늦게 자지 않았어.

3. バス(を)降りた。버스에서 내렸어.

4. 昨日は出かけ(なかった)。어제는 외출하지 않았어.

4

사전형	~하지 않아(ない형)	~했어(た형)	~하지 않았어
1. 覚える[おぼえる] (외우다)	覚えない	覚えた	覚えなかった
2. 出かける[でかける] (외출하다)	出かけない	出かけた	出かけなかった

5 1. 외우다 → お ぼ え る　覚 え る

2. 외출하다 → で か け る　出 か け る

3. 오늘 아침 → け さ　今 朝

4. 단어 → た ん ご　単 語

5. 번호 → ば ん ご う　番 号

02 今朝、7時に起きました。 오늘 아침에 7시에 일어났습니다.

1 1. 夕べ、12時に寝ましたか。(어젯밤에 12시에 잤습니까?)
   → いいえ、12時に寝ませんでした。(아니요, 12시에 자지 않았습니다.)

   2. 昨日はテレビを見ましたか。(어제는 TV를 봤습니까?)
   → いいえ、見ませんでした。(아니요, 안 봤습니다.)

   3. 今日、出かけましたか。(오늘 외출했어요?)
   → いいえ、出かけませんでした。(아니요, 외출하지 않았어요.)

   4. お金を借りましたか。(돈을 빌렸어요?) → いいえ、借りませんでした。(아니요, 안 빌렸어요.)

2 1. 夕べは全然寝ませんでしたか。(어젯밤에는 전혀 자지 않았습니까?)
   → いいえ、寝ました。(아니요, 잤습니다.)

   2. 今朝は7時に起きませんでしたか。(오늘 아침에는 7시에 안 일어났습니까?)
   → いいえ、7時に起きました。(아니요, 7시에 일어났습니다.)

   3. 先週は全然出かけませんでしたか。(지난주에는 전혀 외출하지 않았어요?)
   → いいえ、出かけました。(아니요, 외출했어요.)

   4. 単語の意味を覚えませんでしたか。(단어(의) 뜻을 안 외웠어요?)
   → いいえ、覚えました。(아니요, 외웠어요.)

3 1. 昨日、9時(に)出かけました。어제 9시에 외출했습니다.

   2. 電車(を)降りました。전철에서 내렸습니다.

   3. 夕べは全然寝(ませんでした)。어젯밤에는 전혀 자지 않았어요.

   4. 単語の意味を覚え(ました)。단어(의) 뜻을 외웠어요.

4

사전형	~합니다(ます형)	~하지 않습니다	~했습니다	~하지 않았습니다
1. 降りる[おりる] (내리다)	降ります	降りません	降りました	降りませんでした
2. 寝る[ねる] (자다)	寝ます	寝ません	寝ました	寝ませんでした

5 1. 전철, 전차 → で　ん　し　ゃ　　電　車

   2. 아이, 자녀, 어린이 → こ　ど　も　　子　供

   3. 아침 → あ　さ　　朝

   4. 의미, 뜻 → い　み　　意　味

   5. 전혀 → ぜ　ん　ぜ　ん　　全　然

03 宿題、持って来た？ 숙제 가져왔어?

1　1. 学校に鉛筆、持って来た？ (학교에 연필, 가져왔어?)
　　　　→ ううん、持って来なかった。(아니, 가져오지 않았어.)

　　　2. お兄さんをカフェに連れて来た？ (오빠를 카페에 데려왔어?)
　　　　→ ううん、連れて来なかった。(아니, 안 데려왔어.)

　　　3. 理由を説明した？ (이유를 설명했어?)
　　　　→ ううん、説明しなかった。(아니, 설명하지 않았어.) ▶ しなかった라고만 해도 됨.

　　　4. 中間試験の準備した？ (중간고사(의) 준비 했어?)
　　　　→ ううん、しなかった。(아니, 안 했어.) ▶ 準備しなかった라고 해도 됨.

2　1. 学校に消しゴム、持って来なかった？ (학교에 지우개, 가져오지 않았어?)
　　　　→ ううん、持って来た。(아니, 가져왔어.)

　　　2. お兄さんをカフェに連れて来なかった？ (형을 카페에 데려오지 않았어?)
　　　　→ ううん、連れて来た。(아니, 데려왔어.)

　　　3. 理由を説明しなかった？ (이유를 설명하지 않았어?)
　　　　→ ううん、説明した。(아니, 설명했어.) ▶ した라고만 해도 됨.

　　　4. 期末試験の準備しなかった？ (기말고사(의) 준비 안 했어?)
　　　　→ ううん、した。(아니, 했어.) ▶ 準備した라고 해도 됨.

3　1. 学校(に)鉛筆(と)消しゴム(を)持って来た。학교에 연필과 지우개를 가져왔어.
　　　2. 理由を説明(した)。이유를 설명했어.
　　　3. 兄(を)カフェ(に)連れて(来なかった)。형을 카페에 데려오지 않았어.
　　　4. 中間試験(の)準備(を)(しなかった)。중간고사(의) 준비를 안 했어.

4

사전형	～하지 않아(ない형)	～했어(た형)	～하지 않았어
1. 来る[くる] (오다)	来ない[こない]	来た[きた]	来なかった [こなかった]
2. する (하다)	しない	した	しなかった

5　1. 형, 오빠(높이는 호칭) → お に い さ ん ／ お 兄 さ ん
　　　2. 이유 → り ゆ う ／ 理 由
　　　3. 설명 → せ つ め い ／ 説 明
　　　4. 중간 → ち ゅ う か ん ／ 中 間
　　　5. 기말 → き ま つ ／ 期 末

04 大阪へ行って来ました。 おおさかろ 갔다 왔습니다.

1 1. 原さんは病院へ来ましたか。(하라씨는 병원에 왔습니까?)
　　→ いいえ、来ませんでした。(아니요, 오지 않았습니다.)

　　2. 先月、京都へ行って来ましたか。(지난달에 きょうと로 갔다 왔어요?)
　　→ いいえ、行って来ませんでした。(아니요, 안 갔다 왔어요.)

　　3. 今日、百貨店で買い物をしましたか。(오늘 백화점에서 쇼핑을 했습니까?)
　　→ いいえ、しませんでした。(아니요, 안 했습니다.)

　　4. うちで歌を練習しましたか。(집에서 노래를 연습했어요?)
　　→ いいえ、練習しませんでした。(아니요, 연습하지 않았어요.) ▶ しませんでした라고만 해도 됨.

2 1. 柴田さんは病院へ来ませんでしたか。(しばた씨는 병원에 오지 않았습니까?)
　　→ いいえ、来ました。(아니요, 왔습니다.)

　　2. 先月、大阪へ行って来ませんでしたか。(지난달에 おおさか로 안 갔다 왔어요?)
　　→ いいえ、行って来ました。(아니요, 갔다 왔어요.)

　　3. 今日、買い物をしませんでしたか。(오늘 쇼핑을 안 했습니까?)
　　→ いいえ、しました。(아니요, 했습니다.)

　　4. 学校で歌を練習しませんでしたか。(학교에서 노래를 연습하지 않았어요?)
　　→ いいえ、練習しました。(아니요, 연습했어요.) ▶ しました라고만 해도 됨.

3 1. 昨日、原さん(は)病院(へ)来ませんでした。어제 はら씨는 병원으로 오지 않았습니다.
　　2. 先月、大阪(と)京都(へ)行って来ました。지난달에 おおさか와 きょうと로 갔다 왔습니다.
　　3. 兄(と)百貨店(で)買い物(を)(しました)。형과 함께 백화점에서 쇼핑을 했어요.
　　4. 友達(と)うち(で)歌(を)練習(しませんでした)。친구랑 집에서 노래를 연습하지 않았어요.

4

사전형	~합니다(ます형)	~하지 않습니다	~했습니다	~하지 않았습니다
1. 来る[くる] (오다)	来ます [きます]	来ません [きません]	来ました [きました]	来ませんでした [きませんでした]
2. する (하다)	します	しません	しました	しませんでした

5 1. 병원 → び ょ う い ん　病 院

　　2. 백화점 → ひ ゃ っ か て ん　百 貨 店

　　3. 누나, 언니(높이는 호칭) → お ね え さ ん　お 姉 さ ん

　　4. 연습 → れ ん し ゅ う　練 習

　　5. 지난달 → せ ん げ つ　先 月

05 空港に着いた。 공항에 도착했어.

1 1. 映画館に行った？ (영화관에 갔어?) → ううん、行かなかった。(아니, 가지 않았어.)

2. お店で上着、脱いだ？ (가게에서 외투 벗었어?) → ううん、脱がなかった。(아니, 안 벗었어.)

3. プールで泳いだ？ (수영장에서 수영했어?) → ううん、泳がなかった。(아니, 수영하지 않았어.)

4. 車で歌、聞いた？ (차에서 노래 들었어?) → ううん、聞かなかった。(아니, 안 들었어.)

2 1. スカート、はかなかった？ (치마 입지 않았어?) → ううん、はいた。(아니, 입었어.)

2. 5時に着かなかった？ (5시에 도착하지 않았어?) → ううん、着いた。(아니, 도착했어.)

3. お店で上着、脱がなかった？ (가게에서 외투 안 벗었어?) → ううん、脱いだ。(아니, 벗었어.)

4. メール、書かなかった？ (메일 안 썼어?) → ううん、書いた。(아니, 썼어.)

3 1. 5時(に)空港(に)着(かなかった)。5시에 공항에 도착하지 않았어.

2. 映画館に行(った)。영화관에 갔어.

3. お店(で)上着、脱(いだ)？ 가게에서 외투 벗었어?

4. ううん、脱(がなかった)。아니, 안 벗었어.

4

사전형	~하지 않아(ない형)	~했어(た형)	~하지 않았어
1. はく ((바지 등을)입다)	はかない	はいた	はかなかった
2. 脱ぐ[ぬぐ] (벗다)	脱がない	脱いだ	脱がなかった

5 1. 도착하다 → | つ | く |　| 着 | く |

2. 벗다 → | ぬ | ぐ |　| 脱 | ぐ |

3. 공항 → | く | う | こ | う |　| 空 | 港 |

4. 외투, 겉옷 → | う | わ | ぎ |　| 上 | 着 |

5. 영화관 → | え | い | が | か | ん |　| 映 | 画 | 館 |

---

06 興味を持った。 관심을 가졌어.

1 1. きれいな言葉を使った？ (고운 말을 썼어?) → ううん、使わなかった。(아니, 쓰지 않았어.)

2. 興味を持った？ (관심을 가졌어?) → ううん、持たなかった。(아니, 갖지 않았어.)

3. 雨が降った？ (비가 내렸어?) → ううん、降らなかった。(아니, 안 내렸어.)

4. ヘルメット、かぶった？ (헬멧 썼어?) → ううん、かぶらなかった。(아니, 안 썼어.)

2 1. 英語を全然習わなかった？ (영어를 전혀 배우지 않았어?) → ううん、習った。(아니, 배웠어.)

2. その女優に会わなかった？ (그 여배우를 만나지 않았어?) → ううん、会った。(아니, 만났어.)

3. 課長を全然待たなかった？ (과장님을 전혀 안 기다렸어?) → ううん、待った。(아니, 기다렸어.)

4. 帽子をかぶらなかった？ (모자를 안 썼어?) → ううん、かぶった。(아니, 썼어.)

3 1. きれい(な)言葉を使(わなかった)。고운 말을 쓰지 않았어.

2. ヘルメット(を)かぶ(った)？ 헬멧을 썼어?

3. 雨(が)全然降(らなかった)？ 비가 전혀 안 내렸어?

4. ううん、降(った)。아니, 내렸어.

4

사전형	~하지 않아(ない형)	~했어(た형)	~하지 않았어
1. 使う[つかう] (사용하다)	使わない	使った	使わなかった
2. 持つ[もつ] (가지다)	持たない	持った	持たなかった
3. 降る[ふる] ((비, 눈 등이)내리다)	降らない	降った	降らなかった

5 1. 사용하다, 쓰다 → | つ | か | う | | 使 | う |

2. (비, 눈 등이) 내리다 → | ふ | る | | 降 | る |

3. 말 → | こ | と | ば | | 言 | 葉 |

4. 위 → | う | え | | 上 |

---

07 初雪が降りました。 첫눈이 내렸습니다.

---

1 1. シャツを脱いだ。(셔츠를 벗었어.) → シャツを脱ぎました。(셔츠를 벗었습니다.)

2. 会社で課長を待った。(회사에서 과장님을 기다렸어.)
  → 会社で課長を待ちました。(회사에서 과장님을 기다렸습니다.)

3. 今日、初雪が降った。(오늘 첫눈이 내렸어.) → 今日、初雪が降りました。(오늘 첫눈이 내렸어요.)

4. 白い靴下を履いた。(하얀 양말을 신었어.) → 白い靴下を履きました。(하얀 양말을 신었어요.)

2 1. セーターを脱がなかった。(스웨터를 벗지 않았어.)
  → セーターを脱ぎませんでした。(스웨터를 벗지 않았습니다.)

2. ヘルメットをかぶらなかった。(헬멧을 쓰지 않았어.)
  → ヘルメットをかぶりませんでした。(헬멧을 안 썼습니다.)

3. 白い靴下を履かなかった。(하얀 양말을 안 신었어.)
  → 白い靴下を履きませんでした。(하얀 양말을 안 신었어요.)

4. 公園に着かなかった。(공원에 도착하지 않았어.)

   → 公園に着きませんでした。(공원에 도착하지 않았어요.)

3 1. シャツを脱(ぎませんでした)。셔츠를 벗지 않았습니다.

2. スプーンを使(いましたか)。숟가락을 썼습니까?

3. 会社(で)課長を待(ちました)。회사에서 과장님을 기다렸어요.

4. 今日、初雪(が)降(りませんでした)。오늘 첫눈이 안 내렸어요.

4

사전형	～합니다(ます형)	～하지 않습니다	～했습니다	～하지 않았습니다
1. はく ((바지 등을)입다)	はきます	はきません	はきました	はきませんでした
2. 脱ぐ[ぬぐ] (벗다)	脱ぎます	脱ぎません	脱ぎました	脱ぎませんでした
3. 使う[つかう] (사용하다)	使います	使いません	使いました	使いませんでした
4. 待つ[まつ] (기다리다)	待ちます	待ちません	待ちました	待ちませんでした
5. かぶる ((머리에)쓰다)	かぶります	かぶりません	かぶりました	かぶりませんでした

5 1. 공원, 놀이터 → こ う え ん　　公 園

2. 첫눈 → は つ ゆ き　　初 雪

3. 하얗다, 희다 → し ろ い　　白 い

---

08 **すごく並んだ。** 엄청 줄섰어.

1 1. 犬が死んだ？(개가 죽었어?) → ううん、死ななかった。(아니, 죽지 않았어.)

2. お茶、飲んだ？(차 마셨어?) → ううん、飲まなかった。(아니, 안 마셨어.)

3. 1時間、並んだ？(한 시간 줄섰어?) → ううん、1時間並ばなかった。(아니, 한 시간 줄서지 않았어.)

4. 朝、新聞読んだ？(아침에 신문 읽었어?) → ううん、読まなかった。(아니, 안 읽었어.)

2 1. 猫は死ななかった？(고양이는 죽지 않았어?) → ううん、死んだ。(아니, 죽었어.)

2. 学校、休まなかった？(학교 쉬지 않았어?) → ううん、休んだ。(아니, 쉬었어.)

3. その鳥は飛ばなかった？(그 새는 안 날았어?) → ううん、飛んだ。(아니, 날았어.)

4. 全然並ばなかった？(전혀 줄서지 않았어?) → ううん、並んだ。(아니, 줄섰어.)

3 1. その鳥は飛(ばなかった)。그 새는 날지 않았어.

2. うち(の)犬が死(んだ)。우리 집(의) 개가 죽었어.

3. 全然並(ばなかった)？ 전혀 줄서지 않았어?

4. ううん、並(んだ)。아니, 줄섰어.

4

사전형	~하지 않아(ない형)	~했어(た형)	~하지 않았어
1. 死ぬ[しぬ] (죽다)	死なない	死んだ	死ななかった
2. 飲む[のむ] (마시다)	飲まない	飲んだ	飲まなかった
3. 飛ぶ[とぶ] (날다)	飛ばない	飛んだ	飛ばなかった

5 1. 죽다 → | し | ぬ |　 | 死 | ぬ |

2. 개 → | い | ぬ |　 | 犬 |

3. 하늘 → | そ | ら |　 | 空 |

4. 신문 → | し | ん | ぶ | ん |　 | 新 | 聞 |

09 彼氏とけんかした。 남자 친구랑 싸웠어.

1 1. 大きな声、出した？(큰 소리 냈어?) → ううん、出さなかった。(아니, 내지 않았어.)

2. うちの鍵、無くした？(집 열쇠 잃어버렸어?)

　→ ううん、無くさなかった。(아니, 잃어버리지 않았어.)

3. 友達にマンガ、貸した？(친구에게 만화책 빌려줬어?)

　→ ううん、貸さなかった。(아니, 안 빌려줬어.)

4. 昨日、奥さんとよく話した？(어제 아내 분과 잘 이야기했어?)

　→ ううん、話さなかった。(아니, 이야기 안 했어.)

2 1. たばこの火、消さなかった？(담뱃불 끄지 않았어?) → ううん、消した。(아니, 껐어.)

2. チョコレート、渡さなかった？(초콜릿 건네주지 않았어?) → ううん、渡した。(아니, 건네줬어.)

3. うちの鍵、無くさなかった？(집 열쇠 안 잃어버렸어?) → ううん、無くした。(아니, 잃어버렸어.)

4. 傘、ささなかった？(우산 안 썼어?) → ううん、さした。(아니, 썼어.)

3 1. 友達(に)マンガ(を)貸(した)。친구에게 만화책을 빌려줬어.

2. 主人(と)全然話(さなかった)。남편과 전혀 이야기하지 않았어.

3. 何(で)大きな声(を)出(した)(の)？ 왜 큰 소리를 낸 거야?

4. 私(が)うち(の)鍵(を)無くした(から)。내가 집 열쇠를 잃어버렸기 때문에.

사전형	~하지 않아(ない형)	~했어(た형)	~하지 않았어
1. 消す[けす] (끄다)	消さない	消した	消さなかった
2. さす ((우산을)쓰다)	ささない	さした	ささなかった
3. 話す[はなす] (이야기하다)	話さない	話した	話さなかった

5 1. 끄다, 지우다 → | け | す | | 消 | す |

2. 잃어버리다, 분실하다 → | な | く | す | | 無 | く | す |

3. 큰 → | お | お | き | な | | 大 | き | な |

4. 불→ | ひ | | 火 |

---

10 切符を無くしました。 표를 잃어버렸습니다.

---

1 1. データが飛んだ。(데이터가 날아갔어.) → データが飛びました。(데이터가 날아갔습니다.)

2. 電気を消した。(불을 껐어.) → 電気を消しました。(불을 껐습니다.)

3. 切符を無くした。(표를 잃어버렸어.) → 切符を無くしました。(표를 잃어버렸어요.)

4. 新聞を読んだ。(신문을 읽었어.) → 新聞を読みました。(신문을 읽었어요.)

2 1. 一列に並ばなかった。(한 줄로 줄서지 않았어.)

→ 一列に並びませんでした。(한 줄로 줄서지 않았습니다.)

2. お金を返さなかった。(돈을 돌려주지 않았어.)

→ お金を返しませんでした。(돈을 돌려주지 않았습니다.)

3. お酒を飲まなかった。(술을 안 마셨어.) → お酒を飲みませんでした。(술을 안 마셨어요.)

4. 祖父は死ななかった。(할아버지는 안 죽었어.)

→ 祖父は死にませんでした。(할아버지는 안 죽었어요.)

3 1. 祖父が死(にました)。 할아버지가 죽었습니다.

2. 電気を消(しませんでした)。불을 안 껐습니다.

3. データが飛(びましたか)。데이터가 날아갔어요?

4. いいえ、飛(びませんでした)。아니요, 날아가지 않았어요.

4	사전형	~합니다(ます형)	~하지 않습니다	~했습니다	~하지 않았습니다
1. 死ぬ[しぬ] (죽다)	死にます	死にません	死にました	死にませんでした
2. 読む[よむ] (읽다)	読みます	読みません	読みました	読みませんでした
3. 並ぶ[ならぶ] (줄서다)	並びます	並びません	並びました	並びませんでした
4. さす ((우산을)쓰다)	さします	さしません	さしました	さしませんでした

5. 1. 조부, 할아버지(높이지 않는 호칭) → そ ふ ／ 祖 父

2. 표 → き っ ぷ ／ 切 符

3. 전기, 불 → で ん き ／ 電 気

4. 여러 가지로 → い ろ い ろ と ／ 色 々 と

---

11 日本に行ったことがない。 일본에 간 적이 없어.

1. 1. 駅まで歩きましたか。(역까지 걸었습니까?) → 駅まで歩いたの？(역까지 걸은 거야?)

2. 昨日は出かけませんでしたか。(어제는 외출하지 않았습니까?)
   → 昨日は出かけなかったの？(어제는 외출하지 않은 거야?)

3. 雪が降りましたか。(눈이 내렸어요?) → 雪が降ったの？(눈이 내린 거야?)

4. スニーカーを履きませんでしたか。(운동화를 안 신었어요?)
   → スニーカーを履かなかったの？(운동화를 안 신은 거야?)

2. 1. 日本に行きました。(일본에 갔습니다.) → 日本に行ったことがある。(일본에 간 적이 있어.)

2. お酒を飲みません。(술을 마시지 않습니다.) → お酒を飲んだことがない。(술을 마신 적이 없어.)

3. たばこを吸いました。(담배를 피웠어요.) → たばこを吸ったことがある。(담배를 피운 적이 있어.)

4. 日本の映画を見ません。(일본 영화를 안 봐요.)
   → 日本の映画を見たことがない。(일본 영화를 본 적이 없어.)

3. 1. 社長(の)足を踏んだ(の)？ 사장님(의) 발을 밟은 거야?

2. ううん、踏まなかった(よ)。 아니, 안 밟았어. (알려 주고자 하는 말투로)

3. その人(に)会(った)ことがある。 그 사람을 만난 적이 있어.

4. 警察に電話をかけたことが(ない)。 경찰에 전화를 건 적이 없어.

4 1. 답하다, 대답하다 → | こ | た | え | る |　| 答 | え | る |

2. 걷다 → | あ | る | く |　| 歩 | く |

3. 질문 → | し | つ | も | ん |　| 質 | 問 |

4. 발 → | あ | し |　| 足 |

5. ～엔 → | え | ん |　| 円 |

---

12 **富士山に登ったんですか。** ふじ산에 올라간 거예요?

1 1. 飛行機に乗りましたか。 (비행기를 탔습니까?)
　　→ 飛行機に乗ったんですか。 (비행기를 탄 겁니까?)

2. 青いＴシャツを買いませんでしたか。 (파란 티셔츠를 사지 않았습니까?)
　　→ 青いＴシャツを買わなかったんですか。 (파란 티셔츠를 사지 않은 겁니까?)

3. 山に登りましたか。 (산에 올라갔어요?) → 山に登ったんですか。 (산에 올라간 거예요?)

4. 川で遊びませんでしたか。 (강에서 안 놀았어요?)
　　→ 川で遊ばなかったんですか。 (강에서 안 논 거예요?)

2 1. 友達の名前を忘れました。 (친구(의) 이름을 잊어버렸습니다.)
　　→ 友達の名前を忘れたことがあります。 (친구(의) 이름을 잊어버린 적이 있습니다.)

2. 山に登りません。 (산에 올라가지 않습니다.)
　　→ 山に登ったことがありません。 (산에 올라간 적이 없습니다.)

3. 漢字を習いました。 (한자를 배웠어요.)
　　→ 漢字を習ったことがあります。 (한자를 배운 적이 있어요.)

4. 飛行機に乗りません。 (비행기를 안 타요.)
　　→ 飛行機に乗ったことがありません。 (비행기를 탄 적이 없어요.)

3 1. 山に登(らなかった)んですか。 산에 올라가지 않은 겁니까?
2. 飛行機(に)乗った(こと)がありません。 비행기를 탄 적이 없습니다.
3. 友達(の)名前を忘(れた)ことがあります。 친구(의) 이름을 잊어버린 적이 있어요.
4. 川(で)遊(んだんです)か。 강에서 논 거예요?

4 1. (차, 비행기 등을) 타다 → | の | る |　| 乗 | る |

2. 파랗다, 푸르다 → | あ | お | い |　| 青 | い |

3. 이름 → | な | ま | え |　| 名 | 前 |

4. 산 → | や | ま |　| 山 |

5. 강 → | か | わ |　| 川 |

---

13 運動した方がいい。 운동하는 편이 좋아.

1　1. 今日は運動しません。(오늘은 운동하지 않습니다.)
　→ 今日は運動しない方がいい。(오늘은 운동하지 않는 편이 좋아.)

2. 顔を洗います。(세수합니다.) → 顔を洗った方がいい。(세수하는 편이 좋아.)

3. 髪を切りません。(머리를 안 잘라요.) → 髪を切らない方がいい。(머리를 안 자르는 편이 좋아.)

4. 先生の説明をよく聞きます。(선생님(의) 설명을 잘 들어요.)
　→ 先生の説明をよく聞いたほうがいい。(선생님(의) 설명을 잘 듣는 편이 좋아.)

2　▶ 後で 뒤에 콤마(、)는 들어가도 안 들어가도 됩니다.

1. 朝ご飯を食べる(아침밥을 먹다), 顔を洗う(세수를 하다)
　→ 朝ご飯を食べた後で、顔を洗う。(아침밥을 먹은 후에 세수를 해.)

2. 食事(식사), 歯を磨く(이를 닦다) → 食事の後で歯を磨く。(식사 후에 이를 닦아.)

3. 運動する(운동하다), シャワーを浴びる(샤워를 하다)
　→ 運動した後で、シャワーを浴びる。(운동한 후에 샤워를 해.)

4. 会議(회의), 晩ご飯を食べた(저녁밥을 먹었다)
　→ 会議の後で晩ご飯を食べた。(회의(가 끝난) 후에 저녁밥을 먹었어.)

3　1. 朝、顔を洗(ったり)歯を磨(いたり)する。아침에 세수를 하거나 이를 닦아.

2. 週末はいつも運動(とか)散歩(とか)をする。주말은 늘 운동이라든가 산책 등을 해.

3. ここは散歩(しない)方がいい。여기는 산책하지 않는 편이 좋아.

4. 先生(の)説明を聞(いた)後で質問した。선생님(의) 설명을 들은 후에 질문했어.

4　

1. 자르다, 끊다 → | き | る |　| 切 | る |

2. 운동 → | う | ん | ど | う |　| 運 | 動 |

3. 산책 → | さ | ん | ぽ |　| 散 | 歩 |

4. 얼굴 → | か | お |　| 顔 |

5. 아침밥 → | あ | さ | ご | は | ん |　| 朝 | ご | 飯 |

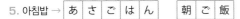

14 薬を塗らない方がいいです。 약을 바르지 않는 편이 좋아요.

1 1. 電気をつけます。(불을 켭니다.) → 電気をつけた方がいいです。(불을 켜는 편이 좋습니다.)

2. 薬を塗りません。(약을 바르지 않습니다.)
   → 薬を塗らない方がいいです。(약을 바르지 않는 편이 좋습니다.)

3. 傘を持って行きます。(우산을 가져가요.)
   → 傘を持って行った方がいいです。(우산을 가져가는 편이 좋아요.)

4. プレゼントをもらいません。(선물을 안 받아요.)
   → プレゼントをもらわない方がいいです。(선물을 안 받는 편이 좋아요.)

2 ▶ ～たり 뒤에 콤마(、)는 들어가도 안 들어가도 됩니다.

1. 電気をつける(불을 켜다), 消す(끄다)
   → 電気をつけたり消したりしました。(불을 켰다가 껐다가 했습니다.)

2. 電話をかける(전화를 걸다), プレゼントを持って行く(선물을 가져가다)
   → 電話をかけたり、プレゼントを持って行ったりしました。
   (전화를 걸기도 하고 선물을 가져가기도 했습니다.)

3. 眼鏡をかける(안경을 쓰다), コンタクトをする(렌즈를 끼다)
   → 眼鏡をかけたりコンタクトをしたりしました。(안경을 쓰거나 렌즈를 끼거나 했어요.)

4. お酒を飲む(술을 마시다), たばこを吸う(담배를 피우다)
   → お酒を飲んだり、たばこを吸ったりしました。(술을 마시거나 담배를 피웠어요.)

3 1. お金を持って(行かない)方がいいです。돈을 가져가지 않는 편이 좋습니다.

2. お土産を(もらった)後(で)、電話をかけました。선물을 받은 후에 전화를 걸었습니다.

3. 中間試験(の)後(で)、友達と遊びます。중간고사 후에 친구랑 놀아요.

4. 大阪(や)京都(や)奈良などへ行きます。おおさか 며 きょうと 며 なら 등으로 가요.

4 1. 바르다, 칠하다 → ぬ る | 塗 る

2. 가져가다 → も っ て い く | 持 っ て 行 く

3. 약 → く す り | 薬

4. 나라(지명) → な ら | 奈 良

5. 이따가 → あ と で | 後 で

15 それ、ちょうだい。 그거, 줘.

1 1. お茶(차), お菓子(과자) → このお茶とお菓子、ちょうだい。 (이 차와 과자, 줘.)

2. たばこ(담배), ライター(라이터) → このたばことライター、ちょうだい。 (이 담배와 라이터, 줘.)

3. ガム(껌), 飴(사탕) → このガムと飴、ちょうだい。 (이 껌과 사탕, 줘.)

4. 鉛筆(연필), ノート(노트) → この鉛筆とノート、ちょうだい。 (이 연필과 노트, 줘.)

2 1. 人形(인형) → その人形、いくら？ (그 인형, 얼마야?)

2. お菓子(과자) → そのお菓子、いくら？ (그 과자, 얼마야?)

3. ガム(껌) → そのガム、いくら？ (그 껌, 얼마야?)

4. キーホルダー(열쇠고리) → そのキーホルダー、いくら？ (그 열쇠고리, 얼마야?)

3 1. そのガム(と)飴、ちょうだい。 그 껌과 사탕, 줘.

2. うん、いい(よ)。 응, 그래/좋아.

3. (だめ)。 안 돼.

4. この飴は3個(で)100円。 이 사탕은 3개에 100엔이야.

4 1. 인형 → | に | ん | ぎ | ょ | う | | 人 | 形 |

2. 과자 → | お | か | し | | お | 菓 | 子 |

3. ~개 → | こ | | 個 |

4. 전부, 모두 → | ぜ | ん | ぶ | | 全 | 部 |

5. 개점 → | か | い | て | ん | | 開 | 店 |

16 そのりんごをください。 그 사과를 주세요.

1 1. ノート(노트), ボールペン(볼펜)

→ このノートとボールペンをください。 (이 노트와 볼펜을 주세요.)

2. 机(책상), 椅子(의자) → この机と椅子をください。 (이 책상과 의자를 주세요.)

3. 卵(계란), 牛乳(우유) → この卵と牛乳をください。 (이 계란과 우유를 주세요.)

4. りんご(사과), みかん(귤) → このりんごとみかんをください。 (이 사과와 귤을 주세요.)

2 1. 机(책상) → その机はいくらですか。 (그 책상은 얼마입니까?)

2. 椅子(의자) → その椅子はいくらですか。 (그 의자는 얼마입니까?)

3. 卵(계란) → その卵はいくらですか。(그 계란은 얼마입니까?)

4. 牛乳(우유) → その牛乳はいくらですか。(그 우유는 얼마입니까?)

3 1. そのノート(と)ボールペン(を)ください。그 노트와 볼펜을 주세요.

2. はい、(どうぞ)。네, 그러세요.

3. このみかんは(いくら)ですか。이 귤은 얼마입니까?

4. 10個(で)376円です。10개에 376엔입니다.

4 1. 난처하다, 곤란하다 → こ ま る   困 る

2. 우유 → ぎ ゅ う に ゅ う   牛 乳

3. 책상 → つ く え   机

4. 의자 → い す   椅 子

5. 점원 → て ん い ん   店 員

---

17 会いたい！ 보고 싶어!

1 1. 宿題の答えを知る。(숙제의 답을 알아.) → 宿題の答えを知りたい。(숙제의 답을 알고 싶어.)

2. 百貨店に行く。(백화점에 가.) → 百貨店に行きたい。(백화점에 가고 싶어.)

3. スーパーで買い物する。(슈퍼에서 장봐.) → スーパーで買い物したい。(슈퍼에서 장보고 싶어.)

4. 韓国料理を食べる。(한국요리를 먹어.) → 韓国料理を食べたい。(한국요리를 먹고 싶어.)

2 1. 百貨店に来た(백화점에 왔다), 靴を買う(신발을 사다)

→ 百貨店に靴を買いに来た。(백화점에 신발을 사러 왔어.)

2. 明日、東京へ行く(내일 とうきょう로 가다), 家を見る(집을 보다)

→ 明日、東京へ家を見に行く。(내일 とうきょう로 집을 보러 가.)

3. スーパーへ来た(슈퍼로 왔다), 買い物する(장보다)

→ スーパーへ買い物しに来た。(슈퍼에 장보러 왔어.)

4. 日本へ行く(일본으로 가다), 日本語を習う(일본어를 배우다)

→ 日本へ日本語を習いに行く。(일본으로 일본어를 배우러 가.)

3 1. 彼女(が)欲し(かった)。여자 친구가 갖고 싶었어.

2. 靴を買(いに)百貨店に来た。구두를 사러 백화점에 왔어.

3. 家族(の)中(で)、誰が(一番)背が高い？ 가족 중에서 누가 제일 키가 커?

4. 子供(が)欲し(くなかった)。아이를 갖고 싶지 않았어.

4 1. 살다, 거주하다 → | す | む |　| 住 | む |

2. 갖고 싶다 | ほ | し | い |　| 欲 | し | い |

3. 집 → | い | え |　| 家 |

4. 꽃구경, 꽃놀이 → | は | な | み |　| 花 | 見 |

5. 가깝다 → | ち | か | い |　| 近 | い |

---

18 飲みに行きたいです。 술 마시러 가고 싶어요.

1 1. カラオケで歌わない。(노래방에서 노래 부르지 않아.)
　　　→ カラオケで歌いたくないです。(노래방에서 노래 부르고 싶지 않습니다.)

2. この仕事を友達に頼んだ。(이 일을 친구에게 부탁했어.)
　　　→ この仕事を友達に頼みたかったです。(이 일을 친구에게 부탁하고 싶었습니다.)

3. ブログを作る。(블로그를 만들어.) → ブログを作りたいです。(블로그를 만들고 싶어요.)

4. ヘアスタイルを変えなかった。(헤어스타일을 안 바꿨어.)
　　　→ ヘアスタイルを変えたくなかったです。(헤어스타일을 안 바꾸고 싶었어요.)

2 1. この果物(이 과일), おいしい(맛있어)
　　　→ この果物の中で、どれが一番おいしいですか。(이 과일들 중에서 어떤 것이 제일 맛있습니까?)

2. その映画(그 영화), 面白い(재미있어)
　　　→ その映画の中で、どれが一番面白いですか。(그 영화들 중에서 어떤 것이 제일 재미있습니까?)

3. その歌(그 노래), いい(좋아)
　　　→ その歌の中で、どれが一番いいですか。(그 노래들 중에서 어떤 것이 제일 좋아요?)

4. この花(이 꽃), 好きな(좋아하는, 좋은)
　　　→ この花の中で、どれが一番好きですか。(이 꽃들 중에서 어떤 것을 제일 좋아해요?)

3 1. もっと時間(が)欲(しかったです)。 더 시간을 갖고 싶었습니다.

2. 母(と)一緒に買い物((し)に)行きます。 어머니와 함께 쇼핑하러 가요.

3. この果物(の)中(で)、(どれ)が一番おいしいですか。 이 과일들 중에서 어떤 것이 가장 맛있어요?

4 1. 만들다 → | つ | く | る |　| 作 | る |

2. 바꾸다 → | か | え | る |　| 変 | え | る |

3. 쉬는 시간, 휴일 → | や | す | み |　| 休 | み |

4. 올해 → | こ | と | し |　| 今 | 年 |

5. 꽃 → | は | な |　| 花 |

19 誰がいる? 누가 있어?

1　1. 机(책상), 上(위), スタンド(스탠드) → 机の上にスタンドがある。(책상 위에 스탠드가 있어.)

　　2. ドア(문), 後ろ(뒤), 猫(고양이) → ドアの後ろに猫がいる。(문 뒤에 고양이가 있어.)

　　3. 椅子(의자), 下(밑), リモコン(리모컨) → 椅子の下にリモコンがある。(의자 밑에 리모컨이 있어.)

　　4. 窓(창문), 前(앞), 犬(개) → 窓の前に犬がいる。(창문 앞에 개가 있어.)

2　1. お風呂に誰かいる？(욕실에 누군가 있어?) → ううん、誰もいない。(아니, 아무도 없어.)

　　2. 木の後ろに何かあった？(나무 뒤에 뭔가 있었어?)
　　　→ ううん、何もなかった。(아니, 아무것도 없었어.)

　　3. ソファーの下に何かいた？(소파 밑에 뭔가 있었어?)
　　　→ ううん、何もいなかった。(아니, 아무것도 없었어.)

　　4. ドアの前に何かある？(문 앞에 뭔가 있어?) → ううん、何もない。(아니, 아무것도 없어.)

3　1. スタンド(は)椅子(の)下(に)(ない)。 스탠드는 의자 밑에 없어.

　　2. 机(の)上(に)何(か)(あった)？ 책상 위에 뭔가 있었어? (물건)

　　3. ううん、何(も)(なかった)。 아니, 아무것도 없었어. (물건)

　　4. 猫(は)窓(の)前(に)(いた)。 고양이는 창문 앞에 있었어.

4　1. 뒤 → | う | し | ろ |　| 後 | ろ |

　　2. 나무 → | き |　| 木 |

　　3. 앞 → | ま | え |　| 前 |

　　4. 욕실, 목욕 → | ふ | ろ |　| 風 | 呂 |

　　5. 아래, 밑 → | し | た |　| 下 |

20 兄弟がいますか。 형제가 있습니까?

1　1. 鳥(새), 箱(상자), 中(안) → 鳥は箱の中にいます。(새는 상자 안에 있습니다.)

　　2. 銀行(은행), 学校(학교), 裏(뒤) → 銀行は学校の裏にあります。(은행은 학교 뒤에 있습니다.)

　　3. トイレ(화장실), 家(집), 外(바깥) → トイレは家の外にあります。(화장실은 집 바깥에 있어요.)

　　4. 母(어머니), 祖父と祖母(할아버지와 할머니), 間(사이)

→ 母は祖父と祖母の間にいます。(어머니는 할아버지와 할머니 사이에 있어요.)

2 1. 箱の中に何かいましたか。(상자 안에 뭔가 있었습니까?)
→ いいえ、何もいませんでした。(아니요, 아무것도 없었습니다.)

2. スーパーの裏に何かありますか。(슈퍼 뒤에 뭔가 있습니까?)
→ いいえ、何もありません。(아니요, 아무것도 없습니다.)

3. 鏡の横に何かありましたか。(거울 옆에 뭔가 있었어요?)
→ いいえ、何もありませんでした。(아니요, 아무것도 없었어요.)

4. おじいさんの隣に誰かいますか。(할아버지 (바로) 옆에 누군가 있어요?)
→ いいえ、誰もいません。(아니요, 아무도 없어요.)

3 1. 祖父(の)隣(に)祖母(が)います。할아버지 (바로) 옆에 할머니가 있습니다.

2. 鏡(と)箱(の)間(に)何が(います)か。거울과 상자 사이에 뭐가 있습니까? (동물, 곤충 등)

3. スーパー(の)裏(に)何(か)ありますか。슈퍼 뒤에 뭔가 있어요?

4. 本棚(の)横(に)何が(ありました)か。책장 옆에 뭐가 있었어요? (물건)

4 1. 안, 속 → | な | か |　　| 中 |

2. 옆, 가로 → | よ | こ |　　| 横 |

3. 사이 → | あ | い | だ |　　| 間 |

4. 조모, 할머니(높이지 않는 호칭) → | そ | ぼ |　　| 祖 | 母 |

5. 상자 → | は | こ |　　| 箱 |

---

21 **彼女に指輪をあげた。** 여자 친구한테 반지를 줬어.

1 1. 私の両親(내 부모님), 私(나), お小遣い(용돈)
→ 私の両親は私にお小遣いをくれた。(내 부모님은 나한테 용돈을 줬어.)

2. 私の姉(내 언니), おじ(삼촌), 紅茶(홍차)
→ 私の姉はおじに紅茶をあげた。(내 언니는 삼촌한테 홍차를 줬어.)

3. 僕(나), 彼女(여자 친구), ネックレス(목걸이)
→ 僕は彼女にネックレスをあげた。(나는 여자 친구한테 목걸이를 줬어.)

4. おば(이모), 俺(나), ネクタイ(넥타이)
→ おばは俺にネクタイをくれた。(이모는 나한테 넥타이를 줬어.)

2 1. 僕(나), おじ(큰아버지), お小遣い(용돈)
→ 僕はおじにお小遣いをもらった。(나는 큰아버지한테 용돈을 받았어.)

2. 私(나), 学校(학교), 手紙(편지)

→ 私は学校から手紙をもらった。(나는 학교로부터 편지를 받았어.)

3. 彼氏(남자 친구), その会社(그 회사), 仕事(일)

→ 彼氏はその会社から仕事をもらった。(남자 친구는 그 회사로부터 일을 받았어.)

4. 僕(나), 祖母(할머니), お皿(접시)

→ 僕は祖母にお皿をもらった。(나는 할머니한테 접시를 받았어.)

3 1. 僕(の)両親(は)僕(に)お小遣いを(くれ)なかった。내 부모님은 나한테 용돈을 주지 않았어.

2. 妹(が)おば(に)ネックレスを(あげた)。여동생이 이모한테 목걸이를 줬어.

3. 私(は)彼(に)指輪を(もらった)。나는 남자 친구한테 반지를 받았어.

4 1. 홍차 → こ う ちゃ   紅 茶

2. 접시 → お さ ら   お 皿

3. 반지 → ゆ び わ   指 輪

4. 용돈 → お こ づ か い   お 小 遣 い

5. 양친, 부모 → り ょ う し ん   両 親

---

22 **おばにもらいました。** 이모에게 받았습니다.

1 1. 課長(과장님), 息子(아들), 仕事(일)

→ 課長は息子に仕事をくれました。(과장님은 아들에게 일을 줬습니다.)

2. 私(저), おば(큰어머니), 花瓶(꽃병)

→ 私はおばに花瓶をあげました。(저는 큰어머니에게 꽃병을 줬습니다.)

3. 先生(선생님), 娘(딸), 飴(사탕)

→ 先生は娘に飴をくれました。(선생님은 딸에게 사탕을 줬어요.)

4. 兄(형), おじ(고모부), ハガキ(엽서)

→ 兄はおじにハガキをあげました。(형은 고모부에게 엽서를 줬어요.)

2 1. 娘(딸), 祖母(할머니), 着物(기모노)

→ 娘は祖母に着物をもらいました。(딸은 할머니에게 기모노를 받았습니다.)

2. 息子(아들), 会社(회사), ハガキ(엽서)

→ 息子は会社からハガキをもらいました。(아들은 회사로부터 엽서를 받았습니다.)

3. 私(저), 先生(선생님), 切手(우표)

→ 私は先生に切手をもらいました。(저는 선생님에게 우표를 받았어요.)

4. 祖父(할아버지), 学校(학교), 書類(서류)

→ 祖父は学校から書類をもらいました。(할아버지는 학교로부터 서류를 받았어요.)

3 1. 祖母(が)娘(に)着物を(くれ)ました。할머니가 딸에게 기모노를 줬습니다.

2. 私(は)おば(に)花瓶を(あげ)ました。저는 고모에게 꽃병을 줬습니다.

3. 私(は)学校(から)書類を(もらいません)でした。저는 학교로부터 서류를 받지 않았어요.

4 1. 희귀하다, 드물다 → | め | ず | ら | し | い |　　| 珍 | し | い |

2. 딸 → | む | す | め |　　| 娘 |

3. 기모노(일본 전통 의상) → | き | も | の |　　| 着 | 物 |

4. 우표 → | き | っ | て |　　| 切 | 手 |

5. 아들 → | む | す | こ |　　| 息 | 子 |

셋째마당

23 道が暗くて怖かった。 길이 어두워서 무서웠어.

1 ▶ ～て/で 뒤에는 콤마(、)가 들어가도 안 들어가도 상관없습니다.

1. 友達に会う(친구를 만나다), 一緒にお茶を飲んだ(같이 차를 마셨다)

→ 友達に会って、一緒にお茶を飲んだ。(친구를 만나서 같이 차를 마셨어.)

2. 本を読む(책을 읽다), レポートを書く(리포트를 쓰다)

→ 本を読んでレポートを書く。(책을 읽고 리포트를 써.)

3. 疲れる(피곤하다), 早く寝た(일찍 잤다) → 疲れて早く寝た。(피곤해서 일찍 잤어.)

4. 一人で外国に行く(혼자 외국에 가다), ちょっと怖かった(좀 무서웠다)

→ 一人で外国に行って、ちょっと怖かった。(혼자 외국에 가서 좀 무서웠어.)

2 ▶ ～て/で 뒤에는 콤마(、)가 들어가도 안 들어가도 상관없습니다.

1. これは簡単(이것은 간단하다), おいしい(맛있다) → これは簡単でおいしい。(이것은 간단하고 맛있어.)

2. この部屋は広い(이 방은 넓다), 明るい(밝다) → この部屋は広くて明るい。(이 방은 넓고 밝아.)

3. 高い車(비싼 차), びっくりした(깜짝 놀랐다) → 高い車で、びっくりした。(비싼 차라서 깜짝 놀랐어.)

4. この料理は気持ち悪い(이 요리는 징그럽다), 食べたくない(먹고 싶지 않다)

→ この料理は気持ち悪くて食べたくない。(이 요리는 징그러워서 먹고 싶지 않아.)

3 1. 田村さんは親切(で)、竹内さんはまじめ。たむら씨는 친절하고, たけうち씨는 성실해.

2. ホテルの部屋が明る(くて)、気分がよかった。호텔 방이 밝아서 기분이 좋았어.

3. プールで泳(いで)、シャワーを浴びた。 수영장에서 수영하고 샤워를 했어.

4. 今日はたくさん歩(いて)疲れた。 오늘은 많이 걸어서 지쳤어.

4 1. 지치다, 피곤하다 → つ | か | れ | る   疲 | れ | る

2. 밝다 → あ | か | る | い   明 | る | い

3. 어둡다 → く | ら | い   暗 | い

4. 기분 → き | ぶ | ん   気 | 分

5. 길 → み | ち   道

24 電話を無くして困りました。 전화를 잃어버려서 난처했어요.

1 ▶〜て/で 뒤에는 콤마(、)가 들어가도 안 들어가도 상관없습니다.

1. ファイルを開きました(파일을 열었습니다), プリントアウトしました(출력했습니다)
   → ファイルを開いて、プリントアウトしました。 (파일을 열고 출력했습니다.)

2. ファイルを上書き保存しました(파일을 덮어썼습니다), 閉じました(닫았습니다)
   → ファイルを上書き保存して閉じました。 (파일을 덮어쓰고 닫았습니다.)

3. 電話を無くしました(전화를 잃어버렸어요), 困りました(난처했어요)
   → 電話を無くして、困りました。 (전화를 잃어버려서 난처했어요.)

4. 友達とチャットしました(친구와 채팅했어요), 楽しかったです(즐거웠어요.)
   → 友達とチャットして楽しかったです。 (친구와 채팅해서 즐거웠어요.)

2 ▶〜て/で 뒤에는 콤마(、)가 들어가도 안 들어가도 상관없습니다.

1. こっちは新しいデータです(이쪽은 새 데이터입니다),
   そっちは古いデータです(그쪽은 오래된 데이터입니다)
   → こっちは新しいデータで、そっちは古いデータです。
   　(이쪽은 새 데이터이고, 그쪽은 오래된 데이터입니다.)

2. このノートパソコンは小さいです(이 노트북PC는 작습니다), 便利です(편리합니다)
   → このノートパソコンは小さくて便利です。 (이 노트북PC는 작고 편리합니다.)

3. 仕事が嫌です(일이 싫어요), 会社を休みました(회사를 쉬었어요)
   → 仕事が嫌で、会社を休みました。 (일이 싫어서 회사를 쉬었어요.)

4. このソフトは難しいです(이 소프트웨어는 어려워요), よくわかりません(잘 모르겠어요)
   → このソフトは難しくて、よくわかりません。 (이 소프트웨어는 어려워서 잘 모르겠어요.)

3 1. これは新しいアプリ(で)、ちょっと高いです。 이것은 새 앱이고, 좀 비쌉니다.

2. このテレビは大き(くて)薄いです。 이 TV는 크고 얇습니다.

3. ノートパソコンを売(って)お金を作りました。 노트북PC를 팔아서 돈을 마련했어요.

4 1. 펴다, 열다 → ひ ら く　　開 く

2. 접다, 닫다 → と じ る　　閉 じ る

3. 붙이다 → つ け る　　付 け る

4. 문서 → ぶ ん し ょ　　文 書

5. 저장 → ほ ぞ ん　　保 存

---

25 傘を持って出かけた。 우산을 가지고 나갔어.

1 ▶ 〜て/で 뒤에는 콤마(、)가 들어가도 안 들어가도 상관없습니다.

1. 窓を開けます(창문을 엽니다), 寝ました(잤습니다)

→ 窓を開けて寝た。 (창문을 열고 잤어.)

2. 傘を持ちません(우산을 가지지 않습니다), 出かけました(외출했습니다)

→ 傘を持たないで出かけた。 (우산을 가지지 않고 외출했어.)

3. 予習をします(예습을 해요), 授業に出ました(수업에 출석했어요)

→ 予習をして授業に出た。 (예습을 하고 수업에 출석했어.)

4. 電話をかけません(전화를 걸지 않아요), 遊びに行きました(놀러 갔어요)

→ 電話をかけないで、遊びに行った。 (전화를 걸지 않고 놀러 갔어.)

2 ▶ 〜て/で 뒤에는 콤마(、)가 들어가도 안 들어가도 상관없습니다.

1. 授業を聞く(수업을 듣다), 復習する(복습하다)

→ 授業を聞いてから復習する。 (수업을 듣고 나서 복습해.)

2. 仕事が終わる(일이 끝나다), 飲みに行く(술 마시러 가다)

→ 仕事が終わってから飲みに行く。 (일이 끝나고 나서 술 마시러 가.)

3. 川を渡る(강을 건너다), バスを降りた(버스에서 내렸다)

→ 川を渡ってからバスを降りた。 (강을 건너고 나서 버스에서 내렸어.)

4. 電話をかける(전화를 걸다), 遊びに行った(놀러 갔다)

→ 電話をかけてから遊びに行った。 (전화를 걸고 나서 놀러 갔어.)

3 1. 仕事が終わら(なくて)、大変だった。 일이 안 끝나서 힘들었어.

2. ちょっと待(って)。 잠깐 기다려 줘.

3. こっちを見(ないで)。 이쪽을 보지 말아 줘.

4. 川を渡(ってから)バス(を)降りた。 강을 건너고 나서 버스에서 내렸어.

4 1. 올리다, 들다 → あ げ る　　上 げ る

2. 나가다, 나오다 → で る　　出 る

3. 끝나다 → お わ る　　終 わ る

4. 열리다 → あ く　　開 く

5. 예습 → よ し ゅ う　　予 習

26 立たないでください。 일어서지 마세요.

1 ▶ ～て/で 뒤에는 콤마(、)가 들어가도 안 들어가도 상관없습니다.

1. いい結果が出ませんでした(좋은 결과가 나오지 않았습니다), 残念でした(아쉬웠습니다)
   → いい結果が出なくて残念でした。 (좋은 결과가 나오지 않아서 아쉬웠습니다.)

2. その飛行機に乗りませんでした(그 비행기를 타지 않았습니다), よかったです(다행이었습니다)
   → その飛行機に乗らなくてよかったです。 (그 비행기를 타지 않아서 다행이었습니다.)

3. 意味がわかりませんでした(뜻을 몰랐어요), 先生に聞きました(선생님에게 물었어요)
   → 意味がわからなくて、先生に聞きました。 (뜻을 몰라서 선생님에게 물었어요.)

4. 友達が来ませんでした(친구가 안 왔어요), 心配しました(걱정했어요)
   → 友達が来なくて心配しました。 (친구가 안 와서 걱정했어요.)

2 1. パスポートを見せます。 (여권을 보여 줍니다.)
   → パスポートを見せてください。 (여권을 보여 주세요.)

2. 電気を消しません。 (불을 끄지 않습니다.)
   → 電気を消さないでください。 (불을 끄지 말아 주세요.)

3. しょうゆをつけます。 (간장을 찍어요.) → しょうゆをつけてください。 (간장을 찍으세요.)

4. 心配しません。 (걱정하지 않아요.) → 心配しないでください。 (걱정하지 마세요.)

3 1. 目を見(ないで)話しました。 눈을 보지 않고 이야기했습니다.

2. 試合でいい結果が出(なくて)残念でした。 시합에서 좋은 결과가 안 나와서 아쉬웠어요.

3. ちょっと立(って)ください。 잠깐 일어서 주세요.

4. 道を渡(ってから)バスに乗ってください。 길을 건너고 나서 버스를 타세요.

4 1. 서다, 일어서다 → た つ　　立 つ

2. 소금 → | し | お |　　| 塩 |

3. 화장 → | け | しょ | う |　　| 化 | 粧 |

4. ~서, ~책자 → | しょ |　　| 書 |

5. 튀김 → | て | ん | ぷ | ら |　　| 天 | ぷ | ら |

---

27 パソコンを直してあげた。 PC를 고쳐 줬어.

1　1. 荷物をそこに置く。(짐을 거기에 놓아.)
　　→ 荷物をそこに置いてくれない？(짐을 거기에 놓아 주지 않을래?)

　2. このゴミ、捨てる。(이 쓰레기 버려.)
　　→ このゴミ、捨ててくれない？(이 쓰레기 버려 주지 않을래?)

　3. 明日、早く起こす。(내일 일찍 깨워.)
　　→ 明日、早く起こしてくれない？(내일 일찍 깨워 주지 않을래?)

　4. パソコンを直す。(PC를 고쳐.)　→ パソコンを直してくれない？(PC를 고쳐 주지 않을래?)

2　1. うちまで送る。(집까지 바래다줘.)
　　→ うちまで送ってもらえない？(집까지 바래다 줄 수 없어?(바래다 받을 수 없어?))

　2. 塩を取る。(소금을 건네줘.)
　　→ 塩を取ってもらえない？(소금을 건네 줄 수 없어?(건네 받을 수 없어?))

　3. バイトを一緒に探す。(알바를 같이 찾아.)
　　→ バイトを一緒に探してもらえない？(알바를 같이 찾아 줄 수 없어?(찾아 받을 수 없어?))

　4. パソコンを直す。(PC를 고쳐.)
　　→ パソコンを直してもらえない？(PC를 고쳐 줄 수 없어?(고쳐 받을 수 없어?))

3　1. 僕は彼女をうち(まで)送って(あげた)。 나는 여자 친구를 집까지 바래다줬어.

　2. 娘(が)(私に)塩を取って(くれた)。 딸이 (나한테) 소금을 건네 줬어.

　3. (私は)友達(に)バイトを一緒に探して(もらった)。
　　친구가 (내) 알바를 같이 찾아 줬어. ((나는) 친구한테 알바를 같이 찾아 받았어.)

　4. (私は)後で弟(に)パソコンを直して(もらう)。
　　이따가 남동생이 (내) PC를 고쳐 줄 거야. ((나는) 남동생한테 PC를 고쳐 받을 거야.)

4　1. 보내다, 바래다주다 → | お | く | る |　　| 送 | る |

　2. 집다, 잡다, 취하다 → | と | る |　　| 取 | る |

3. 고치다 → | な | お | す |　| 直 | す |

4. 넣다 → | い | れ | る |　| 入 | れ | る |

5. 깨우다, 일으키다 → | お | こ | す |　| 起 | こ | す |

---

28 母がほめてくれました。 어머니가 칭찬해 줬어요.

1　1. 急ぐ。(서둘러.)
　　→ すみませんが、急いでくださいませんか。(죄송하지만, 서둘러 주시지 않겠습니까?)

　2. そこまで案内する。(거기까지 안내해.)
　　→ すみませんが、そこまで案内してくださいませんか。
　　　(죄송하지만, 거기까지 안내해 주시지 않겠습니까?)

　3. この子を育てる。(이 아이를 키워.)
　　→ すみませんが、この子を育ててくださいませんか。(죄송하지만, 이 아이를 키워 주시지 않을래요?)

　4. 子供をほめる。(아이를 칭찬해.)
　　→ すみませんが、子供をほめてくださいませんか。(죄송하지만, 아이를 칭찬해 주시지 않을래요?)

2　1. この荷物を届ける。(이 짐을 갖다 줘.)
　　→ すみませんが、この荷物を届けていただけませんか。
　　　(죄송하지만, 이 짐을 갖다 주실 수 없겠습니까?(갖다 줘 받을 수 없겠습니까?))

　2. 急ぐ。(서둘러.)
　　→ すみませんが、急いでいただけませんか。
　　　(죄송하지만, 서둘러 주실 수 없겠습니까?(서둘러 받을 수 없겠습니까?))

　3. この子を育てる。(이 아이를 키워.)
　　→ すみませんが、この子を育てていただけませんか。
　　　(죄송하지만, 이 아이를 키워 주실 수 없겠어요?(키워 받을 수 없겠어요?))

　4. ネクタイを締める。(넥타이를 매.)
　　→ すみませんが、ネクタイを締めていただけませんか。
　　　(죄송하지만, 넥타이를 매 주실 수 없겠습니까?(매 받을 수 없겠습니까?))

3　1. 親切な人(が)道を案内して(くれました)。 친절한 사람이 (나에게) 길을 안내해 줬습니다.
　2. 外国人(に)道を案内して(あげました)。 (내가) 외국인에게 길을 안내해 줬습니다.
　3. 母にほめて(もらいました)。 어머니가 칭찬해 줬어요. (어머니에게 칭찬해 받았어요.)

4　1. 안내하다 → | あ | ん | な | い | す | る |　| 案 | 内 | す | る |

　2. 키우다, 기르다 → | そ | だ | て | る |　| 育 | て | る |

316

3. 서두르다 → | い | そ | ぐ | | 急 | ぐ |

4. 가져다 주다 → | と | ど | け | る | | 届 | け | る |

5. 매일 아침 → | ま | い | あ | さ | | 毎 | 朝 |

---

29 計画はもう立ててある。 계획은 이미 세워져 있어.

1 1. テストの間違いを直す。(시험(의) 틀린 것을 고쳐.)
→ テストの間違いを直してる。(시험(의) 틀린 것을 고치고 있어.)
2. 魚を焼く。(생선을 구워.) → 魚を焼いてる。(생선을 굽고 있어.)
3. ガラスを割る。(유리를 깨.) → ガラスを割ってる。(유리를 깨고 있어.)
4. 姪を育てる。(조카딸을 키워.) → 姪を育ててる。(조카딸을 키우고 있어.)

2 1. 旅行の計画はもう立てた？(여행(의) 계획은 벌써 세웠어?)
→ ううん、まだ立ててない。(아니, 아직 세우지 않았어.)
2. 魚はもう焼けた？(생선은 벌써 구워졌어?)
→ ううん、まだ焼けてない。(아니, 아직 구워지지 않았어.)
3. ガラスはもう割れた？(유리는 벌써 깨졌어?)
→ ううん、まだ割れてない。(아니, 아직 안 깨졌어.)
4. 荷物はもう届けた？(짐은 벌써 갖다 줬어?)
→ ううん、まだ届けてない。(아니, 아직 안 갖다 줬어.)

3 1. ガラスが割(れて)(いる)。유리가 깨져 있어.
2. 旅行(の)計画を立てて(おいた)。여행(의) 계획을 세워 놨어.
3. テスト(の)間違いは直して(ある)。시험(의) 틀린 것은 고쳐져 있어(고쳐 놨어).
4. 荷物がまだ届(いて)(いない)。짐이 아직 도착하지 않았어.

4 1. 세우다 → | た | て | る | | 立 | て | る |

2. 고쳐지다 → | な | お | る | | 直 | る |

3. 깨다 → | わ | る | | 割 | る |

4. 계획 → | け | い | か | く | | 計 | 画 |

5. 생선, 물고기 → | さ | か | な | | 魚 |

30 駐車場にとめておきました。 주차장에 세워 놨습니다.

1 1. 人を集めます。(사람들을 모읍니다.)
→ 人を集めてあります。(사람들을 모아 놨습니다. (사람들이 모여 있습니다.))

2. 木の枝を折ります。((나뭇)가지를 부러뜨립니다.)
→ 木の枝を折ってあります。((나뭇)가지를 부러뜨려 놨습니다. ((나뭇)가지가 부러져 있습니다.))

3. 車は駐車場にとめます。(차는 주차장에 세워요.)
→ 車は駐車場にとめてあります。(차는 주차장에 세워 놨어요(세워져 있어요.))

4. 旅行の計画を立てる。(여행(의) 계획을 세우다.)
→ 旅行の計画を立ててあります。(여행(의) 계획을 세워 놨어요. (여행(의) 계획이 세워져 있어요.))

2 1. 黒板の字はもう消しましたか。(칠판(의) 글씨는 벌써 지웠습니까?)
→ いいえ、まだ消していません。(아니요, 아직 지우지 않았습니다.)

2. 木の枝をもう折りましたか。((나뭇)가지를 벌써 부러뜨렸습니까?)
→ いいえ、まだ折っていません。(아니요, 아직 안 부러뜨렸습니다.)

3. 車を駐車場にもうとめましたか。(차를 주차장에 벌써 세웠어요?)
→ いいえ、まだとめていません。(아니요, 아직 세우지 않았어요.)

4. もうご飯を食べましたか。(벌써 밥을 먹었어요?)
→ いいえ、まだ食べていません。(아니요, 아직 안 먹었어요.)

3 1. 木(の)枝を折って(います)。(나뭇)가지를 부러뜨리고 있습니다.
2. 車が駐車場にとまって(います)。차가 주차장에 서 있습니다.
3. 黒板(の)字を消して(おきます)。칠판(의) 글씨를 지워 놓아요.
4. テスト(の)間違いはまだ直(して)(いません)。시험(의) 틀린 것은 아직 안 고쳤어요.

4 1. 지워지다, 꺼지다 → | き | え | る |　| 消 | え | る |

2. 모으다 → | あ | つ | め | る |　| 集 | め | る |

3. 부러지다, 접히다 → | お | れ | る |　| 折 | れ | る |

4. 칠판 → | こ | く | ば | ん |　| 黒 | 板 |

5. 글씨, 글자 → | じ |　| 字 |

318

찾아보기

'일무따 심화편'도
저자 직강 동영상 강의로!

첫째 일무따로 소리 패턴 학습을 시작했다면, 이제는 어휘력, 표현력을 확장할 때
소리 패턴 학습법을 바탕으로 어휘력과 표현력이 확장될 수 있도록 모든 예문에
그림을 제시하여 눈과 귀로 소리를 기억할 수 있습니다.

둘째 책으로는 설명하기 힘든 일본어 어휘의 억양과 어감까지 상세하게 설명!
책에서 글로는 설명할 수 없는 어감, 억양에 따른 어휘의 미묘한 차이를 후지이 아사리 선생님의
섬세한 강의로 만나보세요.

셋째 책과 동일한 강의 구성으로 학습 효과 극대화!
책과 동일하게 강의가 진행되어, 책과 함께 보기 편합니다. 학원에서 후지이 아사리 선생님의
강의를 직접 듣는 것처럼 효과적인 학습이 가능합니다.

넷째 이제는 지하철에서 동영상 강의를!
별도의 애플리케이션 설치 없이, 전기종 모바일 기기에서 수강 가능합니다.

'일무따 심화편' 동영상 강의를 수강하려면?

1 길벗출판사 홈페이지(www.gilbut.co.kr)를 방문해, '동영상 강의(콘텐츠몰)'로 찾아갑니다.
2 '어학/제2외국어→일본어' 카테고리로 찾아가 '일본어 무작정 따라하기_심화편' 강의를 선택합니다.
3 '수강신청'을 선택해 결제를 마치면 동영상 강의를 수강할 수 있습니다.

일본어를 배운다면 꼭 알아야 할
일본어 필수 단어
무작정 따라하기

후지이 아사리 지음 | 464쪽 | 10,800원

일상 회화에 필요한 기초 단어를 억양까지 익힐 수 있다!

일본어 기초자에게 필요한 단어 1,700자를 예문과 함께 품사별로 나누었으며,
꼭 알아야 할 기초 한자 265개를 따로 모아 정리했습니다.

난이도	첫걸음 초급 중급 | 고급	기간	60일
대상	기초 필수 단어를 효과적으로 습득하고 싶은 학습자	목표	기초 단어 2,000자 & 일본어 능력시험 N4 수준의 어휘 끝내기

일본어 문법
무작정 따라하기

9만 독자가 선택한 일본어 문법 분야 베스트셀러!

말하는 문법도 시험 대비도 이 책 한 권으로 OK!
문법도 소리로 듣고 입으로 따라 하면 저절로 머릿속에 정리됩니다.

난이도	첫걸음 초급 중급 │ 고급	**기간** 60일
대상	기초를 끝내고 문법을 체계적으로 공부하려는 학습자, 시험을 보기 전에 문법을 정리해야 하는 학습자	**목표** 일상회화와 일본어 시험에 대비해 기초 문법과 2,000개 필수 단어 끝내기

일본어
무작정 따라하기

듣기만 해도 말이 나오는 소리 패턴 학습법!

히라가나를 몰라도, 문법을 외우지 않아도, 한 달만 따라 하면 말문이 트인다!
25만 독자들이 인정한 최고의 일본어 전문가, 후지이 선생님의 노하우를 모두 모았다!

난이도	첫걸음 초급 중급 │ 고급	기간	35일
대상	일본어를 처음 배우거나 다시 시작하려고 하는 초급 독자	목표	일본어 기초를 탄탄하게 다지기 일본어 기초 표현을 자유자재로 듣고 말하기

일본어 무작정 따라하기 **심화편**

훈련용
소책자

후지이 아사리 지음

훈련용 소책자 활용법

자투리 시간에 가볍게 들고 다니면서 mp3 파일과 함께 공부할 수 있는 훈련용 소책자입니다. 출퇴근할 때, 누군가를 기다릴 때, 자투리 시간을 적극적으로 활용해보세요. 매일매일의 습관이 당신을 일본어의 달인으로 만들어 줄 것입니다. 소책자로 공부할 때도 꼭 mp3 파일을 들으면서 공부하세요!

이렇게 활용하세요!

첫째마당에서 셋째마당까지 '기본 단어 익히기' '기본 문형 익히기' '회화로 다지기' 코너의 내용을 전부 정리해 넣어, 언제 어디서나 가볍게 들고 다니면서 복습할 수 있습니다.

STEP 1 책을 보지 말고 듣고 따라하세요.

STEP 2 책을 보며 듣고 따라하세요.

STEP 3 우리말 해석을 보면서 일본어를 말해보세요.

본책의 페이지를 표기했습니다.

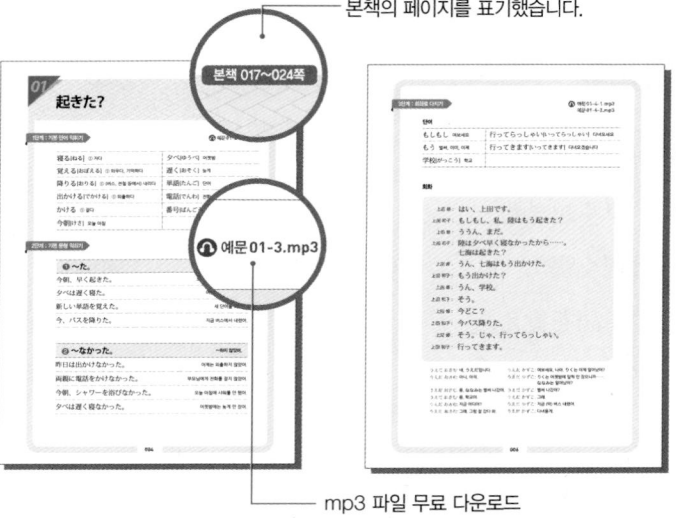

본책 017~024쪽

예문 01-3.mp3

mp3 파일 무료 다운로드
(www.eztok.co.kr)

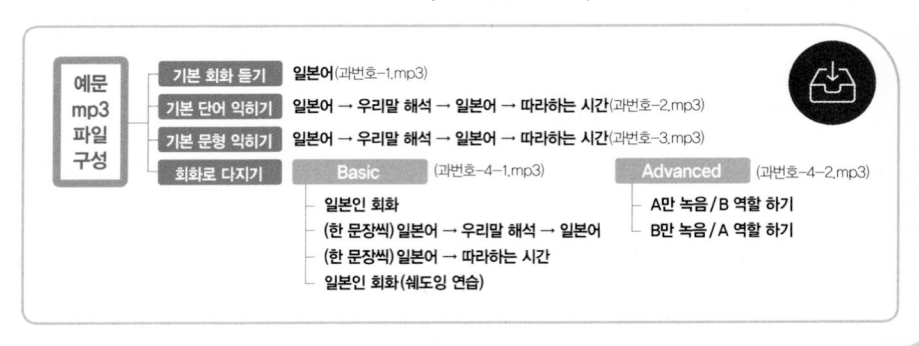

예문 mp3 파일 구성	기본 회화 듣기	일본어 (과번호-1.mp3)
	기본 단어 익히기	일본어 → 우리말 해석 → 일본어 → 따라하는 시간 (과번호-2.mp3)
	기본 문형 익히기	일본어 → 우리말 해석 → 일본어 → 따라하는 시간 (과번호-3.mp3)
	회화로 다지기	**Basic** (과번호-4-1.mp3)

Basic (과번호-4-1.mp3)
- 일본인 회화
- (한 문장씩) 일본어 → 우리말 해석 → 일본어
- (한 문장씩) 일본어 → 따라하는 시간
- 일본인 회화(쉐도잉 연습)

Advanced (과번호-4-2.mp3)
- A만 녹음/B 역할 하기
- B만 녹음/A 역할 하기

01

起きた?

1단계 : 기본 단어 익히기

🎧 예문01-2.mp3

寝る[ねる] ① 자다	夕べ[ゆうべ] 어젯밤
覚える[おぼえる] ① 외우다, 기억하다	遅く[おそく] 늦게
降りる[おりる] ① (버스, 전철 등에서) 내리다	単語[たんご] 단어
出かける[でかける] ① 외출하다	電話[でんわ] 전화
かける ① 걸다	番号[ばんごう] 번호
今朝[けさ] 오늘 아침	

2단계 : 기본 문형 익히기

🎧 예문01-3.mp3

❶ ~た。

~했어.　た형

今朝、早く起きた。	오늘 아침에 일찍 일어났어.
夕べは遅く寝た。	어젯밤에는 늦게 잤어.
新しい単語を覚えた。	새 단어를 외웠어.
今、バスを降りた。	지금 버스에서 내렸어.

❷ ~なかった。

~하지 않았어.

昨日は出かけなかった。	어제는 외출하지 않았어.
両親に電話をかけなかった。	부모님에게 전화를 걸지 않았어.
今朝、シャワーを浴びなかった。	오늘 아침에 샤워를 안 했어.
夕べは遅く寝なかった。	어젯밤에는 늦게 안 잤어.

❸ 〜た？ 〜했어?

新しい単語、覚えた？	새 단어, 외웠어?
バス、降りた？	버스 내렸어?
今日は出かけた？	오늘은 외출했어?
電話番号、教えた？	전화번호 알려줬어?

❹ うん、〜た。　　うらん、〜なかった。 응, 〜했어.
아니, 〜하지 않았어.

うん、覚えた。	응, 외웠어.
うん、今降りた。	응, 지금 내렸어.
ううん、出かけなかった。	아니, 외출하지 않았어.
ううん、教えなかった。	아니, 안 알려줬어.

❺ 〜なかった？ 〜하지 않았어?

窓、開けなかった？	창문 열지 않았어?
ドア、閉めなかった？	문 닫지 않았어?
夕べ、早く寝なかった？	어젯밤에 일찍 안 잤어?
新しい単語、覚えなかった？	새 단어 안 외웠어?

❻ うん、〜なかった。　　ううん、〜た。 응, 〜하지 않았어.
아니, 〜했어.

うん、開けなかった。	응, 열지 않았어.
うん、閉めなかった。	응, 안 닫았어.
ううん、早く寝た。	아니, 일찍 잤어.
ううん、みんな覚えた。	아니, 다 외웠어.

단어

もしもし 여보세요	行ってらっしゃい[いってらっしゃい] 다녀오세요
もう 벌써, 이미, 이제	行ってきます[いってきます] 다녀오겠습니다
学校[がっこう] 학교	

회화

上田 修： はい、上田です。

上田 和子： もしもし、私。陸はもう起きた？

上田 修： ううん、まだ。

上田 和子： 陸は夕べ早く寝なかったから……。
七海は起きた？

上田 修： うん、七海はもう出かけた。

上田 和子： もう出かけた？

上田 修： うん、学校。

上田 和子： そう。

上田 修： 今どこ？

上田 和子： 今バス降りた。

上田 修： そう。じゃ、行ってらっしゃい。

上田 和子： 行ってきます。

うえだ おさむ: 네, 우에다입니다.	うえだ かずこ: 여보세요, 나야. 리쿠는 이제 일어났어?
うえだ おさむ: 아니, 아직.	うえだ かずこ: 리쿠는 어젯밤에 일찍 안 잤으니까…….
	ななみ는 일어났어?
うえだ おさむ: 응, ななみ는 벌써 나갔어.	うえだ かずこ: 벌써 나갔어?
うえだ おさむ: 응, 학교야.	うえだ かずこ: 그래.
うえだ おさむ: 지금 어디야?	うえだ かずこ: 지금 (막) 버스 내렸어.
うえだ おさむ: 그래. 그럼 잘 갔다 와.	うえだ かずこ: 다녀올게.

02

今朝、7時に起きました。

오늘 아침에
7시에 일어났습니다.

1단계 : 기본 단어 익히기

🎧 예문 02-2.mp3

電車[でんしゃ] 전철, 전차	朝[あさ] 아침
タクシー 택시	意味[いみ] 의미, 뜻
子供[こども] 아이, 자녀, 어린이	全然[ぜんぜん] 전혀

2단계 : 기본 문형 익히기

🎧 예문 02-3.mp3

❶ ～に～ました。

～에 ～했습니다.

今朝、7時に起きました。	오늘 아침에 7시에 일어났습니다.
夕べ、11時半に寝ました。	어젯밤에 11시 반에 잤습니다.
3時にタクシーを降りました。	3시에 택시에서 내렸어요.
昨日、朝9時に子供と出かけました。	어제 아침 9시에 아이와 외출했어요.

❷ ～ませんでした。

～하지 않았습니다.

単語の意味を覚えませんでした。	단어(의) 뜻을 외우지 않았습니다.
夕べはテレビを全然見ませんでした。	어젯밤에는 TV를 전혀 안 봤습니다.
一昨日は晩ご飯を食べませんでした。	그저께는 저녁을 안 먹었어요.
先週は子供と全然出かけませんでした。	지난주에는 아이와 전혀 외출하지 않았어요.

❸ ～ましたか。

～했습니까?

単語の意味を覚えましたか。	단어(의) 뜻을 외웠습니까?
タクシーを降りましたか。	택시에서 내렸습니까?

今日の朝は6時に起きましたか。	오늘(의) 아침은 6시에 일어났어요?
電車で寝ましたか。	전철에서 잤어요?

❹ はい、〜ました。
いいえ、〜ませんでした。
네, 〜했습니다.
아니요, 〜하지 않았습니다.

はい、覚えました。	네, 외웠습니다.
はい、降りました。	네, 내렸습니다.
いいえ、6時に起きませんでした。	아니요, 6시에 일어나지 않았어요.
いいえ、寝ませんでした。	아니요, 안 잤어요.

❺ 〜ませんでしたか。
〜하지 않았습니까?

お金を借りませんでしたか。	돈을 빌리지 않았습니까?
スーツを着ませんでしたか。	정장을 안 입었습니까?
子供と出かけませんでしたか。	아이와 외출하지 않았어요?
電車で全然寝ませんでしたか。	전철에서 전혀 안 잤어요?

❻ はい、〜ませんでした。
いいえ、〜ました。
네, 〜하지 않았습니다.
아니요, 〜했습니다.

はい、借りませんでした。	네, 빌리지 않았습니다.
はい、着ませんでした。	네, 안 입었습니다.
いいえ、出かけました。	아니요, 외출했어요.
いいえ、ちょっと寝ました。	아니요, 잠깐 잤어요.

🎧 예문 02-4-1.mp3
예문 02-4-2.mp3

단어

目[め] 눈		大変な[たいへんな] 힘든, 큰일인	
赤い[あかい] 빨갛다		来週[らいしゅう] 다음 주	
仕事[しごと] 일, 직업		楽しい[たのしい] 즐겁다	
忙しい[いそがしい] 바쁘다			

회화

藤田 純子 : シムさん、おはようございます。

シム・グンソク : あ、おはようございます。

藤田 純子 : シムさん、目が赤いですよ。
夕べ、遅く寝ましたか。

シム・グンソク : 夕べ、寝ませんでした。

藤田 純子 : 全然寝ませんでしたか。

シム・グンソク : ええ。

藤田 純子 : どうして寝ませんでしたか。

シム・グンソク : 仕事が忙しかったですから。

藤田 純子 : そうですか。大変ですね。

シム・グンソク : ええ、来週までとても忙しいです。

藤田 純子 : そうですか。

シム・グンソク : でも、仕事は楽しいです。

藤田 純子 : そうですか。それはよかったですね。

ふじた じゅんこ : 심(근석)씨, 안녕하세요(아침 인사).   심근석 : 어, 안녕하세요(아침 인사).

ふじた じゅんこ : 심(근석)씨, 눈이 빨개요.   심근석 : 어젯밤에 안 잤어요.
어젯밤에 늦게 잤어요?

ふじた じゅんこ : 전혀 자지 않았어요?   심근석 : 네.

ふじた じゅんこ : 왜 자지 않았어요?   심근석 : 일이 바빠서요.

ふじた じゅんこ : 그렇군요. 힘드시겠네요.   심근석 : 네, 다음 주까지 무척 바빠요.

ふじた じゅんこ : 그래요.   심근석 : 그렇지만, 일은 즐거워요.

ふじた じゅんこ : 그래요. 그건 다행이네요.

03

宿題、持って来た?

1단계 : 기본 단어 익히기

🎧 예문 03-2.mp3

鉛筆[えんぴつ] 연필		理由[りゆう] 이유	
消しゴム[けしごむ] 지우개		説明[せつめい] 설명	
兄[あに] 형, 오빠(높이지 않는 호칭)		中間[ちゅうかん] 중간	
お兄さん[おにいさん] 형, 오빠(높이는 호칭)		期末[きまつ] 기말	
カフェ 카페, 커피숍		準備[じゅんび] 준비	
課長[かちょう] 과장, 과장님			

2단계 : 기본 문형 익히기

🎧 예문 03-3.mp3

---

❶ **来た。**
  した。

왔어.
했어.   **た형**

学校に鉛筆と消しゴムを持って来た。	학교에 연필과 지우개를 가져왔어.
父と兄をカフェに連れて来た。	아버지와 형을 카페에 데려왔어.
課長に理由を説明した。	과장님에게 이유를 설명했어.
中間試験の準備をした。	중간고사(의) 준비를 했어.

---

❷ **来なかった。**
  しなかった。

오지 않았어.
하지 않았어.

学校に鉛筆と消しゴムを持って来なかった。	
	학교에 연필과 지우개를 가져오지 않았어.
父と兄をカフェに連れて来なかった。	아버지와 오빠를 카페에 안 데려왔어.
課長に理由を説明しなかった。	과장님에게 이유를 설명하지 않았어.
期末試験の準備をしなかった。	기말고사(의) 준비를 안 했어.

❸ 来た？
した？

왔어?

했어?

学校に鉛筆と消しゴム、持って来た？	학교에 연필과 지우개, 가져왔어?
お父さんとお兄さんをカフェに連れて来た？	아버지와 형을 카페에 데려왔어?
課長に理由を説明した？	과장님에게 이유를 설명했어?
友達と期末試験の準備した？	친구랑 같이 기말고사(의) 준비 했어?

❹ うん、〜た。
ううん、〜なかった。

응, 〜했어.

아니, 〜하지 않았어.

うん、持って来た。	응, 가져왔어.
ううん、連れて来なかった。	아니, 데려오지 않았어.
うん、説明した。	응, 설명했어.
ううん、しなかった。	아니, 안 했어.

❺ 来なかった？
しなかった？

오지 않았어?

하지 않았어?

学校に鉛筆と消しゴム、持って来なかった？	학교에 연필과 지우개, 가져오지 않았어?
お兄さんをカフェに連れて来なかった？	오빠를 카페에 안 데려왔어?
課長に理由を説明しなかった？	과장님에게 이유를 설명하지 않았어?
中間試験の準備しなかった？	중간고사(의) 준비 안 했어?

❻ うん、〜なかった。
ううん、〜た。

응, 〜하지 않았어.

아니, 〜했어.

うん、持って来なかった。	응, 안 가져왔어.
ううん、連れて来た。	아니, 데려왔어.

うん、説明しなかった。 응, 설명하지 않았어.

ううん、した。 아니, 했어.

🎧 예문 03-4-1.mp3
예문 03-4-2.mp3

단어

宿題[しゅくだい] 숙제	一番[いちばん] 가장, 제일

회화

チョン・ソヒ： 嵩、今日は宿題、持って来た？

池田 嵩： うん、持って来た。

チョン・ソヒ： そう。よかった。
昨日、嵩、宿題持って来なかったから。

池田 嵩： ねえ、中間試験の準備、した？

チョン・ソヒ： 中間試験の準備？
桃子のノート、コピーした。

池田 嵩： 桃子のノート？

チョン・ソヒ： うん。桃子のノートが一番いいから。
嵩もコピーする？

池田 嵩： うん！ する、する！

전소희 : たかし, 오늘은 숙제 가져왔어?
いけだ たかし : 응, 가져왔어.
전소희 : 그래. 다행이다. 어제 たかし 숙제 안 가져왔으니까 (걱정돼서).
いけだ たかし : 있잖아, 중간고사 준비했어?
전소희 : 중간고사 준비? ももこ의 노트 복사했어.
いけだ たかし : ももこ의 노트라고?
전소희 : 응. ももこ의 노트가 가장 좋으니까. たかし도 복사할래?
いけだ たかし : 응! 할래, 할래!

04

大阪へ行って来ました。

おおさかへ
行った 来ました.

1단계 : 기본 단어 익히기　　　　🎧 예문 04-2.mp3

病院[びょういん] 병원	姉[あね] 누나, 언니(높이지 않는 호칭)
大阪[おおさか] 오사카(지명)	お姉さん[おねえさん] 누나, 언니(높이는 호칭)
京都[きょうと] 교토(지명)	練習[れんしゅう] 연습
百貨店[ひゃっかてん] 백화점	先月[せんげつ] 지난달

2단계 : 기본 문형 익히기　　　　🎧 예문 04-3.mp3

❶ 来ました。
しました。
왔습니다.
했습니다.

柴田さんと原さんが病院へ来ました。 しばた씨와 はら씨가 병원으로 왔습니다.

先月、大阪と京都へ行って来ました。
지난달에 おおさか와 きょうと로 갔다 왔어요.

百貨店で姉と買い物をしました。 백화점에서 누나와 함께 쇼핑을 했습니다.

学校で友達と歌を練習しました。 학교에서 친구랑 노래를 연습했어요.

❷ 来ませんでした。
しませんでした。
오지 않았습니다.
하지 않았습니다.

原さんは病院へ来ませんでした。 はら씨는 병원으로 오지 않았습니다.

京都へ行って来ませんでした。 きょうと로 안 갔다 왔어요.

姉と百貨店で買い物をしませんでした。 언니랑 백화점에서 쇼핑을 안 했습니다.

友達とうちで歌を練習しませんでした。
친구랑 집에서 노래를 연습하지 않았어요.

❸ 来ましたか。　　　왔습니까?
　しましたか。　　　했습니까?

柴田さんと原さんが病院へ来ましたか。
시바타 씨와 하라씨가 병원으로 왔습니까?

先月、大阪と京都へ行って来ましたか。
지난달에 おおさか와 きょうと로 갔다 왔어요?

お姉さんと百貨店で買い物をしましたか。
누나와 함께 백화점에서 쇼핑을 했습니까?

友達とうちで歌を練習しましたか。　친구랑 같이 집에서 노래를 연습했어요?

❹ はい、～ました。　　　네, ～했습니다.
　いいえ、～ませんでした。　아니요, ～하지 않았습니다.

はい、来ました。　　　네, 왔습니다.

いいえ、行って来ませんでした。　아니요, 갔다 오지 않았어요.

はい、しました。　　　네, 했습니다.

いいえ、しませんでした。　아니요, 안 했어요.

❺ 来ませんでしたか。　오지 않았습니까?
　しませんでしたか。　하지 않았습니까?

原さんは病院へ来ませんでしたか。　하라씨는 병원으로 오지 않았습니까?

先月、大阪へ行って来ませんでしたか。
지난달에 おおさか로 갔다 오지 않았어요?

お姉さんと買い物をしませんでしたか。　언니랑 장을 보지 않았습니까?

友達と歌を練習しませんでしたか。　친구랑 노래를 연습하지 않았어요?

❻ はい、～ませんでした。　네, ～하지 않았습니다.
　いいえ、～ました。　　아니요, ～했습니다.

はい、来ませんでした。　　　네, 오지 않았습니다.

いいえ、行って来ました。 아니요, 갔다 왔어요.

はい、しませんでした。 네, 안 했습니다.

いいえ、しました。 아니요, 했어요.

3단계 : 회화로 다지기　　　🎧 예문 04-4-1.mp3
예문 04-4-2.mp3

단어

賑やかな[にぎやかな] 　　번화한, 흥청거리는, 시골벅적한	ぜひ 꼭
来月[らいげつ] 다음 달	来てください[きてください] 　　오십시오, 오세요, 와 주세요

회화

阿部 裕美： こんばんは。

ユ・ドンゴン： あ、こんばんは。

阿部 裕美： どこへ行って来ましたか。

ユ・ドンゴン： 大阪へ行って来ました。

阿部 裕美： そうですか。大阪はどうでしたか。

ユ・ドンゴン： とても賑やかでした。
　　　　　　阿部さんはどこへ行って来ましたか。

阿部 裕美： 友達のうちに行って来ました。
　　　　　今日は友達のうちで歌の練習をしました。

ユ・ドンゴン： 歌の練習ですか。

阿部 裕美： ええ。来月、コンサートをしますから。

ユ・ドンゴン： コンサートですか。すごいですね。

阿部 裕美： ドンゴンさんも、ぜひ来てください。

ユ・ドンゴン： はい。ありがとうございます。

あべ ゆみ: 안녕하세요(저녁 인사).

유동건: 어, 안녕하세요(저녁 인사).

あべ ゆみ: 어디로 갔다 왔어요?

유동건: おおさか로 갔다 왔습니다.

あべ ゆみ: 그렇군요. おおさか는 어땠어요?

유동건: 아주 번화했습니다. あべ씨는 어디로 갔다 왔습니까?

あべ ゆみ: 친구 집에 갔다 왔어요. 오늘은 친구 집에서 노래 연습을 했어요.

유동건: 노래 연습이요?

あべ ゆみ: 네. 다음 달에 콘서트를 하니까요.

유동건: 콘서트요? 대단하시네요.

あべ ゆみ: 동건씨도 꼭 와 주세요.

유동건: 네. 감사합니다.

05

사전형 끝소리가 く, ぐ인 5단동사

空港に着いた。

반말

공항에 도착했어.

1단계 : 기본 단어 익히기

はく ⑤ (바지, 치마 등을)입다, (신발을)신다	スカート 치마
着く[つく] ⑤ 도착하다	空港[くうこう] 공항
脱ぐ[ぬぐ] ⑤ 벗다	上着[うわぎ] 외투, 겉옷
ズボン 바지	映画館[えいがかん] 영화관
パンツ 바지	プール 수영장

2단계 : 기본 문형 익히기

❶ ~いた/いだ。

~했어. 　た형

ズボンをはいた。	바지를 입었어.
5時に空港に着いた。	5시에 공항에 도착했어.
お店で上着を脱いだ。	가게에서 외투를 벗었어.
映画館に行った。	영화관에 갔어.

❷ ~なかった。

~하지 않았어.

プールで泳がなかった。	수영장에서 수영하지 않았어.
メールを書かなかった。	메일을 쓰지 않았어.
車で歌を聞かなかった。	차에서 노래를 안 들었어.
お店で上着を脱がなかった。	가게에서 외투를 안 벗었어.

❸ ～いた/いだ？　　　　　　　　　～했어?

パンツ、はいた？	바지 입었어?
空港に着いた？	공항에 도착했어?
昨日、映画館に行った？	어제 영화관에 갔어?
友達のうちで靴、脱いだ？	친구 집에서 신발 벗었어?

❹ うん、～いた/いだ。　　　　　응, ～했어.
　　ううん、～なかった。　　　아니, ～하지 않았어.

うん、はいた。	응, 입었어. [치마, 바지 등]
うん、着いた。	응, 도착했어.
ううん、行かなかった。	아니, 가지 않았어.
ううん、脱がなかった。	아니, 안 벗었어.

❺ ～なかった？　　　　　　　　～하지 않았어?

その子は全然働かなかった？	그 애는 전혀 일하지 않았어?
ピアノ、弾かなかった？	피아노 치지 않았어?
スカート、はかなかった？	치마 안 입었어?
友達のうちで靴、脱がなかった？	친구 집에서 신발 안 벗었어?

❻ うん、～なかった。　　　　　응, ～하지 않았어.
　　ううん、～いた/いだ。　　　아니, ～했어.

うん、全然働かなかった。	응, 전혀 일하지 않았어.
うん、弾かなかった。	응, 안 쳤어.
ううん、はいた。	아니, 입었어. [치마, 바지 등]
ううん、脱いだ。	아니, 벗었어.

예문 05-4-1.mp3
예문 05-4-2.mp3

단어

さっき 좀 전에, 아까	明日[あした] 내일
飛行機[ひこうき] 비행기	会議[かいぎ] 회의
暑い[あつい] 덥다	頑張って[がんばって] 힘내

회화

石川 拓海 : もしもし。

石川 真由美 : あ、拓海?

石川 拓海 : うん。今、着いたよ。さっき飛行機、降りた。

石川 真由美 : そう。そっちはどう?

石川 拓海 : 暑いよ。

石川 真由美 : そんなに暑い?

石川 拓海 : うん。上着、脱いだ。

石川 真由美 : そう。今日から仕事?

石川 拓海 : ううん、明日から。
明日の10時から会議がある。

石川 真由美 : そう。頑張ってね。

石川 拓海 : うん。じゃ、また電話するね。

石川 真由美 : うん。じゃあね。

いしかわ たくみ : 여보세요.	いしかわ まゆみ : 어, 타쿠미야?
いしかわ たくみ : 응. 지금 도착했어. 좀 전에 비행기 내렸어.	いしかわ まゆみ : 그래. 거기는 어때?
いしかわ たくみ : 더워.	いしかわ まゆみ : 그렇게 더워?
いしかわ たくみ : 응. 외투 벗었어.	いしかわ まゆみ : 그래. 오늘부터 일해?
いしかわ たくみ : 아니, 내일부터야. 내일 10시부터 회의가 있어.	いしかわ まゆみ : 그렇구나. 힘내.
いしかわ たくみ : 응. 그럼 또 전화할게.	いしかわ まゆみ : 응. 안녕.

06

사전형 끝소리가 う, つ, る인 5단동사

興味を持った。

관심을 가졌어.

1단계 : 기본 단어 익히기

🎧 예문 06-2.mp3

使う[つかう] ⑤ 사용하다, 쓰다	興味[きょうみ] 관심, 흥미
降る[ふる] ⑤ (비, 눈 등이)내리다	ヘルメット 헬멧
かぶる ⑤ (머리에)쓰다, 뒤집어쓰다	言葉[ことば] 말

2단계 : 기본 문형 익히기

🎧 예문 06-3.mp3

❶ ～った。

～했어.　た형

きれいな言葉を使った。	고운 말을 썼어.
子供が興味を持った。	아이가 관심을 가졌어.
雨が降った。	비가 내렸어.
ヘルメットをかぶった。	헬멧을 썼어.

❷ ～なかった。

～하지 않았어.

きれいな言葉を使わなかった。	고운 말을 쓰지 않았어.
英語を習わなかった。	영어를 배우지 않았어.
子供が興味を持たなかった。	아이가 관심을 안 가졌어.
雨が降らなかった。	비가 안 내렸어.

❸ ～った？

～했어?

ヘルメット、かぶった？	헬멧 썼어?
その女優に会った？	그 여배우를 만났어?

子供が興味、持った？	아이가 관심 가졌어?
写真、撮った？	사진 찍었어?

❹ うん、〜った。 うん、〜なかった。	응, 〜했어. 아니, 〜하지 않았어.
うん、かぶった。	응, 썼어. [모자, 헬멧 등]
うん、会った。	응, 만났어.
ううん、持たなかった。	아니, 가지지 않았어.
ううん、撮らなかった。	아니, 안 찍었어.

❺ 〜なかった？	〜하지 않았어?
きれいな言葉を使わなかった？	고운 말을 쓰지 않았어?
課長を全然待たなかった？	과장님을 전혀 기다리지 않았어?
雨が降らなかった？	비가 안 내렸어?
英語を全然習わなかった？	영어를 전혀 안 배웠어?

❻ うん、〜なかった。 うん、〜った。	응, 〜하지 않았어. 아니, 〜했어.
うん、使わなかった。	응, 쓰지 않았어.
うん、全然待たなかった。	응, 전혀 안 기다렸어.
ううん、降った。	아니, 내렸어.
ううん、ちょっと習った。	아니, 조금 배웠어.

단어

科学館[かがくかん] 과학관	下[した] 아래, 밑
～たち ~들	女の子[おんなのこ] 여자 아이
上[うえ] 위	

회화

長谷川 剛： 昨日、科学館に行った？

ク・スンヨン： うん。

長谷川 剛： どうだった？ 子供たちは興味、持った？

ク・スンヨン： 上の子はすごく興味を持った。
でも、下の子は全然、興味持たなかった。

長谷川 剛： 全然、興味持たなかったの？

ク・スンヨン： うん。下の子は女の子だから……。

長谷川 剛： そうだね。科学館で森田さんに会わなかった？

ク・スンヨン： 森田さん？

長谷川 剛： うん。森田さんも昨日、科学館に行ったから。

ク・スンヨン： ううん、会わなかった。

長谷川 剛： そう。

はせがわ つよし : 어제 과학관에 갔어?
구승연 : 응.
はせがわ つよし : 어땠어? 애들은 관심 가졌어?
구승연 : 큰 애는 무척 관심을 가졌어. 그런데, 작은 애는 전혀 관심을 안 가졌어.
はせがわ つよし : 전혀 관심 안 가진 거야?
구승연 : 응. 작은 애는 여자 애라서…….
はせがわ つよし : 그러네. 과학관에서 もりた씨를 만나지 않았어?
구승연 : もりた씨?
はせがわ つよし : 응. もりた씨도 어제 과학관에 갔거든.
구승연 : 아니, 안 만났어.
はせがわ つよし : 그렇구나.

07

사전형 끝소리가 く, ぐ와 う, つ, る인 5단동사

初雪が降りました。

존댓말
첫눈이 내렸습니다.

1단계 : 기본 단어 익히기 예문07-2.mp3

履く[はく] ⑤ 신다	靴下[くつした] 양말
公園[こうえん] 공원, 놀이터	セーター 스웨터
シャツ 셔츠	スプーン 숟가락
初雪[はつゆき] 첫눈	白い[しろい] 하얗다, 희다

2단계 : 기본 문형 익히기 예문07-3.mp3

❶ ~ました。
~했습니다.

さっき公園に着きました。	좀 전에 공원에 도착했습니다.
シャツを脱ぎました。	셔츠를 벗었습니다.
会社で課長を待ちました。	회사에서 과장님을 기다렸어요.
今日、初雪が降りました。	오늘 첫눈이 내렸어요.

❷ ~ませんでした。
~하지 않았습니다.

白い靴下を履きませんでした。	하얀 양말을 신지 않았습니다.
セーターを脱ぎませんでした。	스웨터를 안 벗었습니다.
スプーンを使いませんでした。	숟가락을 쓰지 않았어요.
ヘルメットをかぶりませんでした。	헬멧을 안 썼어요.

❸ ~ましたか。
~했습니까?

| 公園に着きましたか。 | 공원에 도착했습니까? |

海で泳ぎましたか。	바다에서 수영했습니까?
スプーンを使いましたか。	숟가락을 썼어요?
昨日、初雪が降りましたか。	어제 첫눈이 내렸어요?

❹ はい、〜ました。 いいえ、〜ませんでした。
네, 〜했습니다.
아니요, 〜하지 않았습니다.

はい、さっき着きました。	네, 좀 전에 도착했습니다.
はい、泳ぎました。	네, 수영했습니다.
いいえ、使いませんでした。	아니요, 쓰지 않았어요.
いいえ、降りませんでした。	아니요, 안 내렸어요.

❺ 〜ませんでしたか。
〜하지 않았습니까?

白い靴下を履きませんでしたか。	하얀 양말을 신지 않았습니까?
セーターを脱ぎませんでしたか。	스웨터를 안 벗었습니까?
ヘルメットをかぶりませんでしたか。	헬멧을 쓰지 않았어요?
スプーンを使いませんでしたか。	숟가락을 안 썼어요?

❻ はい、〜ませんでした。 いいえ、〜ました。
네, 〜하지 않았습니다.
아니요, 〜했습니다.

はい、履きませんでした。	네, 신지 않았습니다.
はい、脱ぎませんでした。	네, 안 벗었습니다.
いいえ、かぶりました。	아니요, 썼어요. [모자, 헬멧 등]
いいえ、使いました。	아니요, 썼어요.

🎧 예문 07-4-1.mp3
예문 07-4-2.mp3

단어

～でございます ~입니다(~です의 공손한 말투)	冬[ふゆ] 겨울
息子[むすこ] 아들	かかる ⑤ 걸리다
ちょうど 마침, 방금, 막, 정확히	早い[はやい] 빠르다, 이르다
雪[ゆき] 눈	お願い[おねがい] 부탁
時間[じかん] 시간	

회화

中野 翔 : はい、中野でございます。

ホ・ヨナ : 中野さん、こんにちは。ホ・ヨナです。

中野 翔 : ああ、こんにちは。
息子さん、ちょうど今、着きましたよ。

ホ・ヨナ : ああ、そうですか。

中野 翔 : 今日、雪が降りましたから、ちょっと時間が
かかりました。

ホ・ヨナ : そうですか。もう雪が降りましたか。

中野 翔 : ええ、初雪です。

ホ・ヨナ : 早いですね。

中野 翔 : ええ、この冬は早く降りました。

ホ・ヨナ : 中野さん、息子をよろしくお願いします。

中野 翔 : はい、わかりました。

なかの しょう : 네, なかの입니다.

なかの しょう : 아~, 안녕하세요.
아드님, 마침 지금 도착했어요.

なかの しょう : 오늘 눈이 내렸기 때문에,
좀 시간이 걸렸습니다.

なかの しょう : 네, 첫눈이에요.

なかの しょう : 네, 이번 겨울은 일찍 내렸어요.

なかの しょう : 네, 알겠습니다.

허연아 : なかの씨, 안녕하세요(낮 인사). 허연아입니다.

허연아 : 아~, 그래요?

허연아 : 그렇군요. 벌써 눈이 내렸어요?

허연아 : 빠르네요.

허연아 : なかの씨, 아들을 잘 부탁 드리겠습니다.

08

사전형 끝소리가 ぬ, む, ぶ인 5단동사

すごく並んだ。

엄청 줄섰어.

1단계 : 기본 단어 익히기

🎧 예문 08-2.mp3

死ぬ[しぬ] ⑤ 죽다	鳥[とり] 새
飛ぶ[とぶ] ⑤ 날다	空[そら] 하늘
並ぶ[ならぶ] ⑤ 줄서다	お客さん[おきゃくさん] 손님
犬[いぬ] 개	新聞[しんぶん] 신문
猫[ねこ] 고양이	

2단계 : 기본 문형 익히기

🎧 예문 08-3.mp3

❶ 〜んだ。

〜했어. た형

うちの犬が死んだ。	우리 집(의) 개가 죽었어.
お茶を飲んだ。	차를 마셨어.
鳥が空を飛んだ。	새가 하늘을 날았어.
お客さんが並んだ。	손님들이 줄섰어.

❷ 〜なかった。

〜하지 않았어.

うちの猫は死ななかった。	우리 집(의) 고양이는 죽지 않았어.
朝、新聞を読まなかった。	아침에 신문을 안 읽었어.
その鳥は飛ばなかった。	그 새는 안 날았어.
全然並ばなかった。	전혀 줄서지 않았어.

❸ 〜んだ？ 〜했어?

犬が死んだ？	개가 죽었어?
今朝、コーヒー飲んだ？	오늘 아침에 커피 마셨어?
昨日、学校休んだ？	어제 학교 쉬었어?
うちに友達、呼んだ？	집에 친구 불렀어?

❹ うん、〜んだ。
　　ううん、〜なかった。 응, 〜했어.
아니, 〜하지 않았어.

うん、死んだ。	응, 죽었어.
うん、飲んだ。	응, 마셨어.
ううん、休まなかった。	아니, 쉬지 않았어.
ううん、呼ばなかった。	아니, 안 불렀어.

❺ 〜なかった？ 〜하지 않았어?

猫は死ななかった？	고양이는 죽지 않았어?
朝、新聞読まなかった？	아침에 신문 안 읽었어?
その鳥は飛ばなかった？	그 새는 안 날았어?
全然並ばなかった？	전혀 줄서지 않았어?

❻ うん、〜なかった。
　　ううん、〜んだ。 응, 〜하지 않았어.
아니, 〜했어.

うん、死ななかった。	응, 죽지 않았어.
うん、読まなかった。	응, 안 읽었어.
ううん、飛んだ。	아니, 날았어.
ううん、並んだ。	아니, 줄섰어.

🎧 예문 08-4-1.mp3
예문 08-4-2.mp3

단어

ケーキ 케이크		～時間[じかん] ~시간	
買う[かう] ⑤ 사다		俺[おれ] 나(남자:거친 말투)	

회화

パク・イェソン： 昨日、ケーキ買った？

近藤 麻美： うん、買った。

パク・イェソン： どうだった？ 並んだ？

近藤 麻美： うん、1時間並んだ。

パク・イェソン： 1時間?!

近藤 麻美： うん。

パク・イェソン： よく待ったね。ケーキはどうだった？

近藤 麻美： すごくおいしかったよ。

パク・イェソン： そう。

近藤 麻美： イェソンも買う？

パク・イェソン： ううん、俺はいい。

박예성 : 어제 케이크 샀어?
こんどう あさみ : 응, 샀어.
박예성 : 어땠어? 줄섰어?
こんどう あさみ : 응, 한 시간 줄섰어.
박예성 : 한 시간?!
こんどう あさみ : 응.
박예성 : 잘도 기다렸네. 케이크는 어땠어?
こんどう あさみ : 엄청 맛있었어.
박예성 : 그렇구나.
こんどう あさみ : 예성이도 살래?
박예성 : 아니, 난 됐어.

09

사전형 끝소리가 **す**인 5단동사

彼氏とけんかした。

반말
남자 친구랑 싸웠어.

🎧 예문 09-2.mp3

消す[けす] ⑤ 끄다, 지우다	火[ひ] 불
さす ⑤ (우산을)쓰다	鍵[かぎ] 열쇠
無くす[なくす] ⑤ 잃어버리다, 분실하다	マンガ 만화, 만화책
大きな[おおきな] 큰	妻[つま] 아내

🎧 예문 09-3.mp3

❶ ～した。

～했어.　**た형**

たばこの火を消した。	담뱃불을 껐어.
傘をさした。	우산을 썼어.
鍵を無くした。	열쇠를 잃어버렸어.
大きな声を出した。	큰 소리를 냈어.

❷ ～なかった。

～하지 않았어.

友達にマンガを貸さなかった。	친구에게 만화책을 빌려주지 않았어.
昨日は妻と全然話さなかった。	어제는 아내와 전혀 이야기하지 않았어.
たばこの火を消さなかった。	담뱃불을 안 껐어.
傘をささなかった。	우산을 안 썼어.

❸ ～した？

～했어?

鍵、無くした？	열쇠 잃어버렸어?

大きな声、出した？	큰 소리 냈어?
友達にマンガ、貸した？	친구에게 만화책 빌려줬어?
昨日は奥さんと話した？	어제는 제수 씨와 이야기했어?

❹ うん、〜した。 ううん、〜なかった。
응, 〜했어.
아니, 〜하지 않았어.

うん、無くした。	응, 잃어버렸어.
うん、出した。	응, 냈어.
ううん、貸さなかった。	아니, 안 빌려줬어.
ううん、全然話さなかった。	아니, 전혀 이야기하지 않았어.

❺ 〜なかった？
〜하지 않았어?

大きな声、出さなかった？	큰 소리 내지 않았어?
鍵、返さなかった？	열쇠 안 돌려줬어?
チョコレート、渡さなかった？	초콜릿 안 건네줬어?
奥さんと話さなかった？	제수 씨와 이야기하지 않았어?

❻ うん、〜なかった。 ううん、〜した。
응, 〜하지 않았어.
아니, 〜했어.

うん、出さなかった。	응, 내지 않았어.
うん、返さなかった。	응, 안 돌려줬어.
ううん、渡した。	아니, 건네줬어.
ううん、話した。	아니, 이야기했어.

단어

知る[しる] ⑤ 알다	静かな[しずかな] 조용한
何で[なんで] 왜	恥ずかしい[はずかしい] 부끄럽다
僕[ぼく] 나(남자)	それで 그래서
中[なか] 안, 속	すぐに 곧바로, 곧

회화

> ミン・ジウン： おはよう。あれ？ 陽子さんは？
>
> 青木 智也： 知らない。
>
> ミン・ジウン： けんかしたの？
>
> 青木 智也： うん。
>
> ミン・ジウン： 何で？
>
> 青木 智也： 昨日、電車で妻が大きな声を出したから。
>
> ミン・ジウン： 何で陽子さん、大きな声出したの？
>
> 青木 智也： 僕がうちの鍵を無くしたから。
>
> ミン・ジウン： 鍵を？
>
> 青木 智也： うん。電車の中が静かだったから、
> 僕、すごく恥ずかしかったんだ。
> それで、すぐに電車を降りた。
>
> ミン・ジウン： 陽子さんとよく話した？
>
> 青木 智也： ううん、昨日は妻と全然話さなかった。

민지은 : 안녕(아침 인사). 어라? ようこ씨는?　　　あおき ともや : 몰라.

민지은 : 싸웠어?　　　あおき ともや : 응.

민지은 : 왜?　　　あおき ともや : 어제 전철에서 아내가 큰 소리를 냈거든.

민지은 : 왜 ようこ씨, 큰 소리 낸 거야?　　　あおき ともや : 내가 집 열쇠를 잃어버려서.

민지은 : 열쇠를?　　　あおき ともや : 응. 전철 안이 조용했기 때문에, 나 엄청
　　　민망했거든. 그래서, 바로 전철에서 내렸어.

민지은 : ようこ씨와 잘 이야기했어?　　　あおき ともや : 아니, 어제는 아내와 전혀 말하지 않았어.

10

사전형 끝소리가 ぬ, む, ぶ와 す인 5단동사

존댓말

切符を無くしました。

표를 잃어버렸습니다.

1단계 : 기본 단어 익히기

🎧 예문 10-2.mp3

祖父[そふ] 조부, 할아버지(높이지 않는 호칭)	切符[きっぷ] 표
おじいさん 할아버지(높이는 호칭)	一列に[いちれつに] 한 줄로
データ 데이터	電気[でんき] 전기, 불

2단계 : 기본 문형 익히기

🎧 예문 10-3.mp3

❶ ~ました。
~했습니다.

先月、祖父が死にました。	지난 달에 할아버지가 죽었습니다.
データが飛びました。	데이터가 날아갔습니다.
電気を消しました。	불을 껐어요.
切符を無くしました。	표를 잃어버렸어요.

❷ ~ませんでした。
~하지 않았습니다.

一列に並びませんでした。	한 줄로 줄서지 않았습니다.
今朝、新聞を読みませんでした。	오늘 아침에 신문을 안 읽었습니다.
傘をさしませんでした。	우산을 안 썼어요.
お金を返しませんでした。	돈을 돌려주지 않았어요.

❸ ~ましたか。
~했습니까?

おじいさんが死にましたか。	할아버지가 죽었습니까?
電気を消しましたか。	불을 껐습니까?

一列に並びましたか。	한 줄로 줄섰어요?
切符を無くしましたか。	표를 잃어버렸어요?

❹ はい、〜ました。　いいえ、〜ませんでした。
네, 〜했습니다.
아니요, 〜하지 않았습니다.

はい、祖父が死にました。	네, 할아버지가 죽었습니다.
はい、消しました。	네, 껐습니다.
いいえ、並びませんでした。	아니요, 줄서지 않았어요.
いいえ、無くしませんでした。	아니요, 안 잃어버렸어요.

❺ 〜ませんでしたか。
〜하지 않았습니까?

データは飛びませんでしたか。	데이터는 날아가지 않았습니까?
電気を消しませんでしたか。	불을 안 껐습니까?
お酒を飲みませんでしたか。	술을 안 마셨어요?
レポートを出しませんでしたか。	리포트를 내지 않았어요?

❻ はい、〜ませんでした。　いいえ、〜ました。
네, 〜하지 않았습니다.
아니요, 〜했습니다.

はい、飛びませんでした。	네, 날아가지 않았습니다.
はい、消しませんでした。	네, 안 껐습니다.
いいえ、飲みました。	아니요, 마셨어요.
いいえ、出しました。	아니요, 냈어요.

예문 10-4-1.mp3
예문 10-4-2.mp3

단어

無い[ない] 없다	~番線[ばんせん] ~번 승강장
落とす[おとす] ⑤ 떨어뜨리다	色々と[いろいろと] 여러 가지로
上野[うえの] 우에노(지명)	お気を付けて[おきをつけて] 살펴가십시오
~行き[いき] ~행(ゆき로 읽기도 함)	

회화

岡本 早紀： あのう……。

ホン・ギボム： はい？

岡本 早紀： 切符を無くしませんでしたか。

ホン・ギボム： 切符ですか。
(주머니를 뒤져 보더니) あれ？ 切符が無い。

岡本 早紀： これ、さっき落としましたよ。

ホン・ギボム： あ、ありがとうございます。
(가려는 おかもと를 향해) すみません。
あのう、上野行きは何番線ですか。

岡本 早紀： 上野ですか。2番線ですよ。

ホン・ギボム： そうですか。
色々とありがとうございました。

岡本 早紀： いいえ。じゃ、お気を付けて。

おかもと さき : 저어…….
おかもと さき : 표를 잃어버리지 않았어요?
おかもと さき : 이거, 좀 전에 떨어뜨렸어요.

おかもと さき : うえの요? 2번 승강장이에요.
おかもと さき : 아니요. 그럼 살펴가세요.

홍기범 : 네?
홍기범 : 표요? (주머니를 뒤져 보더니) 어? 표가 없네.
홍기범 : 아, 감사합니다. (가려는 おかもと를 향해) 잠깐만요. 저어, うえの행은 몇 번 승강장이에요?
홍기범 : 그렇습니까. 여러 가지로 감사합니다.

11

日本に行ったことがない。

반말

일본에 간 적이
없어.

🎧 예문 11-2.mp3

答える[こたえる] ① 답하다, 대답하다	警察[けいさつ] 경찰
歩く[あるく] ⑤ 걷다	質問[しつもん] 질문
踏む[ふむ] ⑤ 밟다	足[あし] 발
警察官[けいさつかん] 경찰관	スニーカー 스니커, 운동화

🎧 예문 11-3.mp3

❶ ~たの？　　　　　　　　　　　~한 거야?

警察官の質問に答えたの？	경찰관(의) 질문에 대답한 거야?
駅まで歩いたの？	역까지 걸은 거야?
社長の足を踏んだの？	사장님(의) 발을 밟은 거야?
雪が降ったの？	눈이 내린 거야?

❷ うん、~よ。　　　　　　　　　응, ~야.
　うぅん、~よ。　　　　　　　아니, ~야.

うん、答えたよ。	응, 대답했어.
うん、歩いたよ。	응, 걸었어.
ううん、踏まなかったよ。	아니, 안 밟았어.
ううん、降らなかったよ。	아니, 내리지 않았어.

❸ 〜なかったの？

昨日は出かけなかったの？	어제는 외출하지 않은 거야?
社長の足を踏まなかったの？	사장님(의) 발을 안 밟은 거야?
スニーカーを履かなかったの？	운동화를 안 신은 거야?
警察官の質問に答えなかったの？	경찰관(의) 질문에 대답하지 않은 거야?

❹ うん、〜よ。
ううん、〜よ。

응, ～야.
아니, ～야.

うん、出かけなかったよ。	응, 외출하지 않았어.
うん、踏まなかったよ。	응, 안 밟았어.
ううん、履いたよ。	아니, 신었어.
ううん、答えたよ。	아니, 대답했어.

❺ 〜たことがある。

～한 적이 있어.

ここから駅まで歩いたことがある。	여기에서 역까지 걸은 적이 있어.
日本に行ったことがある。	일본에 간 적이 있어.
その人に会ったことがある。	그 사람을 만난 적이 있어.
僕はたばこを吸ったことがある。	나는 담배를 피운 적이 있어.

❻ 〜たことがない。

～한 적이 없어.

ここは雪が降ったことがない。	여기는 눈이 내린 적이 없어.
日本の映画を見たことがない。	일본 영화를 본 적이 없어.
私はまだお酒を飲んだことがない。	나는 아직 술을 마신 적이 없어.
警察に電話をかけたことがない。	경찰에 전화를 건 적이 없어.

단어

運動靴[うんどうぐつ] 운동화	おばあちゃん 할머니(직접 부르는 호칭)
~円[えん] ~엔	くれる ① 주다
高い[たかい] 비싸다, 높다	まったくもう 나 원 참

회화

田中 百合 : 新しい運動靴、買ったの？

田中 雄大 : 運動靴?! スニーカーです。

田中 百合 : スニーカー？ 運動靴じゃないの？

田中 雄大 : そんな言葉、使ったことない。

田中 百合 : そう？ じゃ、そのスニーカー、買ったの？

田中 雄大 : うん、昨日買ったよ。

田中 百合 : いくら？

田中 雄大 : 17,800円。

田中 百合 : 17,800円?! 高い！
　　　　　 そんなお金、どこにあったの？

田中 雄大 : おばあちゃんがくれた。

田中 百合 : まったくもう！

たなか ゆり : 새 운동화 산 거야?
たなか ゆうだい : 운동화?! 스니커라구요.
たなか ゆり : 스니커? 운동화 아닌 거야?
たなか ゆうだい : 그런 말, 쓴 적 없어.
たなか ゆり : 그래? 그럼, 그 스니커 산 거야?
たなか ゆうだい : 응, 어제 샀어.
たなか ゆり : 얼마니?
たなか ゆうだい : 17,800엔.
たなか ゆり : 17,800엔?! 비싸네! 그런 돈(이) 어디 있었던 거야?
たなか ゆうだい : 할머니가 줬어.
たなか ゆり : 나 원 참.

12

富士山に登ったんですか。

존댓말
ふじ산에 올라간
거예요?

🎧 예문 12-2.mp3

忘れる[わすれる] ① 잊다, 잊어버리다	山[やま] 산
乗る[のる] ⑤ (차, 비행기 등을) 타다	川[かわ] 강
登る[のぼる] ⑤ 오르다, 올라가다	Tシャツ[てぃーしゃつ] 티셔츠
青い[あおい] 파랗다, 푸르다	漢字[かんじ] 한자
名前[なまえ] 이름	

🎧 예문 12-3.mp3

❶ ～たんですか。

～한 겁니까?

名前を忘れたんですか。	이름을 잊어버린 겁니까?
飛行機に乗ったんですか。	비행기를 탄 겁니까?
山に登ったんですか。	산에 올라간 거예요?
川で遊んだんですか。	강에서 논 거예요?

❷ はい、～。
いいえ、～。

네, ～.

아니요, ～.

はい、忘れました。	네, 잊어버렸습니다.
はい、乗りました。	네, 탔습니다.
いいえ、登りませんでした。	아니요, 올라가지 않았어요.
いいえ、遊びませんでした。	아니요, 안 놀았어요.

❸ 〜なかったんですか。

〜하지 않은 겁니까?

青いTシャツを買わなかったんですか。	파란 티셔츠를 사지 않은 겁니까?
漢字を習わなかったんですか。	한자를 안 배운 겁니까?
名前を忘れなかったんですか。	이름을 잊어버리지 않은 거예요?
タクシーに乗らなかったんですか。	택시를 안 탄 거예요?

❹ はい、〜。
いいえ、〜。

네, 〜.
아니요, 〜.

はい、買いませんでした。	네, 사지 않았습니다.
はい、習いませんでした。	네, 안 배웠습니다.
いいえ、忘れました。	아니요, 잊어버렸어요.
いいえ、乗りました。	아니요, 탔어요.

❺ 〜たことがあります。

〜한 적이 있습니다.

山に登ったことがあります。	산에 올라간 적이 있습니다.
青いTシャツを着たことがあります。	파란 티셔츠를 입은 적이 있습니다.
漢字を習ったことがあります。	한자를 배운 적이 있어요.
友達の名前を忘れたことがあります。	친구(의) 이름을 잊어버린 적이 있어요.

❻ 〜たことがありません。

〜한 적이 없습니다.

飛行機に乗ったことがありません。	비행기를 탄 적이 없습니다.
山に登ったことがありません。	산에 올라간 적이 없습니다.
川で泳いだことがありません。	강에서 수영한 적이 없어요.
青いTシャツを着たことがありません。	파란 티셔츠를 입은 적이 없어요.

예문 12-4-1.mp3
예문 12-4-2.mp3

단어

富士山[ふじさん] ふじ산(산 이름)	頂上[ちょうじょう] 정상
～月[がつ] ~월	日の出[ひので] 일출, 해돋이
～日[にち] ~일	

회화

小島 健一 : チャンさんは富士山に登ったことが
ありますか。

チャン・ユナ : いいえ、ありません。

小島 健一 : そうですか。

チャン・ユナ : 小島さんは登ったことがありますか。

小島 健一 : ええ、12月31日の夜に登りました。

チャン・ユナ : 夜に登ったんですか。

小島 健一 : ええ。富士山の頂上で、1月1日の
日の出を見ました。

チャン・ユナ : 富士山の頂上で日の出を見たんですか。

小島 健一 : ええ、とてもきれいでしたよ。

チャン・ユナ : そうですか。

小島 健一 : チャンさんは1月1日の日の出を
見なかったんですか。

チャン・ユナ : ええ、見ませんでした。

こじま けんいち : 장(유나)씨는 ふじ산에 올라간 적이 있어요? 　장유나 : 아니요, 없어요.

こじま けんいち : 그렇군요. 　장유나 : こじま씨는 올라간 적이 있어요?

こじま けんいち : 네, 12월 31일 밤에 올라갔어요. 　장유나 : 밤에 올라간 거예요?

こじま けんいち : 네. ふじ산 정상에서 1월 1일의 해돋이를 봤어요. 　장유나 : ふじ산 정상에서 해돋이를 본 거예요?

こじま けんいち : 네, 아주 아름다웠어요. 　장유나 : 그래요.

こじま けんいち : 장(유나)씨는 1월 1일의 해돋이를 안 본 거예요? 　장유나 : 네, 안 봤어요.

13

運動した方がいい。

운동하는 편이 좋아.

🎧 예문 13-2.mp3

磨く[みがく] ⑤ 닦다	歯[は] 이, 치아
切る[きる] ⑤ 자르다, 끊다	顔[かお] 얼굴
運動[うんどう] 운동	髪[かみ] 머리카락
散歩[さんぽ] 산책	朝ご飯[あさごはん] 아침밥

🎧 예문 13-3.mp3

❶ ～た方がいい。
～하는 편이 좋아.

歯を磨いた方がいい。	이를 닦는 편이 좋아.
顔を洗った方がいい。	세수를 하는 편이 좋아.
髪を切った方がいい。	머리를 자르는 편이 좋아.
先生の説明をよく聞いた方がいい。	선생님(의) 설명을 잘 듣는 편이 좋아.

❷ ～ない方がいい。
～하지 않는 편이 좋아.

今日は運動しない方がいい。	오늘은 운동하지 않는 편이 좋아.
ここは散歩しない方がいい。	여기는 산책하지 않는 편이 좋아.
髪を切らない方がいい。	머리를 안 자르는 편이 좋아.
その人の説明は聞かない方がいい。	그 사람(의) 설명은 안 듣는 편이 좋아.

❸ ～た後で
～한 후에

毎日、朝ご飯を食べた後で、顔を洗う。	매일 아침밥을 먹은 후에 세수를 해.

運動した後で、シャワーを浴びた。 　　　　　運동한 후에 샤워를 했어.

先生の説明を聞いた後で質問した。 　　　선생님(의) 설명을 들은 후에 질문했어.

この薬はご飯を食べた後で飲む。 　　　이 약은 밥을 먹은 후에 먹어.

❹ 〜の後で
〜 후에

食事の後で歯を磨く。 　　　　　식사 후에 이를 닦아.

仕事の後で運動をした。 　　　　일(이 끝난) 후에 운동을 했어.

会議の後で晩ご飯を食べた。 　　　회의(가 끝난) 후에 저녁밥을 먹었어.

試合の後でパーティーをした。 　　　시합 후에 파티를 했어.

❺ 〜たり〜たり
〜하거나 〜하거나

朝、顔を洗ったり歯を磨いたりする。 　　　아침에 세수를 하거나 이를 닦아.

週末は運動したり散歩したりする。 　　　주말은 운동하기도 하고 산책하기도 해.

学校で先生の説明を聞いたり、友達と話したりした。
　　　학교에서 선생님(의) 설명을 듣기도 하고 친구와 이야기하기도 했어.

パーティーでご飯を食べたり、お酒を飲んだりした。
　　　파티에서 밥을 먹거나 술을 마셨어.

❻ 〜とか〜とか
〜라든가 〜라든가

私はチョコレートとか飴とかが好き。 　　나는 초콜릿이라든가 사탕 등을 좋아해.

韓国旅行のお土産はのりとかキムチとかがいい。
　　　한국 여행(의) 선물은 김이라든가 김치 등이 좋아.

週末はいつも運動とか散歩とかをする。
　　　주말은 항상 운동이라든가 산책 등을 해.

飲み会に原田さんとか竹内さんとかが来る。
　　　술 모임에 하라다씨라든가 타케우치씨 등이 올 거야.

단어

天気[てんき] 날씨	授業[じゅぎょう] 수업
掃除[そうじ] 청소	サボる 빼먹다
洗濯[せんたく] 빨래, 세탁	大丈夫な[だいじょうぶな] 괜찮은
昼ご飯[ひるごはん] 점심밥	

회화

ソ・ジュンス: 週末は天気がすごくよかったね。

酒井 瞳: うん。ジュンスは週末に何した？

ソ・ジュンス: 掃除とか洗濯とかした。瞳は？

酒井 瞳: 犬と散歩したり、テレビを見たりした。

ソ・ジュンス: そう。

酒井 瞳: ねえ、今日、一緒にお昼ご飯を食べた後で映画見ない？

ソ・ジュンス: 俺、午後も授業がある。

酒井 瞳: (아쉬워하는 표정으로) そう。

ソ・ジュンス: じゃ、今日は午後の授業、サボるよ。

酒井 瞳: え?! いいの？

ソ・ジュンス: うん、大丈夫！

서준수 : 주말은 날씨가 엄청 좋았지.
さかい ひとみ : 응. 준수는 주말에 뭐 했어?
서준수 : 청소라든가 빨래를 했어. ひとみ는?
さかい ひとみ : 강아지랑 산책하기도 하고 TV를 보기도 했어.
서준수 : 그렇구나.
さかい ひとみ : 있잖아, 오늘 같이 점심 먹은 후에 영화 보지 않을래 ?
서준수 : 나, 오후에도 수업이 있어.
さかい ひとみ : (아쉬워하는 표정으로) 그렇구나.
서준수 : 그럼, 오늘은 오후 수업 빼먹을게.
さかい ひとみ : 어? 괜찮은 거야?
서준수 : 응, 괜찮아!

14

薬を塗らない 方がいいです。

존댓말
약을 바르지 않는
편이 좋아요.

1단계 : 기본 단어 익히기

🎧 예문 14-2.mp3

かける ① (안경을)쓰다	もらう ⑤ 받다, 얻다
つける ① (불을)켜다	ばんそうこう 반창고
貼る[はる] ⑤ 붙이다	コンタクト (콘택트)렌즈
塗る[ぬる] ⑤ 바르다, 칠하다	奈良[なら] 나라(지명)
持って行く[もっていく] ⑤ 가져가다	

2단계 : 기본 문형 익히기

🎧 예문 14-3.mp3

❶ ～た方がいいです。

～하는 편이 좋습니다.

眼鏡をかけた方がいいです。	안경을 쓰는 편이 좋습니다.
電気をつけた方がいいです。	불을 켜는 편이 좋습니다.
ばんそうこうを貼った方がいいです。	반창고를 붙이는 편이 좋아요.
傘を持って行った方がいいです。	우산을 가져가는 편이 좋아요.

❷ ～ない方がいいです。

～하지 않는 편이 좋습니다.

眼鏡をかけない方がいいです。	안경을 쓰지 않는 편이 좋습니다.
薬を塗らない方がいいです。	약을 바르지 않는 편이 좋습니다.
お金を持って行かない方がいいです。	돈을 안 가져가는 편이 좋아요.
プレゼントをもらわない方がいいです。	선물을 안 받는 편이 좋아요.

❸ ～た後で
～한 후에

映画を見た後で電気をつけました。　　　　　영화를 본 후에 불을 켰습니다.

薬を塗った後で、ばんそうこうを貼りました。
　　　　　　　　　　　　　　　　　　　약을 바른 후에 반창고를 붙였습니다.

お酒を飲んだ後でたばこを吸いました。　　술을 마신 후에 담배를 피웠어요.

お土産をもらった後で、電話をかけました。
　　　　　　　　　　　　　　　　　선물을 받은 후에 전화를 걸었어요.

❹ ～の後で
～ 후에

中間試験の後で、友達と遊びます。　　　　중간고사 후에 친구와 놉니다.

練習の後で昼ご飯を食べました。　　　　　연습 후에 점심밥을 먹었습니다.

散歩の後で、ゆっくりお茶を飲みました。　산책 후에 천천히 차를 마셨어요.

晩ご飯の後で運動をしました。　　　　　　저녁식사 후에 운동을 했어요.

❺ ～たり～たり
～하거나 ～하거나

薬を塗ったり、ばんそうこうを貼ったりしました。
　　　　　　　　　　　　　　약을 바르거나 반창고를 붙였습니다.

電気をつけたり消したりしました。　　　　불을 켰다가 껐다가 했습니다.

電話をかけたり、プレゼントを持って行ったりしました。
　　　　　　　　　　　전화를 걸기도 하고 선물을 가져가기도 했어요.

眼鏡をかけたりコンタクトをしたりします。
　　　　　　　　　　　　안경을 쓰거나 렌즈를 끼거나 해요.

❺ ～や～や～(など)
～며 ～며 ～(등)

大阪や京都や奈良などへ行きます。おおさかや きょうと や なら 등으로 갑니다.

鉛筆や消しゴムやノートなどをもらいました。
　　　　　　　　　　　연필이며 지우개며 노트 등을 받았습니다.

韓国人や日本人や中国人がいました。

한국 사람이나 일본 사람이나 중국 사람이 있었어요.

眼鏡やコンタクトをします。

안경이라든가 렌즈를 껴요.

🎧 예문 14-4-1.mp3
예문 14-4-2.mp3

단어

後で[あとで] 이따가	

회화

ムン・ヨンエ: こんにちは。

工藤 大輔: こんにちは。あれ？ 眼鏡？

ムン・ヨンエ: 今日は後でプールに行きますから、
コンタクトをしなかったんです。

工藤 大輔: ああ、そうですか。

ムン・ヨンエ: プールの後で、コンタクトをします。

工藤 大輔: そうですか。

ムン・ヨンエ: 眼鏡をかけない方がいいですか。

工藤 大輔: いいえ、眼鏡もかわいいですよ。

문영애 : 안녕하세요(낮 인사).
くどう だいすけ : 안녕하세요(낮 인사). 어라? 안경?
문영애 : 오늘은 이따가 수영장에 가기 때문에 렌즈를 안 꼈어요.
くどう だいすけ : 아~, 그렇군요.
문영애 : 수영 끝난 후에 렌즈를 낄 거예요.
くどう だいすけ : 그래요.
문영애 : 안경을 쓰지 않는 편이 좋아요?
くどう だいすけ : 아니요, 안경도 예뻐요.

15

それ、ちょうだい。

1단계 : 기본 단어 익히기

🎧 예문 15-2.mp3

ちょうだい 줘	だめな 안 되는
人形[にんぎょう] 인형	どうぞ 어서 ~(하세요)
お菓子[おかし] 과자	いくら 얼마
ライター 라이터	～個[こ] ~개
ガム 껌	全部[ぜんぶ] 전부, 모두
キーホルダー 열쇠고리	

2단계 : 기본 문형 익히기

🎧 예문 15-3.mp3

❶ ～、ちょうだい。

～, 줘.

この人形、ちょうだい。	이 인형, 줘.
そのお菓子、ちょうだい。	그 과자, 줘.
あのライター、ちょうだい。	저 라이터, 줘.
このガム、ちょうだい。	이 껌, 줘.

❷ ～と～、ちょうだい。

～와 ～, 줘.

この人形とキーホルダー、ちょうだい。	이 인형과 열쇠고리, 줘.
お茶とお菓子、ちょうだい。	차와 과자, 줘.
このたばことライター、ちょうだい。	이 담배랑 라이터, 줘.
そのガムと飴、ちょうだい。	그 껌과 사탕, 줘.

❸ うん、～。
だめ。

응, ～.

안 돼.

うん、いいよ。	응, 그래.
うん、どうぞ。	응, 가져가.
だめ。	안 돼.
え～!	에~! [거절, 항의의 느낌]

❹ いくら？

얼마야?

この人形、いくら？	이 인형, 얼마야?
そのお菓子、いくら？	그 과자, 얼마야?
このライター、いくら？	이 라이터, 얼마야?
そのガム、いくら？	그 껌, 얼마야?

❺ ～円。

～엔이야.

14,910円。	14,910엔이야.
3,675円。	3,675엔이야.
58円。	58엔이야.
105円。	105엔이야.

❻ ～で

～로, ～에

2個で600円。	2개로 600엔이야.
3個で1,000円。	3개로 1,000엔이야.
10個で2,900円。	10개에 2,900엔이야.
全部で38,325円。	전부 다 해서 38,325엔이야.

단어

いらっしゃいませ 어서 오십시오	負けて[まけて] 깎아 줘
開店[かいてん] 개점	

회화

> シン・ヒョンジョン : いらっしゃいませ。あ、直人！
>
> 西村 直人 : 開店、おめでとう。
>
> シン・ヒョンジョン : どうもありがとう。
>
> 西村 直人 : この人形、いくら？
>
> シン・ヒョンジョン : 14,910円。
>
> 西村 直人 : ちょっと高いね。
> このキーホルダーはいくら？
>
> シン・ヒョンジョン : それは980円。
>
> 西村 直人 : このライターは？
>
> シン・ヒョンジョン : それは3,250円。
>
> 西村 直人 : じゃ、そのキーホルダー10個と、
> このライター3個ちょうだい。
> 全部でいくら？
>
> シン・ヒョンジョン : 19,550円。
>
> 西村 直人 : ちょっと負けてよ。
>
> シン・ヒョンジョン : だめ！

신현정 : 어서 오십시오. 아, なおと !
신현정 : 정말 고마워.
신현정 : 14,910엔이야.
신현정 : 그건 980엔이야.
신현정 : 그건 3,250엔이야.

신현정 : 19,550엔이야.
신현정 : 안 돼!

にしむら なおと : 개점 축하해.
にしむら なおと : 이 인형, 얼마야?
にしむら なおと : 좀 비싸네. 이 열쇠고리는 얼마야?
にしむら なおと : 이 라이터는?
にしむら なおと : 그럼, 그 열쇠고리 10개랑 이 라이터
3개 줘. 전부 다 해서 얼마야?
にしむら なおと : 좀 깎아 줘.

16

そのりんごをください。

그 사과를 주세요.

1단계 : 기본 단어 익히기

🎧 예문 16-2.mp3

ください 주십시오, 주세요	椅子[いす] 의자
困る[こまる] ⑤ 난처하다, 곤란하다	りんご 사과
ボールペン 볼펜	みかん 귤
牛乳[ぎゅうにゅう] 우유	セット 세트
机[つくえ] 책상	

2단계 : 기본 문형 익히기

🎧 예문 16-3.mp3

❶ ～をください。

～를 주십시오.

このボールペンをください。	이 볼펜을 주십시오.
その卵をください。	그 계란을 주십시오.
あの牛乳を一つください。	저 우유를 하나 주세요.
このりんごを三つください。	이 사과를 3개 주세요.

❷ ～と～をください。

～와 ～를 주십시오.

そのノートとボールペンをください。	그 노트와 볼펜을 주십시오.
あの机と椅子をください。	저 책상과 의자를 주십시오.
この卵と牛乳をください。	이 계란과 우유를 주세요.
そのりんごとみかんをください。	그 사과와 귤을 주세요.

❸ はい、～。
　　ちょっと……。

네, ～.
좀…….

はい、どうぞ。	네, 그러세요.
はい、いいですよ。	네, 좋아요.
ちょっと……。	좀…….
ちょっと困ります。	좀 곤란합니다.

❹ いくらですか。

얼마입니까?

あの机はいくらですか。	저 책상은 얼마입니까?
この椅子はいくらですか。	이 의자는 얼마입니까?
そのりんごはいくらですか。	그 사과는 얼마예요?
このみかんはいくらですか。	이 귤은 얼마예요?

❺ ～円です。

～엔입니다.

29,820円です。	29,820엔입니다.
16,530円です。	16,530엔입니다.
449円です。	449엔이에요.
268円です。	268엔이에요.

❻ ～で

～로, ～에

セットで46,350円です。	세트로 46,350엔입니다.
二つで28,500円です。	2개로 28,500엔입니다.
四つで414円です。	4개에 414엔이에요.
五つで276円です。	5개에 276엔이에요.

단어

店員 [てんいん] 점원	お釣り [おつり] 거스름돈

회화

店員 : いらっしゃいませ。

コン・ギュリ : 今日は何が安いですか。

店員 : 今日はりんごが安いですよ。
三つで332円です。

コン・ギュリ : そうですか。じゃ、六つください。

店員 : はい、ありがとうございます。
それから、このみかん、おいしいですよ。

コン・ギュリ : いくらですか。

店員 : 10個で376円です。

コン・ギュリ : じゃ、そのみかんもください。

店員 : ありがとうございます。全部で1,040円です。

コン・ギュリ : はい。

店員 : 60円のお釣りです。
どうもありがとうございました。

점원 : 어서 오십시오.
공규리 : 오늘은 뭐가 싸요?
점원 : 오늘은 사과가 쌉니다. 3개에 332엔입니다.
공규리 : 그래요. 그럼, 6개 주세요.
점원 : 네, 감사합니다. 그리고 이 귤, 맛있어요.
공규리 : 얼마예요?
점원 : 10개에 376엔입니다.
공규리 : 그럼, 그 귤도 주세요.
점원 : 감사합니다. 전부 다 해서 1,040엔입니다.
공규리 : 네.
점원 : 60엔 거스름돈입니다. 정말 감사합니다.

17

会いたい！

보고 싶어!

🎧 예문 17-2.mp3

住む[すむ] ⑤ 살다, 거주하다	北朝鮮[きたちょうせん] 북한
欲しい[ほしい] 갖고 싶다	花見[はなみ] 꽃구경, 꽃놀이
答え[こたえ] 답, 정답, 대답	背[せ] 키, 등
スーパー 슈퍼	近い[ちかい] 가깝다
家[いえ] 집	焼肉[やきにく] 고기 구워 먹는 것

🎧 예문 17-3.mp3

❶ ～たい。

～하고 싶어.

東京に住みたい。	とうきょうに살고 싶어.
宿題の答えを知りたい。	숙제의 답을 알고 싶어.
彼氏に会いたい。	남자 친구를 보고 싶어.
スーパーで買い物したい。	슈퍼에서 장보고 싶어.

❷ ～たくない。

～하고 싶지 않아.

東京に住みたくない。	とうきょう에 살고 싶지 않아.
宿題の答えを知りたかった。	숙제의 답을 알고 싶었어.
彼氏に会いたくなかった。	남자 친구를 안 보고 싶었어.
スーパーで買い物したかった。	슈퍼에서 장보고 싶었어.

❸ 〜が欲しい。

〜가 갖고 싶어.

彼女が欲しい。	여자 친구가 갖고 싶어.
家が欲しくない。	집이 갖고 싶지 않아.
お金が欲しかった。	돈을 갖고 싶었어.
子供が欲しくなかった。	아이를 갖고 싶지 않았어.

❹ 〜に

〜하러

明日、友達とお花見をしに行く。	내일 친구와 꽃구경을 하러 가.
靴を買いに百貨店に来た。	구두를 사러 백화점에 왔어.
明日、東京へ家を見に行く。	내일 とうきょう로 집을 보러 가.
スーパーへ買い物しに来た。	슈퍼로 장보러 왔어.

❺ 〜の中で〜が一番〜？

〜 중에서 〜가 제일 〜?

韓国料理の中で何が一番好き？	한국요리 중에서 뭐가 제일 좋아?
家族の中で、誰が一番背が高い？	가족 중에서 누가 제일 키가 커?
外国の中で、どこが一番近い？	외국 중에서 어디가 가장 가까워?
勉強の中で何が一番得意？	공부 중에서 뭘 가장 잘해?

❻ 〜が一番〜。

〜가 제일 〜.

焼肉が一番好き。	고기 구워 먹는 것이 제일 좋아.
弟が一番背が高い。	남동생이 제일 키가 커.
北朝鮮が一番近い。	북한이 가장 가까워.
英語が一番得意。	영어를 가장 잘해.

단어

肉[にく] 고기	迎える[むかえる] ① 맞이하다, 마중하다
今晩[こんばん] 오늘밤	分かる[わかる] ⑤ 알다, 이해하다
南口[みなみぐち] 남쪽 출구	

회화

福田 佳奈 : あれ？ ヒョンスンじゃない？

チ・ヒョンスン : ああ、佳奈。

福田 佳奈 : スーパーに何買いに来たの？

チ・ヒョンスン : 肉買いに来たんだ。

福田 佳奈 : お肉？

チ・ヒョンスン : うん。今晩、うちで友達と焼き肉
パーティーするんだ。

福田 佳奈 : へえ。

チ・ヒョンスン : 佳奈も来る？

福田 佳奈 : 誰が来るの？

チ・ヒョンスン : ヒョンジンと直人と千尋。

福田 佳奈 : 私も行きたい！

チ・ヒョンスン : じゃ、6時に駅の南口。
駅まで迎えに行くから。

福田 佳奈 : うん、分かった。

ふくだ かな : 어라? 현승이 아니니?
ふくだ かな : 슈퍼에 뭐 사러 왔어?
ふくだ かな : 고기?

ふくだ かな : 어어.
ふくだ かな : 누가 오는데?
ふくだ かな : 나도 가고 싶어!

ふくだ かな : 응, 알았어.

지현승 : 어~, 카나.
지현승 : 고기 사러 온 거야.
지현승 : 응. 오늘 저녁에 우리 집에서 친구랑 고기
구워 먹기 파티를 하거든.
지현승 : 카나도 올래?
지현승 : 현진이랑 나오랑 치히로.
지현승 : 그럼, 6시에 전철역 남쪽 출구야.
역까지 마중하러 갈 테니까.

18

飲みに行きたいです。

술 마시러
가고 싶어요.

1단계 : 기본 단어 익히기

🎧 예문 18-2.mp3

作る[つくる] ⑤ 만들다	二人[ふたり] 두 명
変える[かえる] ① 바꾸다	～目[め] ~째
座る[すわる] ⑤ 앉다	今年[ことし] 올해
ブログ 블로그	スキー 스키
ヘアスタイル 헤어스타일	花[はな] 꽃
休み[やすみ] 쉬는 시간, 휴일	

2단계 : 기본 문형 익히기

🎧 예문 18-3.mp3

❶ ～たいです。

～하고 싶습니다.

この仕事を江口さんに頼みたいです。	이 일을 えぐち씨에게 부탁하고 싶습니다.
ブログを作りたいです。	블로그를 만들고 싶습니다.
ヘアスタイルを変えたいです。	헤어스타일을 바꾸고 싶어요.
ちょっと座りたいです。	잠깐 앉고 싶어요.

❷ ～たくないです。

～하고 싶지 않습니다.

カラオケで歌いたかったです。	노래방에서 노래 부르고 싶었습니다.
ブログを作りたくないです。	블로그를 만들고 싶지 않습니다.
ヘアスタイルを変えたくなかったです。	헤어스타일을 바꾸고 싶지 않았어요.
ちょっと座りたかったです。	잠깐 앉고 싶었어요.

❸ ～が欲しいです。 　　　　　　　　～가 갖고 싶습니다.

休みが欲しいです。 　　　　　　　쉬는 시간을 갖고 싶습니다.

彼氏は欲しくないです。 　　　　　남자 친구는 갖고 싶지 않습니다.

もっと時間が欲しかったです。 　　더 시간을 갖고 싶었어요.

二人目は欲しくなかったです。 　　둘째는 갖고 싶지 않았어요.

❹ ～に 　　　　　　　　　　　　　　～하러

天気がいいから、散歩に行きたいです。
　　　　　　　　　　　　　　날씨가 좋으니까 산책하러 가고 싶습니다.

英語の勉強にイギリスに来ました。 　　영어 공부하러 영국에 왔습니다.

母と一緒に買い物に行きます。 　　　어머니와 함께 쇼핑하러 가요.

今年の冬はスキーに行きたいです。 　올해 겨울은 스키 타러 가고 싶어요.

❺ ～の中でどれが一番～。 　　　　～ 중에서 어떤 것이 제일 ～?

この花の中でどれが一番好きですか。 이 꽃들 중에서 어떤 것을 가장 좋아합니까?

この果物の中で、どれが一番おいしいですか。
　　　　　　　　　　　　　　이 과일들 중에서 어떤 것이 가장 맛있습니까?

その映画の中で、どの映画が一番面白いですか。
　　　　　　　　　　　　　　그 영화들 중에서 어떤 영화가 제일 재미있어요?

その歌の中でどの歌が一番いいですか。
　　　　　　　　　　　　　　그 노래들 중에서 어떤 노래가 제일 좋아요?

❻ ～が一番～。 　　　　　　　　　～가 제일 ～.

この花が一番好きです。 　　　　　이 꽃을 제일 좋아합니다.

みかんが一番おいしいです。 　　　귤이 제일 맛있습니다.

この映画が一番面白いです。 　　　이 영화가 가장 재미있어요.

この歌が一番いいです。 이 노래가 가장 좋아요.

🎧 예문 18-4-1.mp3
예문 18-4-2.mp3

단어

最近[さいきん] 요새, 최근	もう一度[もういちど] 다시 한 번, 한 번 더

회화

太田 駿: 最近、映画を見ましたか。

チン・ソヨン: ええ。このページの映画は全部見ました。

太田 駿: そうですか。
この中で、どの映画が一番面白いですか。

チン・ソヨン: この映画が一番面白いですよ。

太田 駿: そうですか。

チン・ソヨン: ええ。もう一度見たいです。

太田 駿: そうですか。じゃ、一緒に見に行きませんか。僕も見たいです。

チン・ソヨン: ええ、いいですよ。いつ行きますか。

太田 駿: 今日はどうですか。

チン・ソヨン: 今日はちょっと……。

太田 駿: じゃ、明日は？

チン・ソヨン: ええ、いいですよ。

おおた しゅん : 요새 영화를 봤어요?

진소영 : 네. 이 페이지(에 있는) 영화들은 전부 다 봤어요.

おおた しゅん : 그래요. 이 중에서 어떤 영화가 가장 재미있어요?

진소영 : 이 영화가 제일 재미있어요.

おおた しゅん : 그렇군요.

おおた しゅん : 그래요? 그럼, 같이 보러 가지 않을래요? 나도 보고 싶어요.

진소영 : 네. 한 번 더 보고 싶어요.

진소영 : 네, 좋아요. 언제 갈까요?

おおた しゅん : 오늘은 어때요?

진소영 : 오늘은 좀…….

おおた しゅん : 그럼, 내일은요?

진소영 : 네, 좋아요.

19

誰がいる?

1단계 : 기본 단어 익히기

🎧 예문 19-2.mp3

いる ① (사람, 동물 등이) 있다	リモコン 리모컨
ある ⑤ (물건 등이) 있다	テーブル 테이블, 식탁
後ろ[うしろ] 뒤	ソファー 소파
スタンド 스탠드	木[き] 나무

2단계 : 기본 문형 익히기

🎧 예문 19-3.mp3

❶ 〜の〜に〜がいる/ある。

〜의 〜에 〜가 있어.

先生の前に友達がいる。	선생님 앞에 친구가 있어.
ドアの後ろに猫がいる。	문 뒤에 고양이가 있어.
机の上にスタンドがある。	책상 위에 스탠드가 있어.
椅子の下にリモコンがある。	의자 밑에 리모컨이 있어.

❷ 〜は〜の〜にいる/ある。

〜는 〜의 〜에 있어.

友達は先生の後ろにいない。	친구는 선생님 뒤에 없어.
犬は窓の前にいた。	개는 창문 앞에 있었어.
スタンドは椅子の下にあった。	스탠드는 의자 밑에 있었어.
リモコンは机の上になかった。	리모컨은 책상 위에 없었어.

❸ 誰が/何がいる/ある?

누가/뭐가 있어?

お風呂に誰がいる?	욕실에 누가 있어?

テーブルの上に何がある？	테이블 위에 뭐가 있어? [물건]
ソファーの下に何がいる？	소파 밑에 뭐가 있어? [동물, 곤충 등]
木の後ろに何があった？	나무 뒤에 뭐가 있었어? [물건]

❹ 〜か
〜ㄴ가

お風呂に誰かいる？	욕실에 누군가 있어?
テーブルの上に何かある？	테이블 위에 뭔가 있어? [물건]
ソファーの下に何かいた？	소파 밑에 뭔가 있었어? [동물, 곤충 등]
木の後ろに何かあった？	나무 뒤에 뭔가 있었어? [물건]

❺ うん、〜か〜。
응, 〜ㄴ가 〜.

うん、誰かいる。	응, 누군가 있어.
うん、何かある。	응, 뭔가 있어. [물건]
うん、何かいた。	응, 뭔가 있었어. [동물, 곤충 등]
うん、何かあった。	응, 뭔가 있었어. [물건]

❻ ううん、〜も〜。
아니, 〜도 〜.

ううん、誰もいない。	아니, 아무도 없어.
ううん、何もない。	아니, 아무것도 없어. [물건]
ううん、何もいなかった。	아니, 아무것도 없었어. [동물, 곤충 등]
ううん、何もなかった。	아니, 아무것도 없었어. [물건]

🎧 예문 19-4-1.mp3
예문 19-4-2.mp3

단어

夢[ゆめ] 꿈	昔[むかし] 옛날, 옛날에
うそ 거짓말	高校[こうこう] 고등학교, 고교
本当に[ほんとうに] 정말로	ファッションデザイナー 패션 디자이너
希望[きぼう] 희망	ファッションデザイン 패션 디자인

회화

三浦 舞 : ソンミンの夢は何？

オム・ソンミン : 夢？ ん……ない。

三浦 舞 : うそ?!

オム・ソンミン : うそじゃないよ。

三浦 舞 : 本当に何もないの？ 全然？

オム・ソンミン : うん。夢とか希望とかはない。

三浦 舞 : へえ……。昔からなかった？

オム・ソンミン : 昔はあったよ。でも、今はない。

三浦 舞 : 昔、どんな夢があったの？

オム・ソンミン : 高校の先生。舞は夢ある？

三浦 舞 : うん。ファッションデザイナー。

オム・ソンミン : ファッションデザインに興味があるの？

三浦 舞 : うん。

みうら まい : 성민이의 꿈은 뭐야?
みうら まい : 진짜?! (직역: 거짓말)
みうら まい : 정말로 아무것도 없는 거야? 전혀?
みうら まい : 허어……. 옛날부터 없었어?
みうら まい : 옛날에 어떤 꿈이 있었던 거야?
みうら まい : 응. 패션 디자이너야.
みうら まい : 응.

엄성민 : 꿈? 음…… 없어.
엄성민 : 거짓말 아니야.
엄성민 : 응. 꿈이라든가 희망 같은 건 없어.
엄성민 : 옛날에는 있었어. 그런데 지금은 없어.
엄성민 : 고등학교 선생님. 마이는 꿈(이) 있어?
엄성민 : 패션 디자인에 관심이 있는 거야?

20

兄弟がいますか。

1단계 : 기본 단어 익히기

🎧 예문 20-2.mp3

隣[となり] (바로)옆, 이웃	箱[はこ] 상자
横[よこ] 옆, 가로	本棚[ほんだな] 책장
間[あいだ] 사이	鏡[かがみ] 거울
裏[うら] 뒤, 뒷면	トイレ 화장실
祖母[そぼ] 조모, 할머니(높이지 않는 호칭)	

2단계 : 기본 문형 익히기

🎧 예문 20-3.mp3

❶ ～の～に～がいます/あります。   ～의 ～에 ～가 있습니다.

祖父の隣に祖母がいます。	할아버지 (바로) 옆에 할머니가 있습니다.
箱の中に鳥がいます。	상자 안에 새가 있습니다.
本棚の横に鏡があります。	책장 옆에 거울이 있어요.
家の外にトイレがあります。	집 바깥에 화장실이 있어요.

❷ ～は～の～にいます/あります。   ～는 ～의 ～에 있습니다.

母は祖父と祖母の間にいます。	어머니는 할아버지와 할머니 사이에 있습니다.
鳥は箱の中にいました。	새는 상자 안에 있었습니다.
銀行は学校の裏にあります。	은행은 학교 뒤에 있어요.
トイレは家の外にありました。	화장실은 집 바깥에 있었어요.

❸ 誰が/何がいますか/ありますか。 　　　　누가/뭐가 있습니까?

祖母の隣に誰がいましたか。	할머니 (바로) 옆에 누가 있었습니까?
鏡と箱の間に何がいますか。	거울과 상자 사이에 뭐가 있습니까? [동물, 곤충 등]
本棚の横に何がありましたか。	책장 옆에 뭐가 있었어요? [물건]
学校の裏に何がありますか。	학교 뒤에 뭐가 있어요? [물건]

❹ ～か 　　　　～ㄴ가

家の外に誰かいますか。	집 바깥에 누군가 있습니까?
箱の中に何かいましたか。	상자 안에 뭔가 있었습니까? [동물, 곤충 등]
スーパーの裏に何かありますか。	슈퍼 뒤에 뭔가 있어요? [물건]
鏡の横に何かありましたか。	거울 옆에 뭔가 있었어요? [물건]

❺ はい、～か～。 　　　　네, ～ㄴ가 ～.

はい、誰かいます。	네, 누군가 있습니다.
はい、何かいました。	네, 뭔가 있었습니다. [동물, 곤충 등]
はい、何かあります。	네, 뭔가 있어요. [물건]
はい、何かありました。	네, 뭔가 있었어요. [물건]

❻ いいえ、～も～。 　　　　아니요, ～도 ～.

いいえ、誰もいません。	아니요, 아무도 없습니다.
いいえ、何もいませんでした。	아니요, 아무것도 없었습니다. [동물, 곤충 등]
いいえ、何もありません。	아니요, 아무것도 없어요. [물건]
いいえ、何もありませんでした。	아니요, 아무것도 없었어요. [물건]

🎧 예문 20-4-1.mp3
예문 20-4-2.mp3

단어

兄弟[きょうだい] 형제	寂しい[さびしい] 외롭다
妹[いもうと] 여동생	動物[どうぶつ] 동물
一人っ子[ひとりっこ] 외동이(형제나 자매가 없는 사람)	

회화

藤原 翼 : ウォンさんは兄弟がいますか。

ウォン・ヒジン : はい、妹と弟がいます。

藤原 翼 : そうですか。

ウォン・ヒジン : 藤原さんは兄弟がいますか。

藤原 翼 : いいえ、いません。一人っ子です。

ウォン・ヒジン : そうですか。寂しいですね。

藤原 翼 : ええ。でも、うちに動物がたくさん
いますから、それほど寂しくないです。

ウォン・ヒジン : そんなにたくさんいますか。

藤原 翼 : ええ。犬や猫や鳥がいます。

ウォン・ヒジン : そうですか。

ふじわら つばさ : 원(희진) 씨는 형제가 있어요?
원희진 : 네, 여동생과 남동생이 있습니다.
ふじわら つばさ : 그렇군요.
원희진 : ふじわら씨는 형제가 있습니까?
ふじわら つばさ : 아니요, 없어요. 외동이에요.
원희진 : 그래요. 외롭겠네요.
ふじわら つばさ : 네. 그렇지만, 집에 동물이 많이 있어서 그렇게 외롭지 않아요.
원희진 : 그렇게 많이 있어요?
ふじわら つばさ : 네. 개라든가 고양이, 새가 있어요.
원희진 : 그렇군요.

21

彼女に指輪をあげた。

여자 친구한테
반지를 줬어.

1단계 : 기본 단어 익히기

🎧 예문 21-2.mp3

あげる 주다	ネクタイ 넥타이
おじ 큰아버지, 삼촌 등 부모의 남자 형제 (높이지 않는 호칭)	ネックレス 목걸이
おば 큰어머니, 이모 등 부모의 여자 형제 (높이지 않는 호칭)	指輪[ゆびわ] 반지
紅茶[こうちゃ] 홍차	お小遣い[おこづかい] 용돈
お皿[おさら] 접시	

2단계 : 기본 문형 익히기

🎧 예문 21-3.mp3

---

❶ ～に～をあげる。

～한테 ～를 줘.

(私はあなたに)おいしい紅茶をあげる。	(나는 당신한테) 맛있는 홍차를 줄게.
(僕は)おばにきれいなお皿をあげる。	(나는) 큰어머니한테 예쁜 접시를 줄 거야.
私の姉はおじにネクタイをあげた。	내 언니는 큰아버지한테 넥타이를 줬어.
僕は彼女にネックレスをあげない。	나는 여자 친구한테 목걸이를 안 줄 거야.

---

❷ ～に～をくれる。

～한테 ～를 줘.

(あなたは)私にそのお皿、くれる？	(당신은) 나한테 그 접시, 줄래?
彼氏が(あなたに)指輪をくれた？	남자 친구가 (당신한테) 반지를 줬어?
僕の両親は僕にお小遣いをくれる。	내 부모님은 나한테 용돈을 줘.
おばが兄にネクタイをくれた。	이모가 오빠한테 넥타이를 줬어.

---

❸ 〜に〜をあげる/くれる。

妹が隣のおばさんにネックレスをあげた。

여동생이 옆집 아줌마한테 목걸이를 줬어.

弟が裏のおじさんに紅茶をあげた。

남동생이 뒷집 아저씨한테 홍차를 줬어.

先生が友達にプレゼントをくれなかった。

선생님이 친구한테 선물을 주지 않았어.

社長が主人にネクタイをくれた。

사장님이 남편한테 넥타이를 줬어.

❹ 〜に〜をもらう。

〜한테 〜를 받아.

私は彼に指輪をもらわなかった。

나는 남자 친구한테 반지를 안 받았어.

僕はおじにお小遣いをもらった。

나는 삼촌한테 용돈을 받았어.

今年の誕生日におばにネックレスをもらう。

올해 생일에 고모한테 목걸이를 받을 거야.

祖母にきれいなお皿をもらった。

할머니한테 예쁜 접시를 받았어.

❺ 〜から〜をもらう。

〜로부터 〜를 받아.

彼氏から指輪をもらわなかった。

남자 친구로부터 반지를 안 받았어.

私は両親からお小遣いをもらわない。

나는 부모님으로부터 용돈을 받지 않아.

学校から手紙をもらった。

학교로부터 편지를 받았어.

その会社から新しい仕事をもらう。

그 회사로부터 새 일을 받을 거야.

단어

まあね 뭐 그냥, 그냥 뭐, 뭐 그렇지 (애매하게 맞장구를 칠 때)	おごる ⑤ (먹을 것을) 사 주다, 한턱 내다

회화

金子 春斗 : 彼氏に誕生日のプレゼント、
何かもらった？

ヒョン・スビン : ううん、何ももらわなかった。

金子 春斗 : 何もくれなかったの?!

ヒョン・スビン : うん。

金子 春斗 : けんかした？

ヒョン・スビン : うん、ちょっとね。

金子 春斗 : また？ よくけんかするね。

ヒョン・スビン : まあね。

金子 春斗 : 今日、晩ご飯一緒にどう？ 僕がおごるよ。

ヒョン・スビン : ありがとう。でも、いい。

金子 春斗 : そうか。わかった。

かねこ はると : 남자 친구한테 생일 선물 뭔가 받았어?
현수빈 : 아니, 아무것도 안 받았어.
かねこ はると : 아무것도 주지 않은 거야?
현수빈 : 응.
かねこ はると : 싸웠어?
현수빈 : 응, 좀.
かねこ はると : 또야? 자주 싸우네.
현수빈 : 뭐 그렇지.
かねこ はると : 오늘, 저녁 같이 (먹는 거) 어때? 내가 사 줄게.
현수빈 : 고마워. 근데 됐어.
かねこ はると : 그래. 알았어.

22

おばにもらいました。

1단계 : 기본 단어 익히기

🎧 예문 22-2.mp3

珍しい[めずらしい] 희귀하다, 드물다	切手[きって] 우표
娘[むすめ] 딸	花瓶[かびん] 꽃병
着物[きもの] 기모노(일본 전통 의상)	ハガキ 엽서

2단계 : 기본 문형 익히기

🎧 예문 22-3.mp3

❶ ～に～をあげます。　～에게 ～를 줍니다.

私は娘に着物をあげます。	저는 딸에게 기모노를 줄 겁니다.
私は息子に珍しい切手をあげました。	저는 아들에게 희귀한 우표를 줬습니다.
おばに花瓶をあげました。	큰어머니에게 꽃병을 줬어요.
おじにハガキをあげませんでした。	고모부에게 엽서를 주지 않았어요.

❷ ～に～をくれます。　～에게 ～를 줍니다.

先生は娘にいつも飴をくれます。	선생님은 딸에게 늘 사탕을 줍니다.
課長は息子に仕事をくれません。	과장님은 아들에게 일을 주지 않습니다.
おじが私に花瓶をくれました。	삼촌이 나에게 꽃병을 줬어요.
おばが息子にハガキをくれませんでした。	이모가 아들에게 엽서를 안 줬어요.

❸ ～に～をあげます/くれます。　～에게 ～를 줍니다.

祖父が隣の子に切手をあげました。	할아버지가 옆집 아이에게 우표를 줬습니다.
姉は友達に花瓶をあげました。	누나는 친구에게 꽃병을 줬어요.

祖母が娘に着物をくれました。 　　　　　　할머니가 딸에게 기모노를 줬습니다.

会社の人が兄にハガキをくれました。 　　　회사 사람이 오빠에게 엽서를 줬어요.

❹ 〜に〜をもらいます。　　　　　　　　　〜에게 〜를 받습니다.

私は母に着物をもらいます。 　　　　　　　저는 어머니에게 기모노를 받을 겁니다.

僕は父にお小遣いをもらいません。 　　　　나는 아버지에게 용돈을 받지 않습니다.

息子に花瓶をもらいました。 　　　　　　　아들에게 꽃병을 받았어요.

娘に切手をもらいませんでした。 　　　　　딸에게 우표를 안 받았어요.

❺ 〜から〜をもらいます。　　　　　　　　〜로부터 〜를 받습니다.

娘はおばから着物をもらいます。 　　　　딸은 외숙모로부터 기모노를 받을 겁니다.

私はおじから花瓶をもらいません。 　　　저는 이모부로부터 꽃병을 안 받을 겁니다.

息子の会社からハガキをもらいました。 아들(의) 회사로부터 엽서를 받았어요.

学校から書類をもらいませんでした。 　　학교로부터 서류를 받지 않았어요.

3단계 : 회화로 다지기

🎧 예문 22-4-1.mp3
예문 22-4-2.mp3

단어

成人式[せいじんしき] 성인식	この前[このまえ] 저번, 요전
色々な[いろいろな] 여러 가지의	

会話

ハム・ジュニョン： 成人式の写真ですか。

原田 美佳： ええ。

ハム・ジュニョン： きれいな着物ですね。

原田 美佳： そうですか。ありがとうございます。
この着物はおばにもらいました。

ハム・ジュニョン： そうですか。

原田 美佳： おばは娘がいませんから、
いつも私に色々な物をくれます。

ハム・ジュニョン： そうですか。

原田 美佳： この前はとてもきれいな花瓶を
くれました。

ハム・ジュニョン： その花瓶ですか。

原田 美佳： ええ、そうです。

ハム・ジュニョン： いい花瓶ですね。

함준형 : 성인식 사진이에요?
はらだ みか : 네.
함준형 : 예쁜 기모노네요.
はらだ みか : 그래요? 감사합니다. 이 기모노는 이모에게 받았어요.
함준형 : 그래요.
はらだ みか : 이모는 딸이 없어서, 늘 저에게 여러 가지 것들을 줘요.
함준형 : 그렇군요.
はらだ みか : 요전에는 너무 예쁜 꽃병을 줬어요.
함준형 : 그 꽃병인가요?
はらだ みか : 네, 그래요.
함준형 : 좋은 꽃병이네요.

23

道が暗くて怖かった。

1단계 : 기본 단어 익히기

🎧 예문 23-2.mp3

疲れる[つかれる] ① 지치다, 피곤하다	怖い[こわい] 무섭다
引く[ひく] ⑤ 끌어당기다, (감기에)걸리다	お嬢さん[おじょうさん] 따님, 아가씨
びっくりする 놀라다, 깜짝 놀라다	風邪[かぜ] 감기
明るい[あかるい] 밝다	気分[きぶん] 기분
暗い[くらい] 어둡다	ホテル 호텔
気持ち悪い[きもちわるい] 속이 안 좋다, 징그럽다	道[みち] 길

2단계 : 기본 문형 익히기

🎧 예문 23-3.mp3

❶ ～て～。

～하고 ～. て형

晩ご飯を食べて、テレビを見た。	저녁을 먹고 TV를 봤어.
友達に会って、一緒にお茶を飲んだ。	친구를 만나고 같이 차를 마셨어.
プールで泳いで、シャワーを浴びた。	수영장에서 수영하고 샤워를 했어.
本を読んで、レポートを書いた。	책을 읽고 리포트를 썼어.

❷ ～で～。

～이고 ～.

私の兄は大学生で、妹は中学生。	내 오빠는 대학생이고, 여동생은 중학생이야.
小野さんのお子さんはお嬢さんで、今高校生。	おの씨 (의) 자녀분은 따님이고, 지금 고등학생이야.
田村さんは親切で、竹内さんはまじめ。	たむら씨는 친절하고, たけうち씨는 성실해.
これは簡単で、おいしい料理。	이건 쉽고 맛있는 요리야.

❸ ～くて～。 ～하고 ～.

おじは背が高くて、おばは背が低い。　　삼촌은 키가 크고, 외숙모는 키가 작아.

明日香は頭がよくて、妹はかわいい。　あすかは 머리가 좋고, 여동생은 귀여워.

この部屋は広くて明るい。　　　　　이 방은 넓고 밝아.

僕の家は古くて暗い。　　　　　우리 집은 낡았고 어두워.

❹ ～て～。 ～해서 ～.　て형

お酒をたくさん飲んで、気持ち悪い。　술을 많이 마셔서 속이 안 좋아.

今日はたくさん歩いて疲れた。　　오늘은 많이 걸어서 지쳤어.

風邪をひいて、学校を休んだ。　　감기에 걸려서 학교를 쉬었어.

一人で外国に行って、ちょっと怖かった。　혼자 외국에 가서 좀 무서웠어.

❺ ～で～。 ～여서 ～.

難しい言葉でわからなかった。　　어려운 말이라서 이해 못했어.

風邪で学校を休んだ。　　　　감기 때문에 학교를 쉬었어.

トイレがきれいで気分がよかった。　화장실이 깨끗해서 기분이 좋았어.

ここは静かでいい。　　　　여기는 조용해서 좋아.

❻ ～くて～。 ～해서 ～.

ホテルの部屋が明るくて、気分がよかった。호텔 방이 밝아서 기분이 좋았어.

道が暗くて怖かった。　　　길이 어두워서 무서웠어.

この料理は気持ち悪くて食べたくない。　이 요리는 징그러워서 먹고 싶지 않아.

電気代が高くてびっくりした。　　전기세가 비싸서 깜짝 놀랐어.

단어

顔色[かおいろ] 안색	気を付ける[きをつける] 조심하다

회화

ヤン・ヘジン : どうしたの？

横山 大樹 : ちょっと気持ち悪くて……。

ヤン・ヘジン : 大丈夫？

横山 大樹 : 楽しいから、お酒、たくさん飲んで、
たくさん食べて……。それで……。

(大樹가 토할 것 같은 것을 보고)

ヤン・ヘジン : トイレに行った方がいい？

横山 大樹 : ……うん。

ヤン・ヘジン : (화장실에 갔다 온 大樹가 자리에 앉자) 大丈夫？

横山 大樹 : うん、もう大丈夫。

ヤン・ヘジン : さっきは顔色が悪くてびっくりした。

横山 大樹 : ごめんね。ちょっと疲れたから、もう帰る。

ヤン・ヘジン : そう。気を付けてね。

양혜진 : 왜 그래?
요코야마 たいき : 좀 속이 안 좋아서…….
양혜진 : 괜찮아?
요코야마 たいき : 즐거워서 술 많이 마시고 많이 먹고……. 그래서…….
(たいき가 토할 것 같은 것을 보고)
양혜진 : 화장실에 가는 편이 좋겠어?
요코야마 たいき : …… 응.
양혜진 : (화장실에 갔다 온 たいき가 자리에 앉자) 괜찮아?
요코야마 たいき : 응, 이제 괜찮아.
양혜진 : 아까는 안색이 안 좋아서 깜짝 놀랐어.
요코야마 たいき : 미안해. 좀 피곤하니까 이제 집에 갈게.
양혜진 : 그래. 조심해서 가.

24 電話を無くして困りました。

존댓말
전화를 잃어버려서 난처했어요.

1단계 : 기본 단어 익히기

🎧 예문 24-2.mp3

開く[ひらく] ⑤ 펴다, 열다	ワード 워드
閉じる[とじる] ① 접다, 닫다	ファイル 파일
取り消す[とりけす] ⑤ 취소하다	プリントアウト 출력
付ける[つける] ① 붙이다	アプリ 앱
文書[ぶんしょ] 문서	ソフト 소프트웨어
保存[ほぞん] 저장	チャット 채팅
上書き保存[うわがきほぞん] 덮어쓰기	

2단계 : 기본 문형 익히기

🎧 예문 24-3.mp3

❶ ～て～。
~하고 ~. て형

ワードで文書を作って保存しました。　워드로 문서를 만들고 저장했습니다.

ファイルを開いてプリントアウトしました。　파일을 열고 출력했습니다.

ファイルを上書き保存して閉じました。　파일을 덮어쓰고 닫았어요.

上書き保存を取り消して、名前を付けて保存しました。
덮어쓰기를 취소하고, 다른 이름으로 저장했어요.

❷ ～で～。
~이고 ~.

こっちは新しいデータで、そっちは古いデータです。
이쪽은 새 데이터이고, 그쪽은 오래된 데이터입니다.

これは新しいアプリで、ちょっと高いです。　이것은 새 앱이고, 좀 비쌉니다.

この会社は有名で、その会社は大きいです。
이 회사는 유명하고, 그 회사는 커요.

このソフトは簡単で便利です。　　　　　　　　이 소프트웨어는 간단하고 편리해요.

❸ ～くて～。　　　　　　　　　　　　　　　　～하고 ～.

このスマホは高くて、そのケータイは安いです。
　　　　　　　　　　　이 스마트폰은 비싸고, 그 일반 핸드폰은 쌉니다.

新しいソフトは易しくて、古いソフトは難しいです。
　　　　　　　　　새 소프트웨어는 쉽고, 오래된 소프트웨어는 어렵습니다.

このノートパソコンは小さくて便利です。　이 노트북PC는 작고 편리해요.

このテレビは大きくて薄いです。　　　　　이 TV는 크고 얇아요.

❹ ～て～。　　　　　　　　　　　　　　～해서 ～.　て형

朝から夜まで仕事をして、疲れました。아침부터 밤까지 일을 해서 지쳤습니다.

電話を無くして困りました。　　　　　　전화를 잃어버려서 난처했습니다.

ノートパソコンを売ってお金を作りました。
　　　　　　　　　　　노트북PC를 팔아서 돈을 마련했어요.

友達とチャットして、楽しかったです。　친구와 채팅을 해서 즐거웠어요.

❺ ～で～。　　　　　　　　　　　　　　～여서 ～.

雪で、買い物に行きませんでした。　　　눈이 와서 장보러 가지 않았습니다.

朝で、お店に人があまりいません。　아침이라서 가게에 사람들이 별로 없습니다.

仕事が嫌で、会社を休みました。　　　일이 싫어서 회사를 쉬었어요.

ケータイは不便で、スマホを買いました。
　　　　　　　　　일반 핸드폰은 불편해서 스마트폰을 샀어요.

❻ ～くて～。　　　　　　　　　　　　　～해서 ～.

このケータイは厚くて嫌です。　　　　이 일반 핸드폰은 두꺼워서 싫습니다.

このソフトは難しくてよくわかりません。

이 소프트웨어는 어려워서 잘 모르겠습니다.

新しいパソコンが欲しくて、バイトをしました。

새 PC를 갖고 싶어서 알바를 했어요.

お金が無くて困りました。 돈이 없어서 난처했어요.

🎧 예문 24-4-1.mp3
예문 24-4-2.mp3

단어

料金[りょうきん] 요금	

회화

(스마트폰으로 통화하는 中川씨를 보고, 통화가 끝난 후에)

イ・ドンウク: スマホ、買ったんですか。

中川 莉緒: ええ。ケータイは不便で、スマホを
買いました。

イ・ドンウク: そうですか。スマホはどうですか。

中川 莉緒: とても便利でいいですよ。

イ・ドンウク: そうですか。

中川 莉緒: イさんはスマホを買いませんか。

イ・ドンウク: 料金が心配で……。

中川 莉緒: 料金はケータイよりスマホの方が高い
ですね。

イ・ドンウク: それで、スマホに変えたくないんです。
お金がありませんから。

中川 莉緒: そうですか。

(스마트폰으로 통화하는 なかがわ씨를 보고, 통화가 끝난 후에)

이동욱 : 스마트폰 산 거예요?

なかがわ りお : 네, 일반 핸드폰은 불편해서 스마트폰을 샀어요.

이동욱 : 그래요. 스마트폰은 어때요?

なかがわ りお : 아주 편리하고 좋아요.

이동욱 : 그렇군요.

なかがわ りお : 이(동욱)씨는 스마트폰을 안 사요?

이동욱 : 요금이 걱정이라서…….

なかがわ りお : 요금은 일반 핸드폰보다 스마트폰이 더 비싸죠.

이동욱 : 그래서 스마트폰으로 바꾸고 싶지 않아요. 돈이 없거든요.

なかがわ りお : 그래요.

25

傘を持って出かけた。

우산을 가지고
나갔어.

1단계 : 기본 단어 익히기

🎧 예문 25-2.mp3

上げる[あげる] ① 올리다, 들다	閉まる[しまる] ⑤ 닫히다
渡る[わたる] ⑤ 건너다	見せる[みせる] ① 보여주다
出る[でる] ① 나가다, 나오다	予習[よしゅう] 예습
終わる[おわる] ⑤ 끝나다	復習[ふくしゅう] 복습
開く[あく] ⑤ 열리다	

2단계 : 기본 문형 익히기

🎧 예문 25-3.mp3

❶ ～て～。

~하고/~해서 ~.

手を上げて道を渡った。	손을 들고 길을 건넜어.
窓を開けて寝た。	창문을 열고 잤어.
傘を持って出かけた。	우산을 가지고 나갔어.
予習をして授業に出た。	예습을 하고 수업에 출석했어.

❷ ～ないで～。

~하지 않고 ~.

手を上げないで道を渡った。	손을 들지 않고 길을 건넜어.
窓を閉めないで寝た。	창문을 닫지 않고 잤어.
傘を持たないで出かけた。	우산을 안 가지고 나갔어.
予習をしないで授業に出た。	예습을 하지 않고 수업에 출석했어.

❸ ～なくて～。 ～하지 않아서 ～.

仕事が終わらなくて、大変だった。	일이 끝나지 않아서 힘들었어.
部屋のドアが開かなくて困った。	방문이 안 열려서 난처했어.
窓が閉まらなくて寒かった。	창문이 닫히지 않아서 추웠어.
声が全然出なくて、病院に行った。	목소리가 전혀 안 나와서 병원에 갔어.

❹ ～て。 ～해 줘.

ちょっと待って。	잠깐 기다려 줘.
この単語の意味、教えて。	이 단어(의) 뜻, 알려 줘.
英語のノート、ちょっと見せて。	영어 노트, 잠깐 보여 줘.
うちに遊びに来て。	우리 집에 놀러 와.

❺ ～ないで。 ～하지 말아 줘.

その川を渡らないで。	그 강을 건너지 말아 줘.
もうその人と会わないで。	이제 그 사람과 만나지 말아 줘.
そんな物、私に見せないで。	그런 거, 나한테 보여 주지 마.
手を上げないで。	손을 들지 마.

❻ ～てから ～하고 나서

手を上げてから質問して。	손을 들고 나서 질문해 줘.
授業を聞いてから復習する。	수업을 듣고 나서 복습해.
仕事が終わってから飲みに行く。	일이 끝나고 나서 술 마시러 갈 거야.
川を渡ってからバスを降りた。	강을 건너고 나서 버스에서 내렸어.

🎧 예문 25-4-1.mp3
예문 25-4-2.mp3

단어

まじ 진짜, 정말 (속어)	ちゃんと 제대로
たまに 어쩌다가, 어쩌다 한 번	

회화

小林 海斗 : どうしたの？

ヤン・ユンジ : ん？今日、英語の予習をしないで来たの。

小林 海斗 : え?! いつも予習するの？

ヤン・ユンジ : うん。予習をしてから授業を聞いて、
授業を聞いてから復習するよ。

小林 海斗 : うっそ〜！まじ?!

ヤン・ユンジ : 海斗は予習、復習をしないの？

小林 海斗 : 復習はたまにするよ。

ヤン・ユンジ : たまに?!

小林 海斗 : うん。予習はしたことない。

ヤン・ユンジ : 予習、復習はちゃんとした方がいいよ。

小林 海斗 : はいはい、わかりました。

こばやし かいと : 왜 그래?
양윤지 : 어? 오늘, 영어 예습을 안 하고 왔거든.
こばやし かいと : 뭐?! 항상 예습하는 거야?
양윤지 : 응. 예습을 하고 나서 수업을 듣고, 수업을 듣고 나서 복습해.
こばやし かいと : 헐~! 진짜?!
양윤지 : かいと는 예습, 복습을 안 하는 거야?
こばやし かいと : 복습은 어쩌다 한 번 해.
양윤지 : 어쩌다 한 번?!
こばやし かいと : 응. 예습은 한 적 없어.
양윤지 : 예습, 복습은 제대로 하는 편이 좋아.
こばやし かいと : 네네, 알겠습니다.

26

立たないでください。

일어서지 마세요.

1단계 : 기본 단어 익히기　　　　　　🎧 예문 26-2.mp3

かける ① 뿌리다	しょうゆ 간장
つける ① 찍다, 묻히다	化粧[けしょう] 화장
立つ[たつ] ⑤ 서다, 일어서다	～書[しょ] ~서, ~책자
塩[しお] 소금	パスポート 여권

2단계 : 기본 문형 익히기　　　　　　🎧 예문 26-3.mp3

❶ ～て～。
～하고/～해서 ～.

これは塩をかけて食べます。	이것은 소금을 뿌려서 먹습니다.
それはしょうゆをつけて食べます。	그것은 간장을 찍어서 먹습니다.
立って話をしました。	일어서서 이야기를 했어요.
化粧をして出かけました。	화장을 하고 외출했어요.

❷ ～ないで～。
～하지 않고 ～.

これは塩をかけないで食べます。	이것은 소금을 뿌리지 않고 먹습니다.
それはしょうゆをつけないで食べます。	그것은 간장을 찍지 않고 먹습니다.
目を見ないで話しました。	눈을 보지 않고 이야기했어요.
化粧をしないで出かけました。	화장을 안 하고 외출했어요.

❸ ～なくて～。
～하지 않아서 ～.

仕事が終わらなくて困りました。	일이 끝나지 않아서 난처했습니다.

試合でいい結果が出なくて残念でした。

시합에서 좋은 결과가 안 나와서 아쉬웠습니다.

その飛行機に乗らなくてよかったです。　　　그 비행기를 안 타서 다행이었어요.

意味がわからなくて先生に聞きました。

의미가 이해되지 않아서 선생님에게 물었어요.

❹ ～てください。

～해 주세요.

パスポートを見せてください。　　　　　　여권을 보여 주세요.

ちょっと立ってください。　　　　　　　　잠깐 일어서 주세요.

これは塩をかけてください。　　　　　　　이것은 소금을 뿌리세요.

それはしょうゆをつけてください。　　　　그것은 간장을 찍으세요.

❺ ～ないでください。

～하지 말아 주세요.

たばこを吸わないでください。　　　　　　담배를 피우지 말아 주세요.

電気を消さないでください。　　　　　　　불을 끄지 말아 주세요.

立たないでください。　　　　　　　　　　일어서지 마세요.

心配しないでください。　　　　　　　　　걱정하지 마세요.

❻ ～てから

～하고 나서

朝、顔を洗ってからご飯を食べます。　아침에 세수를 하고 나서 밥을 먹습니다.

ちゃんと歯を磨いてから寝ました。　　제대로 이를 닦고 나서 잤어요.

説明書を読んでから薬を飲んでください。

설명서를 읽고 나서 약을 먹어 주세요.

道を渡ってからバスに乗ってください。　길을 건너고 나서 버스를 타세요.

단어

召し上がる[めしあがる] ⑤ 잡수시다, 드시다	天ぷら[てんぷら] 튀김

회화

加藤 愛 : どうぞ、召し上がってください。

イ・ギュヒョン : はい。いただきます。

加藤 愛 : あ、天ぷらにおしょうゆをつけないで
ください。

イ・ギュヒョン : え?! 天ぷらにしょうゆをつけないん
ですか。

加藤 愛 : ええ。おしょうゆをつけないで、
お塩をかけて食べてください。

イ・ギュヒョン : 塩ですか?!

加藤 愛 : ええ。

(소금을 뿌려서 먹어 보더니)

イ・ギュヒョン : あ、おいしい！

加藤 愛 : 天ぷらはおしょうゆよりお塩をかけた
方がおいしいんですよ。

イ・ギュヒョン : へえ、知りませんでした。

かとう あい : 어서 드세요.

이규현 : 네. 잘 먹겠습니다.

かとう あい : 아, 튀김에 간장을 찍지 마세요.

이규현 : 어?! 튀김에 간장을 찍지 않는 거예요?

かとう あい : 네. 간장을 찍지 말고 소금을 뿌려서 드세요.

이규현 : 소금이요?

かとう あい : 네.

(소금을 뿌려서 먹어 보더니)

이규현 : 아, 맛있다!

かとう あい : 튀김은 간장보다 소금을 뿌리는 편이 맛있거든요.

이규현 : 허어, 몰랐어요.

27

パソコンを直してあげた。

PC를 고쳐 줬어.

1단계 : 기본 단어 익히기

🎧 예문 27-2.mp3

送る[おくる] ⑤ 보내다, 바래다주다	置く[おく] ⑤ 놓다, 두다
取る[とる] ⑤ 집다, 잡다, 취하다	捨てる[すてる] ① 버리다
探す[さがす] ⑤ 찾다	起こす[おこす] ⑤ 깨우다, 일으키다
直す[なおす] ⑤ 고치다	荷物[にもつ] 짐
入れる[いれる] ① 넣다	ゴミ 쓰레기

2단계 : 기본 문형 익히기

🎧 예문 27-3.mp3

❶ ～てあげる。

～해 줘.

僕は彼女をうちまで送ってあげた。	나는 여자 친구를 집까지 바래다줬어.
私は父に塩を取ってあげた。	나는 아버지한테 소금을 건네 줬어.
私は友達のバイトを一緒に探してあげた。	나는 친구(의) 알바를 같이 찾아 줬어.
俺は後で姉のパソコンを直してあげる。	나는 이따가 누나(의) PC를 고쳐 줄 거야.

❷ ～てくれる。

～해 줘.

彼氏が(私を)うちまで送ってくれた。	남자 친구가 (나를) 집까지 바래다줬어.
娘が(私に)塩を取ってくれた。	딸이 (나한테) 소금을 건네 줬어.
友達が(私の)バイトを一緒に探してくれた。	친구가 (내) 알바를 같이 찾아 줬어.
後で弟が(私の)パソコンを直してくれる。	이따가 남동생이 (내) PC를 고쳐 줄 거야.

❸ ～てもらう。

(私は)彼氏にうちまで送ってもらった。

남자 친구가 (나를) 집까지 바래다줬어. ((나는) 남자 친구한테 집까지 바래다 받았어.)

(私は)娘に塩を取ってもらった。

딸이 (나한테) 소금을 건네 줬어. ((나는) 딸한테 소금을 건네 받았어.)

(私は)友達にバイトを一緒に探してもらった。

친구가 (내) 알바를 같이 찾아 줬어. ((나는) 친구한테 알바를 같이 찾아 받았어.)

(私は)後で弟にパソコンを直してもらう。

이따가 남동생이 (내) PC를 고쳐 줄 거야. ((나는) 이따가 남동생한테 PC를 고쳐 받을 거야.)

❹ ～てくれない？

お茶を入れてくれない？

차를 타 주지 않을래?

荷物をそこに置いてくれない？

짐을 거기에 놓아 주지 않을래?

このゴミ、捨ててくれない？

이 쓰레기, 버려 주지 않을래?

明日、早く起こしてくれない？

내일, 일찍 깨워 주지 않을래?

❺ ～てもらえる？

お茶を入れてもらえる？

차를 타 줄 수 있어? (타 받을 수 있어?)

荷物をそこに置いてもらえる？ 짐을 거기에 놓아 줄 수 있어? (놓아 받을 수 있어?)

このゴミ、捨ててもらえる？ 이 쓰레기, 버려 줄 수 있어? (버려 받을 수 있어?)

明日、早く起こしてもらえる？ 내일, 일찍 깨워 줄 수 있어? (깨워 받을 수 있어?)

❻ ～てもらえない？

お茶を入れてもらえない？

차를 타 줄 수 없어? (타 받을 수 없어?)

荷物をそこに置いてもらえない？ 짐을 거기에 놓아 줄 수 없어? (놓아 받을 수 없어?)

このゴミ、捨ててもらえない？ 이 쓰레기, 버려 줄 수 없어? (버려 받을 수 없어?)

明日、早く起こしてもらえない？ 내일, 일찍 깨워 줄 수 없어? (깨워 받을 수 없어?)

🎧 예문 27-4-1.mp3
예문 27-4-2.mp3

단어

ただいま 다녀왔어, 다녀왔습니다		遅い[おそい] 늦다, 느리다	
お帰り[おかえり] 어서 와, 잘 다녀왔어?		洗い物[あらいもの] 설거지	

회화

吉田 太一 : ただいま。

吉田 友美 : お帰り。今日は遅かったね。

吉田 太一 : うん。彼女をうちまで送ってあげたんだ。

吉田 友美 : そう。

吉田 太一 : 彼女のお母さんがお茶を入れてくれて……。

吉田 友美 : そう。

吉田 太一 : ねえ、何かちょっと食べたい。

吉田 友美 : ご飯あるよ。食べる？

吉田 太一 : うん。

吉田 友美 : でも、もう遅いから、早く食べてもらえる？

吉田 太一 : 食べた後で、洗い物は俺がするよ。

吉田 友美 : そう？ じゃ、お願いね。

よしだ たいち : 다녀왔습니다.	よしだ ともみ : 잘 다녀왔니? 오늘은 늦었네.
よしだ たいち : 응. 여자 친구를 집까지 바래다줬거든.	よしだ ともみ : 그렇구나.
よしだ たいち : 여자 친구(의) 어머니가 차를 타 줘서…….	よしだ ともみ : 그래.
よしだ たいち : 저기~, 뭐 좀 먹고 싶어 (뭔가 좀 먹고 싶어).	よしだ ともみ : 밥 있어. 먹을래?
よしだ たいち : 응.	よしだ ともみ : 그런데 이제 (시간이) 늦었으니까 빨리 먹어 줄 수 있겠니?
よしだ たいち : 먹고 나서 설거지는 내가 할게.	よしだ ともみ : 그래? 그럼 부탁해.

28

母がほめてくれました。

1단계 : 기본 단어 익히기

🎧 예문 28-2.mp3

締める[しめる] ① 매다, 죄다	くださる ⑤ 주시다
案内する[あんないする] 안내하다	届ける[とどける] ① 가져다 주다
育てる[そだてる] ① 키우다, 기르다	いただく ⑤ 받다(공손함)
ほめる ① 칭찬하다	姪[めい] 조카딸, 질녀
急ぐ[いそぐ] ⑤ 서두르다	

2단계 : 기본 문형 익히기

🎧 예문 28-3.mp3

❶ ～てあげます。
～해 줍니다.

毎朝、主人のネクタイを締めてあげます。
매일 아침에 남편(의) 넥타이를 매 줍니다.

外国人に道を案内してあげました。　외국인에게 길을 안내해 줬습니다.

姪を育ててあげました。　조카딸을 키워 줬어요.

子供をほめてあげました。　아이를 칭찬해 줬어요.

❷ ～てくれます。
～해 줍니다.

毎朝、妻がネクタイを締めてくれます。매일 아침에 아내가 넥타이를 매 줍니다.

親切な人が道を案内してくれました。　친절한 사람이 길을 안내해 줬습니다.

おばが育ててくれました。　이모가 키워 줬어요.

母がほめてくれました。　어머니가 칭찬해 줬어요.

❸ 〜てもらいます。

〜해 줍니다. (〜해 받습니다.)

毎朝、妻にネクタイを締めてもらいます。

매일 아침에 아내가 넥타이를 매 줍니다.(매일 아침에 아내에게 넥타이를 매 받습니다.)

親切な人に道を案内してもらいました。

친절한 사람이 길을 안내해 줬습니다. (친절한 사람에게 길을 안내해 받았습니다.)

おばに育ててもらいました。 이모가 키워 줬어요. (이모에게 키워 받았어요.)

母にほめてもらいました。 어머니가 칭찬해 줬어요. (어머니에게 칭찬해 받았어요.)

❹ 〜てくださいませんか。

〜해 주시지 않겠습니까?

すみませんが、急いでくださいませんか。

죄송하지만, 서둘러 주시지 않겠습니까?

すみませんが、この荷物を届けてくださいませんか。

죄송하지만, 이 짐을 갖다 주시지 않겠습니까?

すみませんが、そこまで案内してくださいませんか。

죄송하지만, 거기까지 안내해 주시지 않을래요?

すみませんが、この子を育ててくださいませんか。

죄송하지만, 이 아이를 키워 주시지 않을래요?

❺ 〜ていただけますか。

〜해 주실 수 있습니까? (〜해 받을 수 있습니까?)

すみませんが、急いでいただけますか。

죄송하지만, 서둘러 주실 수 있습니까? (서둘러 받을 수 있습니까?)

すみませんが、この荷物を届けていただけますか。

죄송하지만, 이 짐을 갖다 주실 수 있습니까? (갖다 줘 받을 수 있습니까?)

すみませんが、そこまで案内していただけますか。

죄송하지만, 거기까지 안내해 주실 수 있어요? (안내해 받을 수 있어요?)

すみませんが、この子を育てていただけますか。

죄송하지만, 이 아이를 키워 주실 수 있어요? (키워 받을 수 있어요?)

❻ 〜ていただけませんか。

〜해 주실 수 없겠습니까? (〜해 받을 수 없겠습니까?)

すみませんが、急いでいただけませんか。

죄송하지만, 서둘러 주실 수 없겠습니까? (서둘러 받을 수 없겠습니까?)

すみませんが、この荷物を届けていただけませんか。

죄송하지만, 이 짐을 갖다 주실 수 없겠습니까? (갖다 줘 받을 수 없겠습니까?)

すみませんが、そこまで案内していただけませんか。

죄송하지만, 거기까지 안내해 주실 수 없겠어요? (안내해 받을 수 없겠어요?)

すみませんが、この子を育てていただけませんか。

죄송하지만, 이 아이를 키워 주실 수 없겠어요? (키워 받을 수 없겠어요?)

3단계 : 회화로 다지기

🎧 예문 28-4-1.mp3
예문 28-4-2.mp3

단어

作り方[つくりかた] 만드는 방법	趣味[しゅみ] 취미

회화

橋本 理恵： どうぞ。

ペ・ソンホ： あ、ありがとうございます。いただきます。
おいしいケーキですね。

橋本 理恵： そうですか。よかった。
そのケーキ、私が作ったんです。

ペ・ソンホ： え?! 作ったんですか。

橋本 理恵： ええ。おばに作り方を教えてもらいました。

ペ・ソンホ： へえ〜。私にも作り方を教えていただけ
ませんか。

橋本 理恵： え?!

ペ・ソンホ： 実は、私、料理が趣味なんです。

橋本 理恵： そうなんですか。ええ、いいですよ。

はしもと りえ : 드세요.

배성호 : 아, 감사합니다. 잘 먹겠습니다. 맛있는 케이크네요.

はしもと りえ : 그래요? 다행이에요. 그 케이크, 제가 만들었거든요.

배성호 : 네?! 만든 거예요?

はしもと りえ : 네. 이모가 만드는 방법을 가르쳐 줬어요.

배성호 : 허어~. 저에게도 만드는 방법을 가르쳐 주실 수 없나요?

はしもと りえ : 네?!

배성호 : 실은, 저, 요리가 취미거든요.

はしもと りえ : 그렇군요. 네, 좋아요.

計画はもう立ててある。

1단계 : 기본 단어 익히기

🎧 예문 29-2.mp3

立てる[たてる] ① 세우다	割れる[われる] ① 깨지다
直る[なおる] ⑤ 고쳐지다	計画[けいかく] 계획
焼く[やく] ⑤ 굽다	間違い[まちがい] 틀린 것, 잘못, 실수
焼ける[やける] ① 구워지다	魚[さかな] 생선, 물고기
割る[わる] ⑤ 깨다	ガラス 유리

2단계 : 기본 문형 익히기

🎧 예문 29-3.mp3

❶ ～て(い)る。

~하고 있어.

今、旅行の計画を立ててる。	지금 여행(의) 계획을 세우고 있어.
今、テストの間違いを直してる。	지금 시험(의) 틀린 것을 고치고 있어.
今、魚を焼いてる。	지금 생선을 굽고 있어.
今、ガラスを割ってる。	지금 유리를 깨고 있어.

❷ ～て(い)る。

~해(져) 있어.

旅行の計画は立ってる。	여행(의) 계획은 서 있어.
テストの間違いは全部直ってる。	시험(의) 틀린 것은 전부 다 고쳐져 있어.
魚が焼けてる。	생선이 구워져 있어.
ガラスが割れてる。	유리가 깨져 있어.

❸ ～ておく。 ～해 놓아.

旅行の計画を立てておく。	여행(의) 계획을 세워 놓을 거야.
テストの間違いを直しておいた。	시험(의) 틀린 것을 고쳐 놨어.
魚を焼いておく。	생선을 구워 놓을 거야.
ガラスを割っておいた。	유리를 깨 놨어.

❹ ～てある。 ～해(져) 있어, ～해 놨어.

旅行の計画は立ててある。	여행(의) 계획은 세워져 있어(세워 놨어).
テストの間違いは直してある。	시험(의) 틀린 것은 고쳐져 있어(고쳐 놨어).
魚が焼いてある。	생선이 구워져 있어.(생선을 구워 놨어.)
ガラスが割ってある。	유리가 깨져 있어.(유리를 깨 놨어.)

❺ もう～た？ 벌써 ～했어?

旅行の計画はもう立てた？	여행(의) 계획은 벌써 세웠어?
テストの間違いはもう直した？	시험(의) 틀린 것은 벌써 고쳤어?
魚はもう焼けた？	생선은 벌써 구워졌어?
ガラスはもう割れた？	유리는 벌써 깨졌어?

❻ まだ～て(い)ない。 아직 ～하지 않았어.

ううん、まだ立ててない。	아니, 아직 세우지 않았어.
ううん、まだ直してない。	아니, 아직 고치지 않았어.
ううん、まだ焼けてない。	아니, 아직 안 구워졌어.
ううん、まだ割れてない。	아니, 아직 안 깨졌어.

단어

ずいぶん 꽤, 몹시	ネット 인터넷(インターネットの 준말)
のんきな 느긋한, 무사태평한	調べる[しらべる] ① 조사하다, 찾아보다

회화

山下 徹 : 旅行の計画はもう立てた？

ペク・ソユン : ううん、まだ全然立ててない。

山下 徹 : え?! まだ立ててないの？
旅行は来週じゃないの？

ペク・ソユン : うん、来週。もうそろそろ計画立てなきゃ。

山下 徹 : ずいぶんのんきだね。

ペク・ソユン : でも、本は買っておいたよ。

山下 徹 : ネットで調べた方がいいよ。

ペク・ソユン : うん、ネットでも調べるよ。

山下 徹 : 俺がいいサイトを知ってるから、
後で教えてあげるよ。

ペク・ソユン : サンキュー。

やました とおる : 여행 계획은 벌써 세웠어?
백서윤 : 아니, 아직 전혀 안 세웠어.
やました. とおる : 뭐?! 아직 안 세운 거야? 여행은 다음 주 아니니?
백서윤 : 응, 다음 주야. 이제 슬슬 계획을 세워야지.
やました とおる : 상당히 느긋하네.
백서윤 : 그래도 책은 사 놨어.
やました とおる : 인터넷으로 찾아보는 편이 좋을 거야.
백서윤 : 응, 인터넷으로도 찾아볼 거야.
やました とおる : 내가 좋은 사이트 알고 있으니까, 이따가 알려 줄게.
백서윤 : 땡큐.

30

駐車場にとめて
おきました。

존댓말
주차장에 세워
놨습니다.

1단계 : 기본 단어 익히기

🎧 예문 30-2.mp3

消える[きえる]	① 지워지다, 꺼지다	とまる	⑤ 멈추다, 서다
集める[あつめる]	① 모으다	黒板[こくばん]	칠판
集まる[あつまる]	⑤ 모이다	字[じ]	글씨, 글자
折る[おる]	⑤ 부러뜨리다, 접다	枝[えだ]	(나뭇)가지
折れる[おれる]	① 부러지다, 접히다	駐車場[ちゅうしゃじょう]	주차장
とめる	① 세우다, 멈추게 하다		

2단계 : 기본 문형 익히기

🎧 예문 30-3.mp3

❶ ～ています。
～하고 있습니다.

黒板の字を消しています。 　　　　　칠판(의) 글씨를 지우고 있습니다.

人を集めています。 　　　　　사람을 모으고 있습니다.

木の枝を折っています。 　　　　　(나뭇)가지를 부러뜨리고 있어요.

今、車を駐車場にとめています。 　　　　지금 차를 주차장에 세우고 있어요.

❷ ～ています。
～해(져) 있습니다.

黒板の字が消えています。 　　　　　칠판(의) 글씨가 지워져 있습니다.

人が集まっています。 　　　　　사람들이 모여 있습니다.

木の枝が折れています。 　　　　　(나뭇)가지가 부러져 있어요.

車が駐車場にとまっています。 　　　　차가 주차장에 서 있어요.

❸ ～ておきます。 ～해 놓습니다.

黒板の字を消しておきます。   칠판(의) 글씨를 지워 놓습니다.

人を集めておきます。   사람들을 모아 놓습니다.

木の枝を折っておきます。   (나뭇)가지를 부러뜨려 놓을게요.

車を駐車場にとめておきます。   차를 주차장에 세워 둘게요.

---

❹ ～てあります。 ～해(져) 있습니다, ～해 놨습니다.

黒板の字は消してあります。   칠판(의) 글씨는 지워져 있습니다(지워 놨습니다).

人を集めてあります。   사람들을 모아 놨습니다.(사람들이 모여 있습니다.)

木の枝が折ってあります。   (나뭇)가지가 부러져 있어요.((나뭇)가지를 부러뜨려 놨어요.)

車は駐車場にとめてあります。   차는 주차장에 세워 놨어요(서 있어요).

---

❺ もう～ましたか。 벌써 ～했습니까?

黒板の字はもう消しましたか。   칠판(의) 글씨는 벌써 지웠습니까?

人はもう集めましたか。   사람들은 벌써 모았습니까?

木の枝をもう折りましたか。   (나뭇)가지를 벌써 부러뜨렸어요?

車を駐車場にもうとめましたか。   차를 주차장에 벌써 세웠어요?

---

❻ まだ～ていません。 아직 ～하지 않았습니다.

いいえ、まだ消していません。   아니요, 아직 지우지 않았습니다.

いいえ、まだ集めていません。   아니요, 아직 모으지 않았습니다.

いいえ、まだ折っていません。   아니요, 아직 부러뜨리지 않았어요.

いいえ、まだとめていません。   아니요, 아직 세우지 않았어요.

단어

間に合う[まにあう] ⑤ 시간에 대다, 늦지 않다	駅前[えきまえ] 역 앞, 역전
うっかり 깜빡, 무심코	空く[あく] ⑤ (속, 안이)비다
寝坊[ねぼう] 늦잠	

회화

チョン・ギュヒョン： (숨을 헐떡이며) ああ、間に合ってよかった。

松田 亜由美： チョンさん、大丈夫ですか。

チョン・ギュヒョン： はい。うっかり寝坊して……。

松田 亜由美： そうですか。

チョン・ギュヒョン： 時間がありませんでしたから、
駅まで車で来ました。

松田 亜由美： 車はどこにとめてありますか。

チョン・ギュヒョン： 駅前の駐車場にとめておきました。

松田 亜由美： 空いていましたか。

チョン・ギュヒョン： ええ。

松田 亜由美： よかったですね。駅前の駐車場は
いつも空いてないんですよ。

チョン・ギュヒョン： そうなんですか。知りませんでした。
ああ、よかったぁ～!

전규현 : (숨을 헐떡이며)
아~, 안 늦어서 다행이다.
전규현 : 네. 깜빡 늦잠 자서…….
전규현 : 시간이 없었기 때문에 역까지 차로 왔어요.
전규현 : 역 앞(에 있는) 주차장에 세워 놓았어요.
전규현 : 네.

전규현 : 그래요? 몰랐어요. 아~, 다행이다~!

まつだ あゆみ : 전(규현) 씨, 괜찮아요?
まつだ あゆみ : 그렇군요.
まつだ あゆみ : 차는 어디에 세워져 있어요?
まつだ あゆみ : 비어 있었어요?
まつだ あゆみ : 다행이네요. 역 앞(에 있는)
주차장은 항상 안 비어 있거든요.